“十三五”国家重点图书出版规划项目

国家出版基金项目

国家社会科学基金项目“空间视角下的沿边开放
与近代云南经济变迁研究（1889—1937）”
（批准号：16BZS123）阶段成果

国家出版基金项目
NATIONAL PUBLICATION FOUNDATION

“十三五”国家重点图书
出版规划项目

“港口—腹地与近代中国经济转型研究”丛书

吴松弟 樊如森　主编

口岸—腹地：对外贸易与近代云南经济变迁

（1840—1945）

张永帅　著

齊魯書社

图书在版编目(CIP)数据

口岸—腹地:对外贸易与近代云南经济变迁（1840—1945）/张永帅著. --济南：齐鲁书社，2020.6
（“港口—腹地与近代中国经济转型研究”丛书/吴松弟，樊如森主编）
ISBN 978-7-5333-4316-3

Ⅰ.①口… Ⅱ.①张… Ⅲ.①对外贸易—贸易史—研究—云南—1840—1945②区域经济—经济史—研究—云南—1840—1945 Ⅳ.①F752.95 ②F129.5

中国版本图书馆CIP数据核字(2020)第024322号

策划编辑/赵发国
责任编辑/孔 帅
装帧设计/郭 觐 李 生

口岸—腹地:对外贸易与近代云南经济变迁(1840—1945)
KOUAN FUDI DUIWAI MAOYI YU JINDAI YUNNAN JINGJI BIANQIAN(1840—1945)
张永帅 著

主管单位	山东出版传媒股份有限公司
出版发行	齊魯書社
社 址	济南市英雄山路189号
邮 编	250002
网 址	www.qlss.com.cn
电子邮箱	qilupress@126.com
营销中心	(0531)82098521 82098519 82098517
印 刷	山东新华印务有限公司
开 本	710mm×1000mm 1/16
印 张	21.25
插 页	2
字 数	347千
版 次	2020年6月第1版
印 次	2020年6月第1次印刷
印 数	1—1000
标准书号	ISBN 978-7-5333-4316-3
定 价	88.00元

总 序

近代是中国由传统社会向现代社会转型的时期，经济上的转型是其中的重要方面。尽管经历了艰难曲折的过程，而且近代经济的发育总体水平不高，但毕竟改变了中国几千年的传统经济面貌，成为后世发展的基础。

近代经济转型的动力，来自外来因素和本国内在因素的共同作用，空间上则表现为“港口—腹地”的双向互动作用。“港口”，指位于我国东部的大连、营口、丹东、天津、烟台、青岛、连云港、上海、宁波、福州、厦门、高雄、基隆、广州、香港等沿海主要港口城市，以及汉口、重庆等长江沿岸的主要港口城市。而且，它并非仅指承担客货运输任务的港口部门，而是包括港口部门和它所在的城市。广而推之，凡通过航空、铁路、公路等交通枢纽而成为一片较大区域的交通中心，均具有“港口”的作用，只不过人们常用“交通中心”“口岸”来代替“港口”一词而已。

“腹地”指位于港口城市背后的吞吐货物和集散旅客，以及大机场、铁路和公路交通中心所及的空间范围。在通常情况下，这一范围内的客货经由该港、机场和公路、铁路枢纽进出，在人和物的运输方面比较经济与便捷。港口城市的对内联系范围与海港、机场、公路和铁路的腹地范围空间上十分接近，因此，港口、机场、公路和铁路枢纽进出的腹地范围几乎都可视为港口所在城市的腹地范围。

我国是一个幅员辽阔的大国，河流多自西向东流，注入大海，在现代交通兴起以前，东西向的河谷往往又成为新式交通发达之区。近代外来的先进生产力在沿海口岸登陆，之后再顺着东西向的水路或陆路往西拓展。在边疆地区，内陆口岸也扮演了沿海口岸的角色，只是影响力基本集中在边疆地区，受其影响的空间范围较小而已。来自沿海和沿边口岸往自己腹地的经济辐射，推动了腹地经济变迁，改变了中国的交通格局、城市分布和区域经济差异，并促使新型经济区形成。

本人长期研究近代经济地理，所提出的“港口—腹地和中国现代化的空间进程”观点，已被学界认为是从空间角度分析近代经济不平衡发展的很好的解释，所指导的硕士、博士研究生一直是国内近代经济地理研究的主要力量。由我主编、戴鞍钢副主编，来自全国的25位学者联合撰写的九卷本《中国近代经济地理》，填补了近代经济地理研究的长期空白，一定程度上满足了学术界和各地政府的需要，2018年获上海市第十四届哲学社会科学优秀成果奖著作类一等奖，2020年获教育部第八届高等学校科学研究优秀成果奖（人文社会科学）一等奖。这次出版的“港口—腹地与近代中国经济转型研究”丛书，抓住经济转型这一重大课题，从空间角度深入论述区域经济变迁的过程，具有重要的学术价值，获得了学术界和出版界的广泛认可，被列入“十三五”国家重点图书出版规划并获得国家出版基金资助。

本丛书的九位作者中，樊如森、方书生、张永帅三人都是九卷本《中国近代经济地理》的作者，陈为忠、张珊珊、徐智、毛立坤、王哲、杨敬敏等人在区域、城市、贸易等方面都发表了有影响的学术论文。各位作者在自己博士学位论文的基础上加以时空拓展，以全面展现一批主要港口城市及其经济腹地，描绘近代时期所发生的宏大经济变迁画卷。本丛书的出版，不仅可以进一步丰富近代中国历史地理研究的学术成果，也能为中国今天的经济建设实践提供扎实的实证基础和智力支持。值此丛书出版之际，谨对齐鲁书社的大力支持表示衷心的感谢！欢迎读者对本丛书提出宝贵的修改意见。

吴松弟

草于2020年4月5日

目 录

绪 论

一、“口岸—腹地”的内涵

“腹地”一词源于对港口城市的研究。1888 年，George Chisholm 在《商业地理手册》（*Handbook of Commercial Geography*）中第一次引入德语 Hinterland 一词，指港口的从属区域，通过这些区域，港口集聚出口物资和分配进口物资。20 世纪初，腹地开始引申用于内陆城市。至 20 世纪 50 年代，腹地基本定型于指内陆或港口等各类经济中心的附属地区。现在，腹地更多的是指任何聚落（或聚落中的商业设施）中具有影响力的空间范围，是以聚落为商品交换枢纽的区域。①

在中国，经济地理学界首先将这一概念引入相关问题的研究，并将其定义为“某一城市或港口保持有密切经济联系的内地或背后地”②。“位于港口城市背后，为港口提供出口货物和销售进口商品的内陆地区。”③ 但是，这样的定义还是显得有些模糊，因此，近些年来，历史地理学界为了更好地考察近代的港口/口岸城市与腹地的经济关系，在此基础上对“腹地”的概念做出进一步的界定：“腹地为港口货物进出提供物资来源和销售市场，港口则为腹地商品吐纳提供输出入孔道。”④ 腹地是指“位于港口

---

① ［英］R. J. 约翰斯顿主编，柴彦威等译：《人文地理学词典》，商务印书馆 2004 年版，第 287 页。

② 辞海编辑委员会编：《辞海》，上海辞书出版社 1979 年版，第 3479 页。

③ 中国大百科全书总编辑委员会、中国大百科全书出版社编辑部编：《中国大百科全书·地理学》，中国大百科全书出版社 1990 年版，第 148 页。

④ 戴鞍钢：《港口·城市·腹地——上海与长江流域经济关系的历史考察（1843—1913）》，复旦大学出版社 1998 年版，第 133 页。

城市背后的港口吞吐货物和旅客集散所及的地区范围。在通常情况下，这一范围内的客货经由该港进出在运输上比较经济与便捷”①。应该说，如此定义，强调了港口与腹地的互动，对于研究港口/口岸对腹地经济变迁的影响以及腹地对港口/口岸城市发展的影响，从而理解近代中国现代化的空间进程，意义重大。② 但问题是，在确定一个港口/口岸的腹地时，对这种互动关系是否需要一个大致的量上的要求？笔者以为，如果没有对“量”的考虑，就会使腹地的边界难以确定；而且，由于相邻的港口/口岸之间其进出口货物的销售地与来源地往往是交叉的，如果不考虑“量”，就会使得腹地的边界无法得到较为清晰的界定。为了能够较为清晰地描绘出各个港口/口岸的腹地范围，笔者认为，对腹地概念的界定有必要在以上定义的基础上再做如下补充：

1. 所谓“腹地”，是相对于“中心”而言的。说某一地区为某一经济中心的附属地区即腹地，那么该地区应该对这一经济中心具有依赖性；反之亦然。“中心”与“腹地”是相互依存的关系。

2. 中心与腹地的依存联系不是偶尔发生，而是具有相对的稳定性；并且，二者的相互依存应具有一定的强度，这种依存对二者而言都是比较重要的。

3. 在平面上，“中心”之间是通过竞争完成对腹地分割的，当某一地区对两个或两个以上的“中心”都具有较强的依赖，并且这一地区对这几个不同的“中心”都比较重要，该地区则成为这几个中心的共同腹地即混合腹地。

4. 港口/口岸可以认为是具有贸易枢纽职能的经济中心，其腹地则是在贸易上附属于该港口/口岸的地区，港口/口岸与腹地之间是港口/口岸—腹地双向依存的关系，和以上“腹地”的一般内涵一致。

近代的开放口岸是西方先进生产力首先登陆的地方。如果我们将西方先进生产力的进入视作近代中国社会变迁的重要拉力的话，口岸带动作用

---

① 吴松弟主编：《中国百年经济拼图——港口城市及其腹地与中国现代化》，山东画报出版社 2006 年版，前言第 2 页。

② 吴松弟主编：《中国百年经济拼图——港口城市及其腹地与中国现代化》，山东画报出版社 2006 年版，第一章。

便是腹地经济的变迁的重要原因，但是，腹地对来自口岸的拉力并不是简单地被动接受，而是具有很强的能动性，腹地的自然环境和发展的历史基础对其经济变迁所起作用也是不能忽视的。腹地经济变迁是外力（口岸辐射）与内力（腹地区域特征）共同作用的结果。

二、以往相关研究的回顾

20 世纪三四十年代，就有数部很有分量的著作对近代云南对外贸易和经济发展问题进行比较深入的研究。如万湘澂的《云南对外贸易概观》①、钟崇敏的《云南之贸易》② 对蒙自开埠后的云南对外贸易分别作了较为详细的记述，郭垣的《云南省经济问题》③ 则对 20 世纪 40 年代云南经济发展状况及其存在的问题分门别类地进行了梳理，全面而又不失深入。

1956 年，李埏先生撰文呼吁对滇越铁路及其相关问题的研究，“可惜没有引起注意”。1979 年，李埏先生撰文指出经济史学科的现状严重不适应经济建设对学科发展的需求，认为“以我省（云南）而论，幅员如此辽阔，民族如此众多，经济状况如此复杂多样。且不说那辽远的古代，即近百年的近代，亟待研究的课题也就不胜枚举”。因此，他倡议重视云南经济史的研究，“写出系统的、完整的云南经济史，为当前和今后的经济建设提供历史依据”。④ 此后，云南经济史的研究开始真正得到开展。1991 年，董孟雄的个人论文集《云南近代地方经济史研究》⑤ 出版，对近代云南经济史上的诸多重要问题进行了深入论述。谢本书主编的《云南近代史》⑥ 在论述云南近代史的每一个阶段时都设置了经济方面的相关内容。1995 年，李珪主编的《云南近代经济史》⑦ 一书出版，是第一本也是截至

---

① 万湘澂：《云南对外贸易概观》，新云南丛书社 1946 年版。

② 钟崇敏：《云南之贸易》，中华民国资源委员会经济研究室，1939 年。

③ 郭垣：《云南省经济问题》，正中书局 1940 年版。

④ 李埏：《重视云南经济史的研究》，载《云南日报》1979 年 7 月 27 日。

⑤ 童孟雄：《云南近代地方经济史研究》，云南人民出版社 1991 年版。

⑥ 谢本书主编：《云南近代史》，云南人民出版社 1993 年版。

⑦ 李珪主编：《云南近代经济史》，云南民族出版社 1995 年版。

目前唯一一本系统、完整的近代云南经济史著作。杨伟兵主编的《中国近代经济地理（第四卷）：西南近代经济地理》① 中的“云南篇”在对近代云南经济分门别类论述的基础上，对近代云南经济发展的时空特点和区域特征进行了初步的分析与总结。除了这些通论性的著作，更多的著作则是聚焦于一个或几个近代云南经济史专题作深入研究。如陈征平的《云南早期工业化进程研究（1840—1949 年）》② 对云南早期工业化的发展契机、主导产业和主要特点进行了深入研究；周智生的《商人与近代中国西南边疆社会——以滇西北为中心》③ 一书对滇西北商人与近代西南边疆社会的互动关系进行了阐发；杨志玲的《近代云南茶业经济研究》④ 对近代云南的茶叶贸易与茶叶经济进行了研究；刘云明的《清代云南市场研究》一书对开埠前后云南对外贸易的变化作了一番概括性的描述⑤；肖良武的《云贵区域市场研究（1889～1945）》一书认为云南口岸开放是云贵区域市场变迁的真正开始，强调了口岸开放以及由之而来的对外贸易的发展对近代云贵区域市场演变所带来的重大影响。⑥

在有关近代云南经济的研究中，对外贸易是备受关注的一个方面，代表性成果有吴兴南的《云南对外贸易——从传统到近代化的历程》⑦ 和董孟雄、郭亚非的《云南地区对外贸易史》⑧。前书以云南对外贸易从传统到

① 杨伟兵主编：《中国近代经济地理（第四卷）：西南近代经济地理》，华东师范大学出版社 2015 年版。

② 陈征平：《云南早期工业化进程研究（1840—1949 年）》，民族出版社 2002 年版。

③ 周智生：《商人与近代中国西南边疆社会——以滇西北为中心》，中国社会科学出版社 2006 年版。

④ 杨志玲：《近代云南茶业经济研究》，人民出版社 2009 年版。

⑤ 刘云明：《清代云南市场研究》，云南大学出版社 1996 年版，第 114～118 页。

⑥ 肖良武：《云贵区域市场研究（1889～1945）》，中国时代经济出版社 2007 年版，第 10～11、44～47、70～75 页。

⑦ 吴兴南：《云南对外贸易——从传统到近代化的历程》，云南民族出版社 1997 年版。另外，吴兴南还著有《云南对外贸易史》（云南大学出版社 2002 年版）一书，但其内容除在云南古代贸易方面有所增加外，关于近代的部分与《云南对外贸易——从传统到近代化的历程》基本相同，故不对此书再作介绍。

⑧ 董孟雄、郭亚非：《云南地区对外贸易史》，云南人民出版社 1998 年版。

近代的演变历程为线索，其中对1910—1941年间云南对外贸易兴盛时期的进出口商品的货值、商品种类和结构变化等作了着重考察。后书将云南近代贸易分为自由贸易初期、自由贸易初步发展时期、自由贸易迅猛发展时期、国家垄断资本主义垄断时期等五个阶段，对云南近代贸易发展变化的过程作了详细描述。张永帅《空间视角下的近代云南口岸贸易研究（1889—1937）》① 以空间的视角，在描述近代云南三关腹地范围和外部市场特征的基础上，探讨了外部市场、内部区域对三关贸易特征形成的塑造作用。

在有关近代云南对外贸易的研究中，已有不少成果关注对外贸易与近代云南经济社会变迁问题，这主要体现在各相关研究的专题论文中。如杨寿川《近代滇锡出口述略》② 一文以翔实的资料对滇锡大量出口的原因及出口的大致情况进行了分析阐述，突出反映了滇锡在近代云南出口贸易中的重要地位；贺圣达和郭亚非对近代云南与周边国家经济交往及其贸易圈的形成和特点进行了研究③；关于口岸开放与口岸格局演变的研究，重要成果有马世雯的《清末以来云南蒙自与蔓耗口岸的兴衰》对近代蒙自与蔓耗口岸的兴起与衰落的过程进行了研究，认为由于政治、经济和地理位置等因素，使得蒙自、蔓耗成为帝国主义掠夺云南资源、倾销商品的通商口岸。但伴随着为加快掠夺速度而修建的滇越铁路的通车以及河口县的开关，蒙自、蔓耗口岸的繁忙兴盛又成了历史④；杨煜达《试析腾越海关与近代滇缅贸易》一文着重分析了腾越海关和近代滇缅贸易的特点及对滇西经济发展的影响⑤；梁宏志的《蒙自开关与近代云南市场结构变迁》一文

---

① 张永帅：《空间视角下的近代云南口岸贸易研究（1889—1937）》，中国社会科学出版社2017年版。

② 杨寿川：《近代滇锡出口述略》，载《思想战线》1990年第4期。

③ 贺圣达：《近代云南与中南半岛地区经济交往研究三题》，载《思想战线》1990年第1期；郭亚非：《近代云南与周边国家区域性贸易圈》，载《云南师范大学学报（哲学社会科学版）》2001年第2期。

④ 马世雯：《清末以来云南蒙自与蔓耗口岸的兴衰》，载《云南民族学院学报（哲学社会科学版）》1998年第2期。

⑤ 杨煜达：《试析腾越海关与近代滇缅贸易》，载《云南地理环境研究》1990年第2期。

认为1889年蒙自关和滇越铁路的开通促进了云南对外贸易的繁荣，从而加速了云南传统市场的变迁，在内外合力的作用下，云南近代市场产生①；王文成的《约开商埠与清末云南对外经贸关系的变迁》一文则认为以约开商埠为标志，清末云南对外经贸关系的内部结构发生了重大变化，完成了以边境贸易为主体、以贡赐贸易为补充的传统对外经贸关系，向以通商口岸为依托的全球性、综合性的世界贸易为主体，以边境贸易、边民互市和走私贸易为补充的近代对外经贸关系的转变，从而使地处世界屋脊东部台地的云贵高原更深地卷入了经济全球化的漩涡。②

以上研究已经涉及近代云南对外贸易和云南经济变迁研究的许多方面，其中的不少论著视角新颖，分析透彻，为本书的研究奠定了深厚的学术基础。

三、本书的写作思路

选择在口岸—腹地视角下研究对外贸易与近代云南经济变迁的问题，主要是因为这一选题具有重要的学术价值：

第一，沿边开放不同于沿海、内地开放，有其独特的内涵，而以往有关近代通商口岸的研究主要集中于沿海、沿江口岸，鲜有对沿边口岸进行深入研究的成果，从而使通商口岸的研究向深度和广度的推进受到一定程度的限制，也就难以对近代以来现代化的空间扩展过程有一个全国尺度下的宏观认识。因此，选取近代沿边开放的典型地区——云南为研究个案，对沿边口岸开放引起的区域经济变迁及其二者相互关系进行深入的研究，有助于认识沿边口岸的特殊内涵，丰富近代通商口岸的研究；并通过对区域经济变迁特质的发掘，有助于对近代中国经济变迁的区域差异性现象形成一个正确的认识。

---

① 梁宏志：《蒙自开关与近代云南市场结构变迁》，载《云南师范大学学报（哲学社会科学版）》2005年第4期。

② 王文成：《约开商埠与清末云南对外经贸关系的变迁》，载《云南社会科学》2008年第3期。

第二，以往的相关研究主要是传统经济史范畴的研究，而跨学科的交叉和研究方法的融合，已是时下学界普遍认同的大趋势。在这种学科交融互惠的形势下，本研究将引入历史地理学关于“时空交织”的理念，在注重对历史过程的叙述的同时，着意其空间差异的描述，从而实现理论和观念的提升。

第三，以往有关近代云南口岸与其经济变迁的研究，所用资料来源比较单一，定量研究不足，本研究将综合利用中国旧海关海量的统计资料、东亚同文会的考察报告、当时国人所做的调查资料，并结合相关方志资料，从而在丰富的资料基础上，重视定量分析，定性与定量结合，将定性结论建立在扎实的定量分析的基础上，不仅实现方法论上的突破，也会得出更加令人信服的结论。

除此之外，这一选题还具有一定的应用价值。在“一带一路”建设中，云南的定位是：“发挥云南区位优势，推进与周边国家的国际运输通道建设，打造大湄公河次区域经济合作新高地，建设成为面向南亚、东南亚的辐射中心。”要实现这样的目标，云南就必须利用其作为“中国面向西南开放的桥头堡”的区位优势，大力推进沿边开放的力度与水平。研究历史上云南的沿边开放与其经济变迁，从历史到现实，可以为当下正在进行的云南参与“一带一路”建设作用的发挥提供有益借鉴。

现在学术界所谓的“中国近代”一般指的是1840—1949年这一历史时段。但本研究并没有完全放置在这一历史时段内，笔者认为：1840年的鸦片战争并没有在多大程度上影响云南地方社会的发展，1889年蒙自的开埠是云南经济开始步入近代化的起点，但我们对1840—1889年的云南经济又是不能忽视的，因为一方面，受沿海、沿江地区口岸开放的影响，云南经济毕竟已经开始发生“近代”性的变化，虽然变化并不是很明显，另一方面，1840—1889年的云南经济恰恰是1889年后云南经济发展的必然基础，如果不对这一基础有所了解的话，就很难对此后发生的一系列变化准确把握，因此，1840年是本研究的时间起点，1840—1889年可以被认为是近代云南经济史研究的一个完整的时段；1889—1937年，从总体上看，云南经济是在市场支配下自然发展的，在这一时段内，口岸相继开放，在口岸开放和对外贸易发展的拉动下，云南经济在方方面面都发生了较为明显的变化，是云南经济真正走入“近代”的第一个时段；全面抗战时期，云南成为大后方，经济建设的广度和力度前所未有，极大地改变了云南经济发展的基本面貌，在云南经济发展史上有着特殊的意义，当以一个完整的时段来看待，从而窥知局势变化与政策因素在云南这样的边疆省份地方经济社会发展中扮演的重要角色；1945—1949 年，不仅时间短，而且影响云南地方经济发展的因素与以前任何一个时段都有本质区别，因此，笔者不打算将本书的研究延伸到这一时段，而将研究的截止时间定为 1945 年，只是在对相关内容进行描述和分析时，为了保持其完整性而必须向下延伸时则突破这一时间限制。

在本书的研究时段内，考察云南的口岸—腹地形态，按照本书对“腹地”内涵的界定，可以将其划分为 1840—1889 年和 1889—1945 年两个大的时段。在前一个时段内，云南基本是处于“口岸—腹地”格局之外，在后一时段内，云南经济在很大程度上是在“口岸—腹地”互动过程中变化、发展的。当然，在后一时段内还要特别注意局势变化对 1931—1945 年间云南经济发展的影响。

本书旨在从口岸—腹地互动的视角考察对外贸易与近代云南经济变迁的关系，其基本逻辑是：第一，近代云南经济的任何变化都是在“云南”这一特定的空间范围内展开的，自然地理环境不仅是云南经济发展的舞台，也是经济发展的塑造力量之一，因此，在本书中，对云南自然地理环境的交代不仅必要，而且在对相关内容进行分析时也应考虑自然地理环境所起的作用；第二，界定研究时段固然是因为在一定意义上讲这一时段具有相对的完整性，但从绝对意义上讲，任何一个时段内的事物都有其发展的前提与基础，这样的前提与基础往往以并不显而易见的方式影响着事物的发展，因此，对近代前夕云南经济发展的基本面貌的简要描述就成为本书必不可少的内容；第三，接下来则是对蒙自开埠前云南对外贸易和经济面貌的勾勒，从而反映处于“口岸—腹地”格局之外的云南对外贸易与经济发展的基本内涵；第四，然后描述近代云南口岸的开放过程和口岸—腹地格局的演变，而口岸的开放必然引起对外贸易的变化，这则是本书紧接着关注的内容，随后则从不同方面分别探讨对外贸易与近代云南经济发展的互动关系。需要说明的是，对外贸易与近代云南经济变迁的互动关系涉及的内容广泛而复杂，就笔者的学力看，在较短时间内，尚无法做到全面而又深入的探讨。在本书中，对农业经济的变迁、城市体系的变化和城市经济及其二者与对外贸易发展的关系没有论述。笔者目前所做的还只是一个极为初步的工作，既有失全面又略显粗糙。但可以肯定的是，笔者还会对这一研究主题展开进一步的研究，希望通过后续研究弥补本书研究的不足，进一步推进云南地方经济史研究的发展。

第一章　地理环境与历史基础

第一节　环境特征与资源条件[①]

一、地貌特征

云南位于我国西南，全省面积约 43.6 万平方千米，根据基本的自然地理特征，可将其区划为具有高原热带性景观的滇南山间盆地亚区和具有山原亚热带性景观的云南高原亚区，以及以特殊的高山深谷为特征的横断山脉亚区。[②]

云南高原区位于点苍山和哀牢山以东，包括云南省的中部和东部，是一个比较完整的高原，大部分地面海拔在 1400～2200 米，北部较高，逐渐向南部降低，滇东南的南盘江、普梅河与盘龙江等谷地，降至 1000 米以下。横断山脉区大致包括哀牢山—点苍山以西地区，南北走向的高山与深谷平行排列，大致在保山、下关一线以北，山岭与河谷排列紧密，相对高差最大，河谷中没有宽阔的盆地，山顶上也没有较大的高原面。[③]“高山和深谷就是这里风景的特征。”[④] 滇南山间盆地区东起富宁，西至芒市、盈

---

① 除特别注明外，本小节主要参阅孙敬之《西南地区经济地理》云南省部分，科学出版社 1960 年版。

② 任美锷、杨纫章、包浩生编著：《中国自然地理纲要》，商务印书馆 1979 年版，第 285、289 页。

③ 任美锷、杨纫章、包浩生编著：《中国自然地理纲要》，商务印书馆 1979 年版，第 285 页。

④ ［美］葛勒石（G. B. Gressey）著，谌亚达译：《中国区域地理》，正中书局 1947 年版，第 221 页。

江，包括西双版纳及河口等地，此区山岭海拔较低，大部分在1500米以下，只有少数山岭可到2000米以上，元江、怒江、龙川江谷地，海拔大都不到800米，至下游降至300～500米，元江下游的河口更降至84米，是云南海拔最低的地方。①

总体来说，全省以山地高原为主，山地占全省面积的84%，高原占10%，两者合计占94%，为数众多的称为“坝子”的山间盆地镶嵌在山地高原之中，有1400多个，但只占全省面积的6%。与此同时，垂直变化是云南地貌景观最为引人注目的特点，咫尺之间由于地势起伏变化，海拔高低不同，自然条件也随之发生明显变化，俗话所说的“山高一丈，大不一样”是其地貌环境垂直差异的真实写照。②

二、气候特征

云南位于北回归线两侧，属于亚热带和热带高原季风气候类型。受季风和地形的影响，云南气候呈现干湿季分明和气候地区差异大的特征。

全年当中，降水的绝大部分集中在5月至10月，10月至次年4月降水极少（参表1.1）③。当干季时，全省的云量和雨量都很少，日照强、气温高、湿度小；当雨季时，全省雨量均称丰沛。

就降雨量而言，年降雨量以西部最多，达1500毫米以上，中东部次之，约800～1000毫米，中部最少，在800毫米以下。以温度来说，西北部高山地区，为全省气候最冷的地区，年平均气温10℃上下，有3～7个月月平均气温低于冰点，霜期长，霜日多；中部高原气候温和，年平均气温在18℃～20℃之间，有“四季无寒暑”之谚；南部的河口、西双版纳、澜沧及德宏西南部，除一、二月平均气温低于18℃之外，全年平均气温在

---

① 任美锷、杨纫章、包浩生编著：《中国自然地理纲要》，商务印书馆1979年版，第291页。

② 张怀渝主编：《云南省经济地理》，新华出版社1988年版，第1～2页。

③ 万湘澂：《云南对外贸易概观》，新云南丛书社1946年版，第46页；王声跃主编：《云南地理》，云南民族出版社2002年版，第66页。

18℃以上；而本省各大河川如元江、澜沧江、把边江、怒江、金沙江的河谷地区，年平均气温大多在21℃以上，最冷月平均气温大于15℃。除此之外，气候的垂直地带分异明显，气温随海拔的升高而降低，山体景观也随之发生变化。①

表1.1　昆明、河口、腾冲各月平均降水量

单位：公厘

地区	1月	2月	3月	4月	5月	6月	7月	8月	9月	10月	11月	12月
昆明	4.0	27.7	18.6	31.8	115.9	203.2	255.7	277.5	169.3	76.4	37.2	13.3
河口	17.0	37.0	60.0	107.0	235.0	222.0	306.0	351.0	240.0	144.0	64.0	24.0
腾冲	30.1	32.2	42.2	65.7	126.2	241.6	322.9	276.4	153.1	165.9	36.8	17.5

资料来源：万湘澂《云南对外贸易概观》，新云南丛书社1946年版，第47～48页。

说明：昆明系1928—1937年共计10年的平均数，河口、腾冲系1928—1932年共计5年的平均数。

三、河流与水文特征

云南河流分为金沙江、西江、元江、澜沧江、怒江和伊洛瓦底江六大流域，分属于太平洋和印度洋两个水系。云南河流具有流量大、水位季节变化大以及比降大、水流急的季风性河流的特征和高原山地河流的性质。除河流之外，云南还分布有30余个高原湖泊，据不完全统计，湖泊水面积约1060平方千米，占全省总面积的0.28%，集水面积9000平方千米，占全省总面积的2.31%。②

云南水资源虽然丰富，但可直接利用的水资源数量不多。全省年产流量为2009亿立方米，占全国水资源总量的7.4%，相当于黄河流域的3倍。同

① 张怀渝主编：《云南省经济地理》，新华出版社1988年版，第4页。

② 王声跃主编：《云南地理》，云南民族出版社2002年版，第115、123页。

时，过境水量1597亿立方米。两项合计，河川径流总水量达3600亿立方米。但水资源的直接利用率仅为4.5%，远低于全国16%的利用率。①

云南水资源虽然丰富，但水资源的时空分布并不均匀。时间上分布的不均，首先是受干湿季分明的气候影响使河川径流年内分配很不均匀，雨季可达年径流量的70%以上，旱季仅占30%左右。其次则是河川径流的年际变化较大，变差系数（Cv）为0.13～0.75，比我国东部地区高得多。尤其是南盘江、金沙江及红河之间的分水岭地带，变差系数更是超过0.5。空间上分布的不均主要表现是多年平均径流深度变幅很大，为100～2000毫米，高低悬殊达20倍。大致是北小南大，东小西大，谷坝小山区大。金沙江流域是省内产水最少的地区，80%的坝子均为径流深度低值区。人口集中、生产发达的区域恰恰是产水较少的地区，水资源和土地资源分布的不相适应问题相当普遍和突出，严重影响着水资源的充分利用。②

四、土壤类型与土地资源

云南土壤以红壤分布较广，蒙自、思茅、沧源一线以南以铁质红色砖红壤为主，以北以砖红壤化土壤为主。云南的土壤分布垂直差异也很大，在平原和盆地的底部为红褐土、湖积土和河流冲击土。在海拔1000米以下的高原和山地地区为红褐土，1500米以下为砖红壤，1500米以上为山地红壤、山地红棕壤、山地棕壤。在滇西横断山地和滇东北高山地区，除海拔3200米以下的土壤垂直分布和上述相似外，3200米以上为山地灰棕壤、山地灰化土和山地泥炭化土，4000～4200米为山地草甸土。

云南土地资源类型多样，土地资源结构十分复杂。按地貌类型划分，云南山、原、谷、盆皆有。而且山中有坝，原中有谷，组合各异，分布较散。其中，地面坡度一般小于8°的坝区，较为平坦，交通便利，开发利用较早，是全省种植业的主要分布地区。以热量为指标，全省土地可划分为

① 张怀渝主编：《云南省经济地理》，新华出版社1988年版，第8页。
② 张怀渝主编：《云南省经济地理》，新华出版社1988年版，第11页。

北热带、南亚热带、中亚热带、北亚热带、暖温带、中温带以及寒温带7个热量带类型。其中，北热带主要分布于河口、景洪、勐腊、孟定、元江、怒江坝等地；南亚热带主要分布于红河州南部、普洱、临沧地区南部、德宏等地以及富宁、勐海和金沙江河谷的巧家、元谋、华坪等地；中亚热带大致分布于文山州中部、玉溪市、楚雄州、大理州南部、红河州北部、临沧北部、昭通北部以及金沙江河谷的永仁、宾川等地；北亚热带主要位于曲靖南部、昆明、楚雄北部、大理北部、保山北部和福贡、贡山、泸水等地；暖温带主要分布于曲靖北部、昭通等海拔1900～2200米的地区以及丽江、迪庆、怒江等地海拔2000～2400米的地区；中温带位于昭通和东川海拔2000～2800米的地区和滇西北2400～3000米的地区；寒温带主要位于滇西北海拔2800～4000米米的山区和滇东北海拔2600～4000米的山区。不同热量带的土地产出和土地利用状况存在较大差异。①

五、生物与矿产资源

云南生物资源丰富，素有“动物王国”“植物王国”之称。由植物、动物和微生物构成的生物资源在云南拥有巨大数量的资源种类，其物种的多样性，无论是在国内还是在全世界都是十分罕见的。

植物当中，全省有高等植物1.7万多种，占全国高等植物2.7万多种的一半以上；动物资源，云南省有脊椎动物1704种，占全国3099种的55%。② 全省森林面积占土地总面积的20.5%，主要分布在海拔3000～4000米以下的山地，以丽江云岭山脉林区最大。各林区浩瀚广阔，树种很多，西北部高山地区多为云杉、冷杉、罗汉松、红桦、白桦等；中部及北部多为云南松、华山松、滇油杉、圆柏、杉木、滇赤杨、西南桤木、楠木等；西南部和东南部多为原始的常绿阔叶林，包括柚木、紫檀、樟、楠、红木等珍贵树木。热带雨林中藤本植物也很丰富，在热带和亚热带次生林

---

① 王声跃主编：《云南地理》，云南民族出版社2002年版，第95～99页。

② 王声跃主编：《云南地理》，云南民族出版社2002年版，第181～182页。

中，竹林的分布很普遍。

云南矿产资源种类繁多，以富于有色金属矿而著称。在40余种矿产中，以锡、铅、锌、铜、镍、褐煤、磷、岩盐等矿的储量为最多。其中，尤以个旧锡矿驰名国内外，矿层产于石灰岩与花岗岩接触带中，分砂矿和脉矿两种，品位较高，且因多分布于丘陵地表面，可露天开采，经济价值很大。铅锌矿分布甚广，大致从东向西可分为东部、中部、滇西边境三个矿带。铜矿是云南有色金属矿产中的优势矿种之一，蕴藏丰富，分布于全省很多地方，其中尤以东川铜矿最为出名，储量大，开采历史悠久。铁矿分布在全省许多县区，我国铁矿以贫矿为主，云南铁矿相对较富，全省保有富铁矿储量居全国第一。① 煤矿主要分布于东部，其中以褐煤为主，约占总数量的85%。磷矿主要分布在中部的晋宁、呈贡、澄江等地。非金属矿以岩盐比较重要，产于盐丰、盐兴、广通、普洱、兰坪、景谷等地。

总之，云南不仅生物资源多样，而且矿产资源也很丰富，因其有色金属矿产资源储量丰富、矿种齐全而向有“有色金属王国”之称。

第二节　近代前夕云南经济的基本面貌

一、部门经济发展概况

（一）农业

自元代以来，尤其是明清以来移民数量的不断增长，云南耕地面积也随之增加。据李中清估计，1775年云南人口400多万，到1850年则增加到了1000万。② 随着人口的增加，大批的荒地被开垦出来。据郭松义的研究，到1800年，云南新垦耕地面积在200万亩以上。③ 人口的增加和垦荒

---

① 王声跃主编：《云南地理》，云南民族出版社2002年版，第158页。

② ［美］李中清著，林文勋、秦树才译：《中国西南边疆的社会经济：1250—1850》，人民出版社2012年版，第150~151页。

③ 郭松义：《清初封建国家垦荒政策分析》，见《清史论丛》（第2辑），中华书局1980年版，第134~135页。

的推进使云南耕地面积大为增多，1753 年，云南省册载田地数 7541517 亩①，1820 年，云南册载田地数增长到 9476452 亩②，后者比前者几乎多出 200 万亩③。

表 1.2　1753—1820 年间云南省在册耕地面积情况表

单位：亩

年份	民田	屯田	总额
1753	6949980	591537	7541517
1766	8336351	917351	9253702
1784	8360311		
1812			9315126
1820			9476452

资料来源：李中清《中国西南边疆的社会经济：1250—1850》，人民出版社 2012 年版，第 190 页。

一方面由于人口的增加对食物的需求日益增加，另一方面由于云南山多地少，因此，耕地面积的增加是山区开发日渐深入的结果。稻、麦是云南传统的主要粮食作物，随着耕地面积的增加，稻、麦等传统粮食作物的种植也得到扩展。正如《新纂云南通志》所载，云南“除高寒寡雨之山地外，均可辟为稻田”④，水稻的种植在云南分布非常广泛，而且与复杂的自然地理环境相适应，在云南很早就形成了平坝河谷耕作和山区梯田耕作两种稻作类型。毫无疑问，云南水稻主要种植于坝区和平地区域，但是，梯田稻作农业以其作为人类活动与自然环境和谐的典范而最为引人注目，如

① 〔清〕张廷玉等：《清朝文献通考》卷四《田赋四》。

② 〔清〕穆彰阿等：《嘉庆重修一统志》卷四七五。

③ 当然，数据的增加应该说与册载统计本身不无关系，但是作为一种趋势，耕地数量的增加确是可以肯定的。

④ 《新纂云南通志》卷六二《物产考五》。

嘉庆《临安府志·土司志》中所说，哈尼族聚居的山区“依山麓平旷处，开凿田园，层层相间，远望如画。至山势峻极，蹑坎而登，有石梯蹬，名曰梯田。水源高者，通以略杓（涧槽），数里不绝”。梯田耕作实践大大突破水稻种植在地貌需求上的传统局限，有利于其向广大山区的推进。但是，水稻的种植毕竟对水、热、地貌等条件有一定的要求，因此，至清代，云南水稻的种植还是主要集中在相对温暖多雨、地势低缓、水利条件较好的滇中、滇东南。① 而与此不同的是，水源条件较差的高亢之地，陆稻即旱谷则广为种植，“种之山原，故曰山谷。味与水谷同，而粒较小，夷族多种之”②。麦类作物当中，小麦、大麦、燕麦在滇产中“为次于稻作之主要作物”③，在云南各地几乎都有种植。但由于受自然条件以及耕作制度的影响，各地种植的面积大小和比重差异较大。麦最忌炎热久雨之气候，故相对集中于滇中、滇东等气候温和之地，在炎热的滇南则分布较少。④ 除此之外，荞麦因其抗旱耐瘠的特性，“滇荒寒原野及寡雨坡地，山民多栽植之”⑤，而呈日益普遍的发展趋势。⑥

与传统的稻麦作物种植增加的同时，更为引人注意的是原产美洲的作物玉米、马铃薯进入云南后在清代的扩展。这些作物对土壤适应性强，对光热条件要求不高，所谓“（玉蜀黍）本为温、暖两带之作物，但滇中荒凉高原不适于麦作之地，而玉蜀黍均能产生”，马铃薯“虽性适暖地，但寒冷之区亦能繁殖”⑦，因此各地广为种植，从而出现取代传统山区作物的趋势。滇东北的巧家，玉米“除极寒之高地不宜种植、产量颇少外，凡寒

---

① 徐君峰：《清代云南粮食作物的地域分布》，载《中国历史地理论丛》1995年第3期。

② 黄元直修，刘达式纂：《元江志稿》卷七《食货志》，1922年铅印本。

③ 《新纂云南通志》卷六二《物产考五》。

④ 徐君峰：《清代云南粮食作物的地域分布》，载《中国历史地理论丛》1995年第3期。

⑤ 《新纂云南通志》卷六一《物产考四》。

⑥ ［美］李中清著，林文勋、秦树才译：《中国西南边疆的社会经济：1250—1850》，人民出版社2012年版，第192页。

⑦ 《新纂云南通志》卷六二《物产考五》。

温热各地段俱普遍种植，产量超过于稻”①，昭通“种稻开垦之田尤未及包谷之广焉”②，在滇中，玉米“用途与稻、麦同，为当地之主食品”③，“滇西一带亦多种之”，而在“泸西、宣威、平彝、沾益等处，烟地较少，半属荒原，几于遍莳包谷，而一切生活无不需之”④。顺宁府“山多田少，多种荞与玉麦，以此为天”⑤。滇南麻栗坡地均属石岩大山，“气候太寒，只产玉麦，田最少，故人民多以种山地玉麦为食”⑥。昭通“芋之属，昔产高山，近则坝子园圃内已有种之，磨粉及为菜品之用，凉山之上则恃以为常食”⑦，滇东北一带所产“如鼠子洋芋、白花洋芋等，尤称名品，附近住民恃为常食”⑧。蒙自一带，乾隆《蒙自县志》记载：“薯蓣亦名山药，红白二种，倘甸人王琼至坝洒携种归，教乡人栽种。不论地之肥硗，无往不宜，阖邑遍植，价甚廉，遇岁歉，即以为餐。”⑨

尽管随着人口的增加和种植面积的扩展，耕地数量相应得到增长，但这种增长不是直线式的。1840年前，全省已编入册的耕地基本上保持在931万亩左右，加上边疆土司区域可耕地面积250万亩，合计共有耕地面积1181万亩左右，约占全省可耕地总面积的25%。由此可见，直到近代前夕，云南还是一个半开发地区，其丰富的自然资源还没能更多地转化为直接的经济资源。⑩

（二）手工业

近代前夕，云南已发展起门类较为齐全的手工业，《新纂云南通志》

① 陆崇仁修，汤祚等纂：《巧家县志稿》卷六，1942年铅印本。

② 卢金锡等修，杨履乾等纂：《民国昭通县志稿》卷五，1937年铅印本。

③ 《新纂云南通志》卷六二《物产考五》。

④ 《新纂云南通志》卷六二《物产考五》。

⑤ 朱占科修，周宗洛等纂：《顺宁府志》卷一三，1941年刊本。

⑥ 邓昌麒：《新编麻栗坡地志资料》，复抄1947年稿本，转引自周琼、李梅《清代中后期云南山区农业生态探析》，载《学术研究》2009年第10期。

⑦ 符廷铨纂，杨履乾编修：《昭通县志稿》卷九，1924年铅印本。

⑧ 《新纂云南通志》卷六二《物产考五》。

⑨ 乾隆《蒙自县志》卷五《物产》。

⑩ 李珪主编：《云南近代经济史》，云南民族出版社1995年版，第11页。

将其分为纺织业、皮革业、冠帽业、建筑业、陶瓷业、五金业、造纸业、玉器琥珀器业、骨角业、编制业、刺绣业、染色业、漆业、制烟丝业、爆竹业、珐琅及翠花业、食品业17个类别。除此之外，近代以前，由于云南矿业开发和矿产业主要地不是运用机器进行生产，因此基本上还属于手工业的范畴。

纺织业是“男耕女织”式自然经济的主要构成部分之一。云南纺织业根据用料不同又可分为毛织品类、棉织品类、丝织品类、麻织品类和野生植物制品类五种。其中，棉织业最为重要，操此业者也最多，所谓“棉花纺织，妇工之一。全省各县妇女，咸习此业”①。云南出产之布所用原料既有棉花，也有属于木本植物一类的木棉和大树棉花，因而其布形式多样，名目繁多，像莎罗布、洱海红、棉布、梭布、宜良布、塘头布、挝绒等不一而足，凸现了云南由自然环境与民族文化多样而形成的布品种类的丰富多样。②

但凡“建都邑，成聚落，必有赖于木、石、泥工”③，因而云南建筑业，不论木工、石工还是泥工，“各县皆有，仅技能稍有高下”④。如木工一项，省会及附近各县，“多延新兴、江川、通海、河西、嶍峨人，以此各县操是业较多，且有特长。迤西之坛庙、寺观，多剑川木工手造，马扎亦为剑川特产”，而泥工一项“惟附近省会各县，仍以江川、通海、河西等县人为多，迤西则以大理人为较有特长”⑤。至于建筑用料，因建筑类型的不同以及地理环境和民族文化的差异而不尽相同。大约城池建筑以砖石为主，当然也有土筑者；官廨、祠庙、楼亭等主要由木构筑而成；桥则有木桥、石桥、铁索或藤索桥等。云南民居建筑，各地往往就地取材，有木筑者，有石构者，也有用竹子建造者，因用料的不同建筑形式也多有差

① 《新纂云南通志》卷一四二《工业考》。
② 陈征平：《云南工业史》，云南大学出版社2007年版，第307页。
③ 《新纂云南通志》卷一四二《工业考》。
④ 《新纂云南通志》卷一四二《工业考》。
⑤ 《新纂云南通志》卷一四二《工业考》。

异，从而形成了各具地域特色的居住文化。

陶瓷业、编织业等可统称为日用手工业品类。这些手工业品是人们日常所不可或缺的，因此，云南全省各县无不皆有。据《新纂云南通志》载，云南陶瓷制品主要有砖瓦、酒瓮、酒罐、酒坛、瓦盆、瓦土锅、炊锅、花盆、饭碗、菜碗、碟子、盘子、茶壶、瓦缸及瓦寿头、宝顶等，“每年销数不少”。云南植物资源丰富，编织原料来源广泛、数量巨大，因此，其编织业向来较为发达。根据用料不同，大体说来，云南编织业可分为竹、藤、草三项。滇南一带盛产竹子，开化夷人白朴喇“性耐劳，耕余，擘竹为筐，入市易食”①。元江夷人黑铺，“性巧慧，善作宫室，编竹为器，一切床、几、桌、凳备极精巧，汉人莫能及”②。滇西威远厅夷人黑濮“知耕织，多作竹器入市交易”。产竹地方往往将竹子或竹制品销于全省其他各地，如滇中昆明一带产竹较少，但“人喜戴笠，出则必偕焉”③。以藤编织为日常生活器具，与全国其他各地相比，是很有特色的。如滇东南丘北县，“土产藤墩，沙人编藤为墩，可坐；藤席，亦沙人所织”④。而元江、景东、缅宁及西南沿边各土司境更是出产棹几、提篮、靠椅、箪席等多种藤制品。⑤ 草编制品则如草席、草鞋“全省各县皆有，而以石屏、宁州、宜良等县之蒲席为紧密滑润”，草帽“大理南乡人以细麦秸仿河南草帽式编成，衬以绸里或布里，外加油布或漆布套，年出五六万顶，销行各县”。⑥

近代前夕，云南食品业的发展状况，据《新纂云南通志》载可分为糕饼业、酱菜业、火腿业、乳扇业、腌鱼业、挂面业、索粉业、饵丝、米线业、糖业、蜜饯业等类，但实际上除以上各类外，还有酿酒、制茶等。其

---

① 〔清〕刘慰三：《滇南志略》卷四，清光绪七年（1881）抄本。
② 〔清〕刘慰三：《滇南志略》卷六，清光绪七年（1881）抄本。
③ 〔清〕刘慰三：《滇南志略》卷三，清光绪七年（1881）抄本。
④ 〔清〕刘慰三：《滇南志略》卷五，清光绪七年（1881）抄本。
⑤ 《新纂云南通志》卷一四二《工业考》。
⑥ 《新纂云南通志》卷一四二《工业考》。

中，较具云南地域特色者则有火腿、乳扇、饵丝、米线、制茶等数项。腌肉的制作在云南有较久的历史，发展到清代，较著名的有鹤庆、丽江等地，所谓“鹤庆州腌腿佳者，味甜而鲜，与浙中金华腿相似”，“丽江有琵琶猪，将整猪去其头足大骨，四足折叠于腹内腌之，压令扁，如琵琶，其色甚异，其名甚奇。煮而食之，颇似杭州之加香肉”。[①] 而宣威火腿到近代前夕已是远近闻名，有火腿“此业以迤东之宣威、迤西之鹤庆为最著名”[②]之说。云南不少地方养牛羊，牛羊乳是人们重要的日常食物来源，但乳汁不易保存，为了解决这一问题，云南人发明了不少的乳制食品，乳扇即其中之一。其制作流程是“牛产犊，乳之月余断其乳，而以豆浆易饲之，置于别牢。因取牝牛乳，日再次得十余碗，以小铛盛酸浆半碗，煎将沸，入乳汁半碗，酿有顷，其精渐结成质，余悉为水……揉其质成团，以二短箸轮卷而引长之，布于竹架成张页。以次煎酿讫，遍布而晒干之……用膏炙食之”[③]。云南大多数地方以米为主食，每日饮食除米饭外，早点往往以饵丝、米线等充之。饵丝、米线均以米粉制作而成，米线的制作方法是“磨稻米作粉，如制香法，用水调润，以管注成线，煮之以代面食”[④]。饵丝则是将所选稻米用水泡一定时间后再予蒸熟，然后将其置于碓内舂，舂到一定程度再取出用手揉后改制成所需形状即成为饵块，将饵块切成丝状即饵丝。[⑤] 云南茶叶以普洱茶名闻天下，清代时成为贡茶，加工和制造精益求精，别具一格，形成了各种花色品种，根据鲜叶原料和采摘的时间不同，可分为毛尖、芽茶、小满茶、谷花茶四种；根据制作工艺的不同可分为紧团茶、女儿茶、金月天、疙瘩茶和茶膏等。[⑥] 各品种茶叶的采摘和制作，道光《云南通志稿》卷七〇云：“茶产六山……气味随土性而异，生于赤

---

① 〔清〕吴大勋：《滇南闻见录》下卷《物部》，清乾隆四十七年（1782）刻本。

② 《新纂云南通志》卷一四二《工业考》。

③ 杨琼：《滇中琐记·乳扇》，见方国瑜主编《云南史料丛刊》（第11卷），云南大学出版社1999年版。

④ 〔清〕吴大勋：《滇南闻见录》下卷《物部》，清乾隆四十七年（1782）刻本。

⑤ 陈征平：《云南工业史》，云南大学出版社2007年版，第347页。

⑥ 杨志玲：《近代云南茶业经济研究》，人民出版社2009年版，第27页。

土或土中杂石者最佳，消食、散寒、解毒。二月间开采，蕊极细而白，谓之毛尖，以作贡，贡后方许民间贩卖。采而蒸之，揉为茶饼，其叶之少放而犹嫩者，名芽茶；采于三四月者，名小满茶；采于六七月者，名谷花茶；大而圆者，名紧团茶；小而圆者，名女儿茶；女儿茶为妇人所采，于雨前得之，即四两重团茶也。其入商贩之手，而外细内粗者，名改造茶；将揉时，预择其内之劲黄而不卷者，名金月天；其固结而不解者，名疙搭茶，味极厚，难得。”①

云南矿产资源丰富，开采历史悠久，清代是云南矿业发展的鼎盛时期，不仅规模空前（如滇铜，在乾隆年间进入极盛期，年产铜1200万～1300万斤，每年运往京师的“京铜”达600万～700万斤）②，而且矿种也得到了扩展，如铅矿、朱砂、硝磺等不但得到开发，数量也还不小，铅矿年产量每年50余万斤，朱砂1000余斤，硝磺10万余斤。③ 但是到近代前夕，云南矿业已然走向了衰落，不仅产量下降，而且质量也不如从前。如东川府的汤丹厂、碌碌厂、大水沟厂在道光末年三厂铜额共计190万斤，而这一数量仅及乾隆年间的四分之一。其余铜厂的产量也急剧下降，有的铜厂甚至关闭。④

由于云南矿藏丰富，即“滇省山多田少，民鲜恒产，惟地产五金，不但滇民以为生计，即江、广、黔各省民人，亦多来滇开采”⑤。因之，五金业向来较为发达。而较著名者有铜工、金银工、铁工三种。清人檀萃《滇海虞衡志》卷五说：“铜独盛于滇南，故铜器具为多，大者至于为铜屋，今太和宫铜瓦寺是也，其费铜不知几巨万。玉皇阁像皆铜铸，其费铜又不知几巨万。推之他处，铜瓦、铜像又不知其几，金牛、铜牛皆以铜，大小神庙，大钟小磬，大小香炉，无不以铜……推之通省，又不知费几巨万。”

---

① 道光《云南通志稿》卷七〇《物产四》。

② 李珪主编：《云南近代经济史》，云南民族出版社1995年版，第14页。

③ 陈征平：《云南工业史》，云南大学出版社2007年版，第249～252页。

④ 李珪主编：《云南近代经济史》，云南民族出版社1995年版，第16页。

⑤ 《清高宗实录》卷二〇九，台湾华文书局1964年版。

清人吴大勋《滇南闻见录》则云："滇省产铜，民间铜器最多，虽小户必有茶壶、水罐之类。"铜器使用在云南的普遍程度由此可见一斑。金银器具制造"此项工业，在昔仅有首饰铺，专造妇女之簪、环及各项饰品，间及酒杯等物"，"又有金箔铺，能造金箔、银箔，以金箔所用为广，庄严佛像及丹漆房屋器具者，均需用之"，"又有羊皮金，作妇女衣袖、裙、靴之饰品"①。可以说，金银物器的制作其主要目的是满足各类装饰和宗教之用，至于日常生活器具，非达官贵人则鲜有用金银者。至于铁工，因"云南铁矿各县多有，故铁工亦各县有之"，铁制器物既有剑、刀等武器，也有犁、锄等农具，还有锅、铲等炊具，等等，品类多样。② 除此之外，锡工也已有了一定的基础，主要产品为锡箔，用于祀神。

（三）城乡市场

根据刘云明的研究，清代云南农村市场的主体是集市和市镇。③ 但按照方行的定义：墟集是以农民之间、农民和手工业者之间互通有无为主的贸易形式，尽管有流动商贩参与，乃至有少量坐商的店铺，它仍然应当属于墟集。市镇则是以商贾为媒介，以商贾贸易为主的场所，尽管市镇还包含有"日中为市"或"及辰而散"的墟集，它还是应当属于市镇。④ 尽管就全国而言，清代前期，市镇贸易和墟集贸易已成为农村市场的主体，但具体到云南，集市贸易显然是其农村市场最为主要的组成部分。

近代之前，云南的集市从市场的孕育和发育程度上看，可分为集会集市、常市和定期市三种类型。⑤

可归为集会集市者，一种为庙会，如大理的三月街"每岁三月十五日至二十日有月街，亦称观音街，始于唐永徽间，交易品有木材、药材、玉瓷、皮革、骡马等，汉、夷、藏、回，远近居民毕集，为全滇市集最大

---

① 《新纂云南通志》卷一四二《工业考》。

② 《新纂云南通志》卷一四二《工业考》。

③ 刘云明：《清代云南市场研究》，云南大学出版社1996年版，第33页。

④ 方行：《清代前期农村市场的发展》，载《历史研究》1987年第6期。

⑤ 刘云明：《清代云南市场研究》，云南大学出版社1996年版，第36页。

者”；一种为一年一度的大型商品交易会，如丽江的骡马会，“每年三月、七月初间行之”，“每次赴会，公骡、母骡不下数千头，儿马、骟马不下数百头，购运出境者居十之七八”。[①] 这种集市，虽然交易持续时间较长，规模也相对较大，但两次集会间隔的时间很长，在促进贸易发展中的作用比较有限，是商品经济不发达的一种表现。

常市即常年开市，每日有集。这种集市只有在云南少数州县城市或较大城市才有，如丽江城西关“有集场一所，宽五六亩，四面皆店铺，每日巳刻，男妇贸易者云集，薄暮始散”[②]。

定期市在云南有以十二地支属相命名者，如《滇南志略》记载：昆明各地“日中为市，率名曰街。以十二支所属分为各处街期，如子日名鼠街、丑日名牛街之类。街期各处错杂，以便贸迁”，建水龙街“在南庄铺，每逢辰日远近商民于此交易”[③]，这种集市的重要特征便是“以地方配合日期”[④]，街名即表明了开市的日期，这种集市也就当然地是以十二天为交易周期的集市了。除此之外，云南定期集市还有以旬为单位周期的，这其中又包括旬一日、旬二日、旬三日等不同周期形式。如河西有“七街、九街”，即每逢七、九日赶集，为每旬一集者；呈贡“归化、安江二街皆五日一集”，昆阳“中兴街以三、七日集”，“顺宁有新、旧城街，以一、六日为集期”，这些街市则为每旬两集者；新兴“研和街，一、四、八日赶集”，“永善有大井坝、新甸子、墨石驿、黄葛场、井田乡、桧溪、双河口等街，均三日一集”，此为每旬三集者。“永平市集有曲硐、老街、龙街、杉阳等街，多为六日一集，多销乔、云二井食盐”，“开化街场甚多，县城、江那、阿猛、者腊等地较盛，均六日一集”，“浪穹仅有小街，六日一集”，可见间隔六日逢一集也是云南有些地方集周期重要形式之一。[⑤] 开市

---

① 《新纂云南通志》卷一四三《商业考一》。

② 〔清〕吴大勋：《滇南闻见录》下卷《物部》，清乾隆四十七年（1782）刻本。

③ 祝宏等：《建水县志》卷一《市井》，1933 年重刊本。

④ 《新纂云南通志》卷一四三《商业考一》。

⑤ 《新纂云南通志》卷一四三《商业考一》。

频率的高低反映出商品交易的频繁程度，从一个侧面说明了一地乡村经济的发展水平。正如施坚雅所指出的那样，“隔日集期通常只在人口密集、都市化或商业化较高的小面积地区内流行”①，作为“滇中货物集散之中枢”的新兴“有县城街，单日赶集；北城街，双日赶集”，但这种隔日集在近代之前的云南并不多见。

近代之前的城市，首先是一个或大或小区域的政治中心，当然也往往是其经济中心。相对于乡村而言，城市商业更为发达、贸易更为频繁，市场发育程度当然也更高，云南自然也不例外。历经数百年，至近代前夕，云南城市市场呈普遍发展的态势，并形成了从超省域性到区域性的不同等级的商业中心城市构成的基本的城市市场体系。

鸦片战争前夕，昆明是云贵总督和云南巡抚的驻跸地，为云贵两省的政治中心。与此同时，正如李中清所说“不论过去还是现在，昆明都是西南的交通枢纽、经济中心”② 那样，鸦片战争前，昆明虽不能说是西南地区唯一的经济中心，但其经济辐射已远远超出云南省域所限则是可以肯定的。当时昆明城市商业已划分为丝绸、棉纱、裘皮、茶庄、五金、皮革、磁器、首饰、成衣、鞋帽、杂货、油蜡、纸笔、墨砚、铜锡、竹篾、木行、板材、砖瓦、药店、旅店、堆店、钱庄、当铺等40多种行业。③ 这众多的商业吸引了为数不少的地域商帮，有京帮、广帮、川帮、赣帮、迤西帮、迤南帮和迤东帮等十多个。其中，除本省三迤商帮经营各种土特产品外，京帮主要经营丝绸、裘皮及百货等，广帮主要经营海鲜、五金及杂货等，川帮主要经营黄丝、皮革等，赣帮主要经营磁器、棉布等，其货物主要来源于省外各地甚至国外；而从各处源源不断进入昆明的各色商品，除满足当地需求外，有相当部分则由昆明发往川、黔、藏等省区，甚至有些还远销至国外。

---

① ［美］施坚雅著，史建云、徐秀丽译：《中国农村的市场和社会结构》，中国社会科学出版社1998年版，第19页。

② ［美］李中清著，林文勋、秦树才译：《中国西南边疆的社会经济：1250—1850》，人民出版社2012年版，第72页。

③ 李珪主编：《云南近代经济史》，云南民族出版社1995年版，第18页。

元代以后，大理失去了作为云南政治中心的地位，但由于其处于滇缅大道和茶马古道交汇之地，凡川货西出缅甸，茶叶北上藏区，藏区药材杂货南下，缅甸棉花、宝石、珠玉北上中国等都必经此地，从而使其成为滇西地区最为重要的商品集散市场。大理城内店铺作坊林立，玉器的雕琢、大理石的解制以及缝纫、染织、皮革、金银首饰、笔墨文具、铜铁器的打制等已颇具规模，享誉省内外乃至周边国家。①

19 世纪以来，滇越贸易得到发展，云南商人用马帮驮运大锡、铅锌、白银、茶叶、丝绸、杂货、布匹出口，回程则驮运越南大米以及法国呢绒、煤油、肥皂、杂货、海味、五金等经河口、屏边到蒙自，并以蒙自为中转站，再将各种洋杂货及大米运往昆明及其他各地销售。② 随着滇越贸易的进一步发展，蒙自的商业中转地位日益突出，从而使蒙自早在其开关前就已成为滇南地区重要的商业中心城市。

昭通“地通川、黔、滇三省，滇货以洋纱、匹头为最盛，川货以盐为最盛”，为跨省贸易的重要集散中心，也是滇东地区重要的商业中心城市，“主要营业，城内以油盐、布帛、山货、皮革、洋纱、毛羽、铜杂、铁杂、竹器等为主”。③

但是，近代之前，云南统一的区域市场并未形成，各地区之间的经济往来比较有限。

（四）贸易与商路

近代之前的云南贸易发展情形，可从国内贸易和国际贸易两个方面来看。

根据已有的研究，省际贸易可分为带有专卖品性质的贸易和非专卖品贸易两类。④

作为铸币原料，铜是最为重要的专卖品贸易商品之一。清代，大量的

---

① 陆韧：《云南对外交通史》，云南民族出版社 1997 年版，第 296 页。

② 李珪主编：《云南近代经济史》，云南民族出版社 1995 年版，第 19 页。

③《新纂云南通志》卷一四三《商业考一》。

④ 刘云明：《清代云南市场研究》，云南大学出版社 1996 年版，第 84 ~ 108 页。

滇铜运往京师，是为“京铜”，每年竟达六七百万斤之多。滇铜除运往京师外，自乾隆三年（1738）四川来云南采买铜料开始，江苏、浙江、江西、湖南、湖北、福建、广东、广西、贵州、陕西等十省也均曾来采买。在 1740—1811 年间，以上 11 省来滇买铜共计 274 次，合 92171838 斤。[①] 可以说，铜是近代之前云南在国内长途贸易当中最为重要的商品。

食盐为日常生活必需品，也是重要的专卖品之一。近代之前，云南人所用食盐除本省所产之外，在部分地区也曾运销川盐、粤盐和沙盐。如“因滇盐不敷民食”，“自雍正七年至乾隆三年，先后奏定令昭通、东川、镇雄、宣威、沾益、平彝、南宁等府改食川盐”，“通共每年定拨运盐二百四十一万一千斤”；[②] 乾隆四年（1739），“题准由广东运盐百万斤至广西百色地方……饬令附近粤西之罗平州领运行销二十万斤，师宗州运销二十五万斤，广西府运销二十五万斤，弥勒州运销三十万斤”，“其开化、广南二府地方，每年买粤盐一百四十万斤，分运销售”。[③] 乾隆三十一年（1766），“覆准滇省买运粤盐，岁额二百二十万斤”[④]，而“维西厅地方，夷民杂处，沿江居民向食四川巴塘所产沙盐”[⑤]。

除铜、盐之外，茶叶也是一种带有专卖性质的商品。云南是中国茶的故乡，而云南所产普洱茶在贸易上尤为重要。清代，普洱茶成为贡品，每年都有数量不少的茶叶运入京师，年解贡茶 660 担。除此之外，藏区则是滇茶重要销地。顺治十八年（1661），清政府同意了达赖喇嘛关于建立滇茶交易市场的请求，在康熙四年（1665）批准在永胜州设茶马市，向买茶易马的商人征收税银，由官方登记番商姓名上报。[⑥] 这样，滇藏茶马贸易形成定制。刘健《闻夜录》称：顺治十八年，即滇藏开始茶马互市当年，

---

① 刘云明：《清代云南市场研究》，云南大学出版社 1996 年版，第 88 页。

② 《新纂云南通志》卷一四七《盐务考一》。

③ 《新纂云南通志》卷一四七《盐务考一》。

④ 《新纂云南通志》卷一四七《盐务考一》。

⑤ 《新纂云南通志》卷一四七《盐务考三》。

⑥ 吕昭义：《清代滇茶销藏考》，载《思想战线》1993 年第 3 期。

入藏普洱茶就有三万担。[①] 雍正十三年（1735），清廷规定，云南商人贩茶，以七枚茶饼为一筒，征收税银一分，每100斤官府颁给一引，每年颁给云南省3000茶引，其中大部分是销藏茶。[②]

除上述专卖性质的商品外，布匹和鸦片是云南在国内长途贸易中比较重要的商品。而其最大的区别在于布匹是以输入为主的商品，而鸦片则是以输出为主的商品。

受气候等环境条件的制约，云南素不产棉，蚕桑业也不发达，正如雍正《云南通志》卷三〇所言："今滇人不知蚕桑，尺帛寸缣仰给于江南，所织棉布亦不足供，惟商人是需。"近代之前，由于本省所产不足，使得省外布匹借此大量进入云南市场，其重要者有汉阳布、沙市布，其次则为邻省四川、贵州所产之布。

嘉庆末年，就有关于云南种植鸦片的记载："云南一属，种罂者漫山遍野，鸦片之出产，宗（总）亦必不下数千箱。"[③] 道光十八年（1838），御史郭柏荫上奏朝廷："云南地方寥廓，深山邃谷之中，种植罂粟花，取浆熬烟，其利十倍于种稻……其价廉于他省，近复贩运出境，以图重利。"[④] 可见近代前夕，云南鸦片已开始输出省外，尽管数量未必很大，但其意义是不容小觑的。可以说，近代以前的种植和传播拉开了近代云南鸦片广泛种植和传播的序幕。

国际贸易方面，由于云南地处我国西南边疆，与东南亚、南亚多个国家接壤和相邻，因此，不仅贸易历史悠久，而且在云南经济社会发展中扮演了十分重要的角色。近代之前，云南主要的贸易对象有缅甸、越南、老挝、柬埔寨、泰国、菲律宾、印度等。

在近代以前，云南与邻近各国的贸易逐渐形成了国家主导下的朝贡贸

---

① 魏谋城主编：《云南省茶叶进出口公司志1938—1990年》，云南人民出版社1993年版，第14页。

② 《清会典事例》卷二四二《户部·杂赋·茶课》，中华书局1991年版。

③ 来新夏：《林则徐年谱新编》，南开大学出版社1997年版，第782页。

④ 《清宣宗实录》卷三一六，台湾华文书局1964年版。

易和互易有无的民间贸易两种主要形式。朝贡贸易方面，乾隆以后，安南（越南）、缅甸、南掌（老挝）和暹罗（泰国）与清王朝保持相对稳定的朝贡贸易关系。但是，缅甸、南掌贡道经由云南①，而安南、暹罗贡道并不经过云南。② 由于朝贡使团可以沿途采办货物进行贸易，因此，就朝贡贸易而言，云南的对外贸易就是滇缅、滇老贸易。雍正间，清廷规定南掌国五年一贡，乾隆八年（1743）又改为十年一贡；乾隆五十五年（1790）规定缅甸贡期十年一次。③ 尽管贡期的限制未得到严格执行，但也不难看出滇缅、滇老之间因朝贡而产生的贸易往来并不频繁。同时，由于受到朝贡贸易政治性的限制，贸易数量也是相当有限。正是由于受到以上朝贡贸易体制的约束，云南与上述诸国的贸易往来是以民间贸易为主展开的。

贸易规模方面，以对缅甸贸易为例，据亨利·玉尔的估计，1827 年，缅甸从云南输入丝绸总值约为 72000 英镑，云南从缅甸输入棉花总值约 228000 英镑；1855 年从云南输入缅甸和内地假云南输入缅甸的商品总值约 187500 英镑，其中丝绸为 120000 英镑，缅甸向云南输入货物总值约为 235000 英镑，其中棉花为 225000 英镑。④

至于贸易商品，滇缅之间，云南出口商品主要为钢、铁、锣锅、绸缎、毡、布、磁器、烟、茶、黄丝、针线等；缅甸输入云南以及经云南转输内地的商品主要包括珀、玉、棉花、牙、角、盐、鱼等。⑤ 滇老之间，

---

① 《光绪大清会典事例》卷五〇二：“康熙元年议准，缅甸贡道由云南。”《清史稿》卷五二八：《属国·南掌》：“南掌国五年一贡，贡使由普洱府入。”

② 《光绪大清会典事例》卷五一〇：“雍正二年议准：安南国贡使进京，广西巡抚给予勘合，由广西、湖南、湖北、江西、江南、山东、直隶水路行；回日南部照原堪合换给，仍由水路归国。”《光绪大清会典事例》卷五〇二：康熙六年议准“暹罗贡道由广东”。

③ 《光绪大清会典事例》卷五〇二。

④ Henry Yule et al. , *Narrative of the Mission Sent by the Governor-General of India to the Court of Ava in* 1855, *with Notices of the Country*, *Government*, *and People* (London: Smith, Elder & Co. , 1858), 148 – 149, 334.

⑤ 云南省历史研究所编：《〈清实录〉越南缅甸泰国老挝史料摘抄》，云南人民出版社 1986 年版，第 678 页。

茶叶、陶瓷器、铜锡器、丝绸、布匹等是云南对老贸易的重要商品；象牙、香料等物并非生活必需品，则较多地输入云南。滇越之间，云南销往越南的货物主要有铁制农具、丝绸产品、瓷器、药材、牛、牛皮、麻布、铜器、纸张、蓝靛、神香、调料、广南鸭和其他生活用品；越南的杉木、海盐、大米等是输入云南的重要商品。

据李中清的梳理和归纳，在1250—1850年间，中国西南部有六条主要道路。其中四条连通西南与中国的其他地区，另外两条连通缅甸和越南。它们分别是：经过西昌到四川的成都道；经过宜宾到川东的重庆道；经过贵阳到两湖的汉口道；经过广西到南宁的南宁道；经过景洪到越南的越南道；经过大理到缅甸的缅甸道。这每条的道路和不同的地区相连，都汇聚于同一个主要城市——昆明。[①] 这也就是说，以上六条道路既是西南地区与外部交通的主要线路，也是云南与外界商业来往的主要通道。这一论述和蒙自开关当年海关贸易报告关于自外入滇商路的叙述基本一致。以上道路，按照《新纂云南通志》的记述，又可统之为滇黔、滇桂、滇川、滇缅、滇越诸线。其中，滇黔线有元江，滇桂线有右江，滇川线有长江和岷江，滇缅线有伊洛瓦底江，滇越线有红河，因而可以部分地利用水路。[②] 但因受复杂的地形限制，也只是可以部分利用的水路，而且往往是异常艰险的。尽管政府投入大量精力试图改变西南地区的交通状况[③]，但直至近代前夕，云南交通并没有出现根本性的改变。长期以来，由于交通的落后，大大制约了贸易的发展，从而使交通成为制约云南经济发展的一大障碍。

二、经济发展的地区不平衡性突出

近代前夕，云南经济发展在空间上的不平衡是比较突出的，大致说

---

① ［美］李中清著，林文勋、秦树才译：《中国西南边疆的社会经济：1250—1850》，人民出版社2012年版，第72页。

② 《新纂云南通志》卷五六《交通考一》。

③ ［美］李中清著，林文勋、秦树才译：《中国西南边疆的社会经济：1250—1850》，人民出版社2012年版，第83～85页。

来，主要体现在以下三个方面。

首先是东部与西部经济发展水平的差异。根据蓝勇的研究：云南地区清代城镇分布和人口与明代相比发生了很大的变化。从城市等级分布来看，以楚雄府为界，以东有冲县昆明、宜良、嵩明州、寻甸州、平彝、呈贡、安宁州、南宁县、沾益州、马龙州、河阳、江川、路南州、阿迷州、宁州、广西州、弥勒17州县，但以西仅太和、越州、云南、剑川4州县。以楚雄府为界，以东有繁县昆明、宜良、晋宁州、呈贡、安宁州、寻甸州、平彝、思安、河阳、江川、新兴州、路南州、广西州、弥勒县、阿迷州、临安府治、宁州、蒙自18州县，而以西仅太和、越州、元龙州、鹤庆州、保山、永平厅治、景东厅治7州县。从人口分布来看，云南府有人口942689口，人口密度每平方千米78.55人，大大超过了大理府人口566035口、人口密度每平方千米24.83人。同时与明相比，清代人口密度超过每平方千米10人以上的府有云南府、临安府、澄江府、曲靖府、开化府五府，而以西仅大理一府。这已表明明代云南政治中心东移到清代云南的经济中心已经东移成为定局。[①] 从农业方面看，清代前期，作为云南传统经济中心的滇中和大理地区，其耕地分别约占全省耕地亩数的32%和20%[②]，东部在农业上的优势已开始显现。手工业方面，鸦片战争前，云南、大理、澄江、永昌、临安、丽江、昭通等府，手工业比较发达，门类多，产品多，出现了手工作坊和手工行会，有较多的手工业产品提供市场进行交换，形成了初步的社会化生产[③]，但是，从产品种类、生产规模及社会化生产的程度看，以云南府为代表的东部地区显然要比以大理府为代表的西部地区略胜一筹。这也就是说，近代前夕，除了对外贸易的重心依然在西部地区外，从总体上讲，云南经济的重心已经完成从西部向东部的

---

① 蓝勇：《明清时期西南地区城镇分布的地理演变》，载《中国历史地理论丛》1995年第1期。

② 杨伟兵：《云贵高原的土地利用与生态变迁（1659—1912）》，上海人民出版社2008年版，第130页。

③ 李珪主编：《云南近代经济史》，云南民族出版社1995年版，第14页。

转移，东部与西部经济发展水平的差异具体体现为东部高于西部。

其次是坝区与山区经济发展水平的差异。在云南，境内虽无大型平原，但俗称为“坝子”的小型河谷冲积平原和盆地分布广泛，这些平坝四周往往被山地、丘陵所包围，而一块平坝及其四周山区构成了一个相对独立的地理单元。坝区与山区由于自然条件的差异、经济生产的不同在这样的同一个地理单元内，坝区与山区经济发展水平的差异则是显而易见的。“耕作被限于高原上的平地、极少数的开阔山谷和偶然的山坡梯田。这类耕地面积大都有限得很。但是在云南省内却有宽达数十里的若干平原。无论哪里的平地都同中国各处一样，经营着集约的农业。事实上，有效的数字表示这里的农地利用，较之中国其他区域更加发达。山坡耕种视乎土壤、倾斜度和水量等状况而定。有些地方梯田伸展到山顶上，但因河流深穿峡谷而使山坡灌溉困难。”① 因而，坝区农业发展水平较山区为高。而且，绝大多数的城镇位于坝区，这里人口多、密度大，工商业相对发达，一个坝区往往就是一个或大或小的城镇中心地，周围山区为其主要的辐射范围，二者相互联系，从而构成一个相对完整的小型经济区。

再次则是核心区与边缘区经济发展水平的差异。根据李中清的研究，如果将云南府与澄江府归为经济中心区，把东川、大理、蒙化三府归为次经济中心区，把楚雄、广南、开化、临安、曲靖和武定六府归为近边缘区，把广西、景东、丽江、普洱、腾越、顺宁、永北、永宁归为边缘区的话，从中心区到边缘区人口密度是递减的，单位面积土地供养的人口数量也是递减的，并且这种状况呈日趋突出的趋势。1775 年，云南最核心的两个府——云南府和澄江府，所拥有的人口是 86.3 万口，耕地面积为 200 多万亩，二者大致分别占全省的四分之一，但到了 1825 年，两府人口增长到了 200 多万，几乎占了全省在册人口的三分之一，然而其耕地面积缩减为

---

① ［美］葛勒石（G. B. Gressey）著，谌亚达译：《中国区域地理》，正中书局 1947 年版，第 228 页。

160 万亩，不足全省耕地面积总数的六分之一。① 说明越是中心区，其社会生产力相对越高，核心区与边缘区经济发展水平的差异由此可见一斑。

三、全国最为落后的省区之一

根据施坚雅的估算，1843 年，云贵地区的人口密度是每平方千米 23 人，这一数字不仅远远低于全国（不包括东北和青藏）平均数字 103 人，而且也低于西北 38 人，是除东北和青藏地区外全国人口密度最低的地区；1843 年，云贵地区共有城市中心地 52 个，是除东北和青藏地区外城市中心地数量最少的地区；城市人口 44.5 万人，城市人口占总人口的 4%，城市人口占总人口的比重低于全国的 5.1%，也低于长江上游即四川的 4.1%，是除东北和青藏地区外全国城市化水平最低的地区；而各地域 1843 年时商业化与地区内贸易指数，长江下游为 6，东南沿海为 5，岭南为 4，西北为 3，华北、长江中游、长江上游各为 2.5，云贵为 1；对外贸易指数，长江下游和岭南各为 8，东南沿海为 6，长江中游为 5.5，西北为 5，华北为 4，长江上游为 3.5，云贵为 1.5，可见在商业化和贸易方面，云贵地区也是最为落后的地区之一。②

尽管以上估算是比较粗略的，但因是以同一标准衡量，大致可以反映出鸦片战争前夕我国除东北和青藏地区外各大区域的社会与经济发展水平。我们知道，在云贵地区内云南的经济发展水平是略高于贵州的，但依然可以说，在鸦片战争前，云南是全国最为落后的省份之一。

---

① ［美］李中清著，林文勋、秦树才译：《中国西南边疆的社会经济：1250—1850》，人民出版社 2012 年版，第 151 ~ 152、199 页。

② ［美］施坚雅著，王旭等译：《中国封建社会晚期城市研究——施坚雅模式》，吉林教育出版社 1991 年版，第 58、74、79 页。

第二章　蒙自开埠前云南的对外贸易和经济面貌（1840—1889）

第一节　蒙自开埠前云南的对外贸易格局

一、贸易通道和主要走向

1889 年蒙自海关贸易报告指出，当时自外入滇有六条主要商路①：

1. 由汉口经洞庭湖边的岳州，穿过湖南、贵州进入云南，大部分是陆路，用兽力驮运。自汉口到云南府，约需 40 天。

2. 由长江上游的纳溪，溯永宁河到四川西南的永宁县登岸，水运约 19 天；再由永宁县用兽力驮运到云南府，需 20 多天。

3. 从距离云南省东北不远的四川叙州府，经横江边上的老鸭滩到云南府，全部为陆路，约需 22 天。这是云南省最重要的通商路线。

4. 由北海到云南府。从北海到南宁，14 天；南宁到百色，17 天；百色到剥隘，3 天；剥隘到广南，8 天；广南到云南府，12 天。全程共需 54 天。

---

① "Mengtzu Trade Report, for the Year 1889"，见中国第二历史档案馆、中国海关总署办公厅编《中国旧海关史料（1859—1948）》（第 15 册），京华出版社 2001 年版，第 573 ~ 575 页。需要说明的是，谈及 1889 年海关贸易报告有关自外入滇商路的著述几乎均将八莫和大理间的商路遗漏而称有五条线路进入云南，如《新纂云南通志》卷一四四《商业考二》、万湘澂《云南对外贸易概观》（新云南丛书社 1946 年版）、陆韧《云南对外交通史》（云南民族出版社 1997 年版）、袁国友《近代滇港贸易问题研究》（云南大学 2002 年博士学位论文）等，这显然是与海关贸易报告原文有出入的。

5. 由海防到云南府。从海防到河内，为汽船，一天的路程；河内到老街，为舢板，需20天；老街到蛮耗，为舢板，需7天；蛮耗到蒙自，蒙自到云南府，均为兽力驮运，分别需要2天和9天。全程为40天。

除以上五条商道之外，八莫和大理府之间的商路则是另外一条自外入滇的重要的商业大道。

以上六条商路是蒙自开埠以前就已经形成的云南与外部交通的主要道路。其中，经过前四条线路，云南虽也可以同国外建立贸易关系，但还主要是以国内贸易居于绝对主导的地位。因此，作为滇越、滇缅贸易主要商路的第五条和第六条线路则是云南对外贸易的最为重要的贸易通道。

我们知道，蒙自开埠前的云南对外贸易对象虽然主要是邻近国家，但也不仅仅局限于缅、越二国，而海关贸易报告唯独叙此二途，其原因就在于滇缅、滇越贸易在云南对外贸易中最为重要。但相对而言，滇缅贸易的规模是滇越贸易所无法比拟的。据英国人克劳福特估计，在19世纪初，滇缅贸易额约为30万~40万英镑。① 此后稳定发展，到19世纪中叶又有所突破，1854年仅通过八莫进行的滇缅贸易总额就高达500000英镑。② 有论者认为，清代滇缅陆路贸易额可占缅甸出口贸易总额的四分之一至三分之一，规模相当可观。③

蒙自开埠之前，在云南对外贸易的所有国家和地区中，以缅甸最为重要，常居云南对外贸易额的主要部分，那么，滇缅走向也就成了云南对外贸易的主要地理走向。由于地理上处于近便的有利条件，滇西和滇西南既是对缅贸易最集中的地区，自然也就是云南对外贸易最集中的地区。

滇缅贸易，“常走的道路有两条。一条直接从曼德勒经过锡尼（Thieunee）、永昌到大理府。另一条沿伊洛瓦底江而上直到八莫，从八莫又分出三条支路，会于缅甸人称为莫棉（Momien）的腾越，然后到达大理府”，

① 贺圣达：《缅甸史》，人民出版社1992年版，第214页。

② ［英］艾伯特·费却：《缅甸的过去与现在》卷二，1878年，第96页，转引自孙来臣《明清时期中缅贸易关系及其特点》，载《东南亚研究》1989年第4期。

③ 吴兴南：《云南对外贸易史》，云南大学出版社2002年版，第72页。

而“若干世纪以来，通过八莫的这条道路，不论对侵略的军队，或是和平的商人，一向是从中国到缅甸的必经之路”。[①] 腾（越）八（莫）一线是滇缅贸易最为繁忙的商路，也是蒙自开埠前云南最为重要的对外贸易通道。所谓“今客商之贾于腾越者，上则珠宝，次则棉花，宝以璞来，棉以包载，骡驮马运，充路塞道。今省会解玉坊甚多，砻沙之声昼夜不歇，皆自腾越至者”[②]。

二、贸易方式和商品构成

（一）民间贸易主导下的对外贸易

在近代以前，云南与邻近各国的贸易逐渐形成了国家主导下的朝贡贸易和互易有无的民间贸易两种主要形式。朝贡贸易方面，乾隆以后，安南（越南）、缅甸、南掌（老挝）和暹罗（泰国）与清王朝保持相对稳定的朝贡贸易关系。但是，缅甸、南掌贡道经由云南[③]，而安南、暹罗贡道并不经过云南[④]。由于朝贡使团可以沿途采办货物进行贸易，因此，就朝贡贸易而言，云南的对外贸易就是滇缅、滇老贸易。雍正间，清廷规定南掌国五年一贡，乾隆八年（1743）又改为十年一贡；乾隆五十五年（1790）规定缅甸贡期十年一次。[⑤] 尽管贡期的限制未得到严格执行，但也不难看出滇缅、滇老之间因朝贡而产生的贸易往来并不频繁。同时，由于朝贡贸易是政治性质的贸易，可以想见贸易数量是相当有限的。

---

① 姚贤镐编：《中国近代对外贸易史资料（1840—1895）》（第2册），中华书局1962年版，第687～688页。

② 〔清〕屠述濂纂修：《腾越州志》卷三《土产》，清光绪二十三年（1897）重刊本。

③ 《光绪大清会典事例》卷五〇二：“康熙元年议准，缅甸贡道由云南。”《清史稿》卷五二八《属国·南掌》：“南掌国五年一贡，贡使由普洱府入。”

④ 《光绪大清会典事例》卷五一〇：“雍正二年议准：安南国贡使进京，广西巡抚给予堪合，由广西、湖南、湖北、江西、江南、山东、直隶水路行；回日南部照原勘合换给，仍由水路归国。”《光绪大清会典事例》卷五〇二：康熙六年议准“暹罗贡道由广东”。

⑤ 《光绪大清会典事例》卷五〇二。

正是由于受到以上朝贡贸易体制的约束，云南与上述诸国的贸易往来是以民间贸易为主展开的。云南与邻近各国长期存在直接和间接的贸易往来；无论战时还是和平之时，云南与这些国家的民间贸易都不曾间断，尤其是边民的互市和贸易往来更是无时不在进行；民间贸易未必都是大额交易，但一定时期内的交易总量不容小觑；更何况民间贸易本身就是因为环境的差异、生产的不同要求互易有无而产生的，因此对交易双方而言，贸易成为保证民生不可或缺的手段。由此看来，民间贸易，就贸易面、贸易频率、贸易规模以及对贸易双方影响的深度而言，都是朝贡贸易难以比拟的。并且，在英、法势力深入缅甸、老挝后，朝贡贸易就因此而中断了，这就进一步抬升了民间贸易在云南对外贸易中的地位。进入近代后，在朝贡贸易走向瓦解、终止的同时，并没有出现一种可以替代朝贡贸易的政府间贸易，于是，民间贸易几乎成了云南对外贸易的唯一形式。

云南与缅甸、老挝、越南直接接壤，与印度、孟加拉、柬埔寨、泰国等国相去不远，在长达4061千米的国境线上分布着壮族、傣族、布依族、苗族、瑶族、彝族、哈尼族、景颇族、傈僳族、拉祜族、怒族、阿昌族、独龙族、佤族、布朗族、德昂族16个跨境民族（另外，尚未确认为单一民族的克木人也跨境而居），① 从而使边民互市成为传统时代云南对外贸易之常态，无论战时还是平时都未曾中断，这也是边疆地区对外贸易区别于内地的一大特征。进入近代后，边民互市得到进一步的发展，特别是英、法势力进入缅、越等国后，来自西方的商品往往就是通过边民互市的形式进入云南的。

（二）以土产交易为主的对外贸易

棉花是缅甸的主要农产品，而云南向来产棉不多，因此，正如《腾越州志》所言："今客商之贾于腾越者，上则珠宝，次则棉花，宝以璞来，棉以包载，骡驮马运，充路塞道。"② 珠宝是奢侈品，价值虽高但交易量不

---

① 王声跃主编：《云南地理》，云南民族出版社2002年版，第3、280页。

② 〔清〕屠述濂纂修：《腾越州志》卷三《土产》，清光绪二十三年（1897）重刊本。

大，棉花则是织布的原料，为生活必需品，因而成为缅甸输入云南的第一大宗商品。时人的记载很能说明这种情况，英国人西姆施著《1795 年出使阿瓦记》中就写道："在缅甸首都与中国云南之间存在着广泛的贸易，从阿瓦输出的主要商品是棉花……沿伊洛瓦底江运到八莫，同中国商人交换商品，后者沿水、陆两路把棉花运入中国。"①

与此同时，云南和中国内地出产的丝和丝织品在缅甸拥有广阔的市场，意大利传教士圣基曼奴所著《缅甸帝国》一书记载："缅甸对外贸易，以甚多国家为对象，云南华商自拱洞沿阿瓦大河（即伊洛瓦底江）承大舶至缅都，携来彼国商品丝绸、色纸、茶叶、各种水果与其他杂货，归国时载运棉花、生丝、花盐、雀羽与一种黑漆。"② 正如有的论者所指出的那样："19 世纪中叶以前，中缅交易以八莫为中心，中国方面以丝绸和雄黄等物品向缅甸交换棉花和漆料等物资。"③ "中国输入缅甸之商品为生丝、绸缎、裁制朝服之丝绒、滇边出产之茶叶、金、铜、钢、酒、火腿、朱红漆中需用之水银与大量之针线；自缅输往中国之商品以棉花为大宗，此外尚有燕窝、盐、象牙、鹿茸、琥珀与少数之漆器与宝石。"④

据亨利·玉尔在《1855 年出使阿瓦宫廷记》一书中的估计，1827 年，缅甸从云南输入丝绸总值约为 72000 英镑，云南从缅甸输入棉花总值约 228000 英镑；1855 年从云南输入缅甸和内地假云南输入缅甸的商品总值约 187500 英镑，其中丝绸为 120000 英镑，缅甸向云南输入货物总值约为 235000 英镑，其中棉花为 225000 英镑。⑤ 如果以上估计准确，则棉花占到

---

① 转引自贺圣达《缅甸史》，人民出版社 1992 年版，第 214 页。

② 转引自［英］戈·埃·哈威著，姚梓良译《缅甸史》（下册），商务印书馆 1973 年版，第 548 页。

③ ［美］沈己尧：《东南亚——海外故乡》，中国友谊出版公司 1985 年版，第 59 页。

④ 转引自［英］戈·埃·哈威著，姚梓良译《缅甸史》（下册），商务印书馆 1973 年版，第 548 页。

⑤ Henry Yule et al., *Narrative of the Mission Sent by the Governor-General of India to the Court of Ava in* 1855, *with Notices of the Country*, *Government*, *and People* (London: Smith, Elder & Co., 1858), 148 – 149, 334.

缅甸输入云南商品总额的96%，丝绸占云南输入缅甸商品总额的64%，棉花和丝绸成为滇缅贸易最为大宗的商品。

从大宗商品看，正如有的论者所指出的那样，滇缅之间的贸易可以概括为丝棉贸易，① 只是在英国将缅甸变为自己的殖民地后，改变缅甸的农业生产布局，缅甸所产棉花开始主要用来作为开设在印度的纱厂的原料，因此，缅甸输入云南的主要商品除棉花外，棉纱日见增多，逐渐成为缅甸输入云南最为重要的商品。

滇老之间，茶叶、陶瓷器、铜锡器、丝绸、布匹等是云南对老挝贸易的重要商品。云南茶叶，以滇南十二版纳一带所产普洱茶为佳，出产也最多。《滇海虞衡志》卷一一说："普茶，名重于天下，此滇之所以为产而资利赖者也。出普洱所属六茶山，一曰攸乐，二曰革登，三曰倚邦，四曰莽枝，五曰蛮耑，六曰慢撒，周八百里，入山作茶者数十万人。茶客收买，运于各处，每盈路，可谓大钱粮矣。"② 普洱茶不仅行销西藏、四川等地，也是滇南对外出口的重要商品，每年都有大量的普洱茶销入老挝，或经老挝运销到暹罗（泰国）、缅甸等地。由于当时大量的普洱茶运销老挝，因此，自普洱府至易武而达老挝的商道也被称为"茶路"③。

光绪《普洱府志》说：老挝盛产"五金各矿、靛青、漆、藤、竹、麻、棉、椰叶、桄榔、甘蔗、槟榔、豆蔻、烟叶、芝麻、花生，而松木、柚木尤多"。其中不少在云南和其他一些地方深受欢迎，如象牙、香料、药材等为老挝出口云南的重要商品。

由此可见，通过滇南对老挝的贸易，云南输出以茶叶为最大宗，而老挝输入云南的商品虽然名目繁多，但无大宗可觅，象牙、香料等物并非生活必需品，贸易量应该不是很大。近代以前如此，进入近代后很长一段时

① 苏月秋：《丝棉之路：清代至民国年间滇缅跨国互补区域经济初探》，载《思想战线》2010 年第 5 期。

② 〔清〕檀萃辑，宋文熙、李东平校注：《滇海虞衡志校注》，云南人民出版社 1990 年版，第 269 页。

③ 吴兴南：《云南对外贸易史》，云南大学出版社 2002 年版，第 74 页。

间内，滇老贸易没有发生实质性的变化，只是在贸易量上有所增加罢了。

清代，由于规定越南贸易通过两广进行，使滇越贸易受到一定程度的限制，双方的贸易规模也相对有限。当时云南销往越南的货物主要有铁制农具、丝绸产品、瓷器、药材、牛、牛皮、麻布、铜器、纸张、蓝靛、神香、调料、广南鸭和其他生活用品；越南的杉木、海盐、大米等是输入云南的重要商品。交易商品种类虽较繁多，但难有大宗可言。进入近代后，滇越贸易有了很大变化。由于红河被辟为贸易通道，以其运输便利之故，滇越间贸易量有了较大增加，商品构成也不再像以前那样单一，云南的输出虽仍以土产为主，但经越南而来之货则已包括较多的欧美商品，“滇南所产铜、铅、铁、锡、鸦片烟，取道红河出洋；各项洋货，又取道红河入滇，愈行愈熟，已成通衢”①。

除缅甸、老挝、越南外，经此三国中转的滇印、滇泰、滇柬贸易也是云南对外贸易的组成部分，但贸易规模和商品种类均不及与云南直接接壤的这三个国家则是可以想象得到的。

正如恩格斯所指出的那样：“随着生产分为农业和手工业这两大主要部门，便出现了直接以交换为目的的生产，即商品生产，随之而来的是贸易。”② 贸易的产生源于环境差异、生产和社会分工的不同、生产力发展水平的不齐。直至工业革命以前，世界范围内各个国家和各个地区之间所进行的贸易，就其性质而言还基本是通过产品的互济以满足各自的需要。云南与邻近各国的贸易，在西方势力到来之前当然也不出这一窠臼。从以上所述可以看出，云南和邻国间贸易商品，尽管因贸易对象的不同，在规模大小、种类构成等方面存在着较大的差异，但在以各自土产为主而进行贸易这一点上是相同的。尽管近代以后已有一定数量的西方商品进入云南，但在很长一段时间内，数量比较有限，影响的范围也不大，因而并没有从根本上改变这一点。

---

① 束世澂：《中法外交史》，商务印书馆 1929 年版，第 20 页。

② ［德］恩格斯：《家庭、私有制和国家的起源》，见《马克思恩格斯选集》（第 4 卷），人民出版社 1972 年版，第 159 页。

第二节　蒙自开埠前云南经济的发展变化及其特点

一、咸同战乱与云南农业的衰退

清朝统治后期，地方日渐失序。在云南，阶级矛盾和民族冲突不断，械斗和仇杀时有发生，规模不断升级，影响范围越来越大，后果愈来愈严重。1856年7月，杜文秀起义，一举攻占大理，建立大理政权，并前后维持达17年之久。在这17年里，清政府对大理政权有过6次大规模的进攻，杜文秀也曾组织近20万人的大军东征，前后持续近两年时间，曾一度包围昆明城。战争往返拉锯，全省遍遭蹂躏，特别是昆明—大理一线，尸横遍野，给云南农业带来了毁灭性的破坏。①

在长达17年的战争中，鼠疫横行，战争和瘟疫的共同作用使云南人口在此期间大幅减少。同治十二年（1873），战争基本结束，云南巡抚岑毓英上奏说，“自军兴以来，各属久遭兵燹、饥馑、瘟疫，百姓死亡过半”“现查各属百姓户口，被害稍轻者十存七八，或十存五六不等，其被害较重者十存二三。约计通省百姓户口，不过当年十分之五”。② 尽管岑氏对战争中人口损失的议论只因根据册载人口数量从而并不准确③，战争与饥疫造成云南人口大量减少却是不争的事实，尤其是随着战争的扩大，人口急剧减少。1851年，云南合计有人口1267.5万，至1865年，战争虽然已持续将近十年，但因其直接战场主要局限于滇西和滇西南④，造成的人口损失相对有限，全省人口以年平均增长率3.9‰的速度增加⑤；而在1866年

---

① 李珪主编：《云南近代经济史》，云南民族出版社1995年版，第58页。

② 岑毓英：《截止民兵厘谷请免积欠钱粮片》，见岑春蓂编《岑襄勋公（毓英）遗集》卷八，台湾文海出版社1976年版。

③ 葛剑雄主编，曹树基著：《中国人口史》（第五卷），复旦大学出版社2005年版，第555～556页。

④ 谢本书主编：《云南近代史》，云南人民出版社1993年版，第37～48页。

⑤ 葛剑雄主编，曹树基著：《中国人口史》（第五卷），复旦大学出版社2005年版，第566页。

开始主要战场发生一定程度的东移，战争几乎波及全省范围，全省人口也随之停下了增长的步伐。1872 年的人口数字为 1123 万，与 1865 年的 1337.9 万比，人口减少达 214.9 万，其中尤以云南府人口损失最大，1872 年的人口数仅及 1865 年的 40%，减少达 113 万。①

人口锐减使大量土地因无人耕种而荒芜，即使在战乱平息十年之后，依然是“元气未复”。光绪十四年（1888）全省“荒芜田地一万九千六百七顷九十八亩零三分”，实际耕地“六万九千八百五十四顷三十七亩七分六厘六毫零”，比道光末减少 23000 多顷②，仅为原额的 60% ~70%③。在大量土地荒芜的同时，水利或为战争破坏，或为战争影响年久失修，如昆明滇池海口“兵燹后，年久失修”，以致“同治十年，大水泛滥”，松华坝“军兴后，墩台渗漏，堤岸坍塌，近村田亩多致淹没”，④ 晋宁州分水石坝“兵燹后失修”⑤，姚州青蛉河堤“军兴后，河道壅塞”，大姚县新坝“军兴后，堤岸坍塌，河道淤塞”，定远县庆丰闸、安乐闸“兵燹后失修”，⑥沾益州天生坝“咸丰间，毁于兵”，寻甸州万井堤“军兴后，堤岸坍塌”，宣威州阿龙坝“兵燹后，闸坝淤塞，堤岸坍塌”，剑川州金龙河堤“军兴后失修，东、西两岸民田淹没无算”。⑦

大量的人口损失、土地荒芜和水利失修，使战后农业的恢复非常缓慢。战后清廷采取减免田赋的政策，推动云南农业生产的恢复，“请自同治十三年起，予限十年，将各属钱粮暂行蠲免。十年限满，元气稍复，荒芜开垦，再照旧征收”，但收效甚缓，光绪十年（1884），“总督岑毓英、

---

① 1865 年和 1872 年人口数字据葛剑雄主编，曹树基著《中国人口史》（第五卷）“表 13 -1 回民战争前后云南分府人口”，但其将人口减少数在该表和文中计为 241.6 万，疑有误。

② 《新纂云南通志》卷一三八《农业考一》。

③ 谢本书主编：《云南近代史》，云南人民出版社 1993 年版，第 148 页。

④ 《新纂云南通志》卷一三九《农业考二》。

⑤ 《新纂云南通志》卷一三九《农业考二》。

⑥ 《新纂云南通志》卷一三九《农业考三》。

⑦ 《新纂云南通志》卷一三九《农业考四》。

巡抚张凯嵩奏略：通省肃清，甫经十载，元气未复”，“及至十四年，滇省暂荒田亩仍未能一律升科，复经巡抚谭钧培奏准，现照实在征收暂予缓征，以纾民力”。① 人口数量、耕地数量恢复到19世纪50年代的水平，大致已经是20世纪30年代的事了。②

二、手工业的发展和近代工业的产生

（一）手工业的发展

传统手工业主要服务于农业经济发展的需要，是自给自足的自然经济的组成部分。第一次鸦片战争后，随着西方先进生产力渐次登陆，中国传统经济受其冲击开始发生变化。但是，地处边疆内陆的云南，受到这一冲击和影响不仅晚于东部特别是沿海地区，而且受到冲击的幅度显然也要弱得多。因此，在进入近代相当长的时间内，云南经济基本上还在原来的道路上前行，手工业的发展在这一点上表现得尤为明显。

与中国传统农业经济和地区环境相联系，正如本书第一章所述，近代前夕，云南已发展起包括纺织业、皮革业、冠帽业、建筑业、陶瓷业、五金业、造纸业、玉器琥珀器业、骨角业、编制业、刺绣业、染色业、漆业、制烟丝业、爆竹业、珐琅及翠花业、食品业等门类较为齐全的手工业。而至清末，这些手工业种类不仅还在延续，而且还有所扩展，从而形成金属制品手工业、纺织和食品手工业、日用品手工业三大门类20多个种类的传统手工业发展局面。

金属制品从制作原料看，大致又可分为铁器、铜器、锡器、金银器等数种。其中，铁制品的使用范围最广，大凡农具、工具和生活用具，无不有之。锄、镰、斧、刀等各类农具，锤、凿、钉等各种工具，菜刀、剪刀、火钳、锅铲、门锁等各式生活用具，皆为铁器生产的主要内容。如宣威县，“营业家数甚多，虹桥铺人尤专其业……制菜刀、铲、勺、镰、锄

---

① 《新纂云南通志》卷一三八《农业考一》。

② 张永帅：《近代云南的人口、土地、水利与农业发展》，载《文山学院学报》2014年第2期。

等类。销本境及迤南、江外等地”。寻甸县，“城内、双箐、龙院村等地制造各种农器、家具。月出器具百余件，每件值洋五角；出大锅、火盆六七十口，价值不一”。缅宁县手工铁制品主要有“铁锅、铁罐、铁铲、犁头、锄头、镰刀、泥笔、铁勺、铁钩、斧头、凿子、铁钉、铁铃、铁筷、铁貓、铁叉、铁链”等。① 其中的铸铁锅，还成为一时之名品，远销省外，“云南铸锅技术甚精，锅之销行颇远，有时可达四川之盐场。平奕（富源）所出者可达广西百色”②。铜制品虽然种类多样，但使用范围远不及铁器之广。其中，斑铜、乌铜走金、乌铜走银等因工艺复杂，制作成本高，仅用于装饰和宗教、祭祀等，白铜制作的器物虽用途较广，如日常生活用品铜盘、手拱炉、水烟筒，宗教和祭祀用品佛像、钟鼎，文化用品纸镇、墨盒等，但在生产领域鲜有铜制品的使用。云南产锡，“有个旧、宣威、泸西等县，而以个旧独著盛名”③，自战国时期开始进行开采以来，历经秦汉迄于元明清，均有人在这里从事生产。④ 在锡矿开采冶炼的基础上，云南锡制品日益发展，至清末时已成为云南输出省外的重要手工业品。其品种有飞禽走兽、花鸟虫鱼等各种玩物，餐、茶、酒等各种食器，香炉、烛台、供盘等各种祭器，但以玩物为多。金银饰品往往是婚嫁喜庆馈赠之佳品，特别是在云南这样一个少数民族众多的地方，不仅在节日里“穿金戴银”之风尤甚，即便是在平时，也是其他地方所难比的。各地金银作坊数量不少，其中各地均有数家以善制精品而闻名。除单独打造外，金银还往往与各种玉材结合制成更加美观、更受欢迎的饰品，如戒指、耳坠、项链等。

纺织和食品手工业关乎衣、食，是传统手工业非常重要的组成部分。近代云南纺织手工业，按其使用原料的不同，大致包括棉纺织业、丝织业、麻织业、毛织业等；食品手工业则包括烟、酒、糖、茶、油以及各种副食品、调味品等的加工与制作。

---

① 《续云南通志长编》（下册），1986 年，第 514、519、525 页。

② 李珪主编：《云南近代经济史》，云南民族出版社 1995 年版，第 66 ~ 67 页。

③ 《新纂云南通志》卷一四六《矿业考二》。

④ 杨寿川：《近代滇锡出口述略》，载《思想战线》1990 年第 4 期。

云南棉纺业所需原料几乎全部来自缅甸，每年均有大量的棉花从缅甸运入云南供各地纺纱织布，但生产工艺大多比较简单，品质较低，以经久耐用、价格低廉为其特点；云南本地产丝不多，但是或利用本地所产，或采办川丝，在一些地方长期存在着手工丝织业。由于丝织品生产成本较高，但因其着肤清凉而深受西双版纳等热带、亚热带地区妇女的喜爱，她们的筒裙往往都是用丝绸制作的。云南很多地方都有麻类作物的种植，其中，大麻，“寻甸产麻为出口大宗”；亚麻，“在滇一年可栽两回，子入药，称火麻仁，泸西尤多”；苎麻，“滇各处产之，临江出口为大宗”。[①] 因此，不少地方存在手工麻织业，并且除了本地区自用外，往往还能向外输出，如腾冲县“明光、大塘等地土人自种苎麻、大麻，妇女纺绩成粗、细麻线，年出货千余驮，每驮价三四百元，多数运销缅甸”。[②] 滇西北的丽江、迪庆和滇东北的昭通、东川等地，以其环境之故，畜牧业向来发达，像“丽江、昭通之羊皮，会泽之毛毡，久已驰名各省”，因此，这些地方的毛纺织业具有较好的发展基础，而在近代则有了进一步的发展。如丽江大研镇就有 400 户、900 人以手捻纺毛织造营生；昭通用羊毛织布，每匹长二丈八尺，宽一尺，有单线、双线之分，双线一种可与舶来品抗衡而值较廉一半。[③]

食品手工业为传统时代人们日常生活所必需，所涉范围非常广泛，但以制茶业最具代表性。传统上，云南茶叶的制作与加工分为拣茶、杀青、揉茶、压制、包装等几个步骤。拣茶以分开茶叶的等级，如尖子、白芽、粗梭、细梭、老茶叶等；杀青因其方式的不同而有不同的称谓，用锅加热炒干者为“炒青”，置于太阳之下晒干者为“晒青”，以土火坑烘干者为“烘青”。而以炒青法最为普遍：将铁锅置于火上加热，加入鲜茶四五斤，以竹铲搅拌，10 分钟左右取出，置于竹罩上，趁热用力揉搓，尽使其成条状毛茶。由此制成散茶，或再取毛茶蒸后压制成饼形、砖形、方形等，包

---

① 《新纂云南通志》卷六二《物产考五》。

② 《续云南通志长编》（下册），1986 年，第 512 页。

③ 李珪主编：《云南近代经济史》，云南民族出版社 1995 年版，第 281 页。

装后出售。①

其他日用手工业较为重要者则有皮革业、服装鞋帽业、编制业等。

皮革业可分为制革业和皮制品业。土法制革也就是一般所说的熟皮，即将牛、羊、马等兽皮，通过浸泡、削铲、脱毛、脱脂、烟熏、鞣制、晒晾整形等环节，从而把生皮变成熟皮。由于原料主要来自农村，不仅在城市有以此营生者，而且也是农村重要副业之一。皮革制品涉及面较广，用于生产和生活者均有，如腾冲，“土人向能制革……产品有皮包、皮鞋、皮鞍、皮箱及一切革制品”；在缅宁，革制器就有“皮鞋、皮带、皮包、皮箱”等。②

服装鞋帽的制作，因需求旺盛，可以说是无地不有，且从业者也往往较多。如腾冲“城保妇女向习裁缝，在城市设肆者，近多大理、鹤庆人”；梁河“大厂、遮岛、合群等处妇女向习裁缝。在市面设肆者，多系鹤庆、蒙化人”；个旧成衣工“全县约五十家左右。营此业者，以江西人、四川人为最多”。③

编织所用材料就地取材，因地而异，有竹、藤、棕丝、草等。在竹子生长较为普遍的地方，编制竹器就比较盛行。贡山所属“产竹甚多，夷人尽能制造竹器，如居家日用簸箕、筛、箩、筐、篮等物均系自编。又俅江产有一种竹子，节长三四尺，名过江竹，竹皮柔软异常，曲子常以之造成竹盒竹筐，运销怒沧两江，光华夺目，工艺亦佳，他属不能及”；麻栗坡“产竹最富，凡一切家用竹器，如垫席、筛、簸、皮箩、提篮、背篮、农具各类，均系自造，并不仰给他郡，且可销售邻封各县。竹麻为麻栗坡出产大宗，每年运销文、西、马三县约计五六万斤。竹麻草鞋惟麻栗坡编织最良，年计出销二十余万双。油篾帽亦为麻栗坡、大坪等处出产大宗，年计出销四五十万顶，颇著名”。车里县“惟竹子随地皆是，而居民家内什

① 李珪主编：《云南近代经济史》，云南民族出版社1995年版，第75页；杨志玲：《近代云南茶业经济研究》，人民出版社2009年版，第83页。

② 《续云南通志长编》（下册），1986年，第512、525页。

③ 《续云南通志长编》（下册），1986年，第512、516、526页。

物十分之六七属竹制，故竹工较多，亦以竹工为较有特色”。① 藤器编织，腾冲早在古代即负盛名，② 腾冲的藤条多来自缅甸，编制技术也学习缅甸，“小西人到缅学习，现已逐渐推广，编椅子每把一至二十元，藤箩每个五角至一元”。元江县“距县城三百余里之上下六村产藤，有粗细二种，该地即出善制藤工，能制卧席、靠枕、桌几、凳杌等类”。③ 棕丝编织，宣威县松坡等地以棕树之纤维制作蓑衣，“年出百余驮，销近省各县”；梁河出产棕盖，“友义乡、大厂镇人以棕制成长方形，用以包货及盖马驮，历久不浸雨水。年出百驮，每驮四十余元”。牟定县“石者河、河节冲等地以家植棕树多少为凭，每年立夏后数日制造，约可值滇币百元以上。农人购作蓑衣，谓之棕箪，缝工式样改良，经久耐用”。④ 草织以制蒲席者为多，如邓川县“东湖浜多水淹田，附近村民植以水蒲，长成后，刈而干之，以麻线网于木架，一人抬梳，一人编线，加以整理”，从而制成蒲席，“为农暇早晚之副业。每张价洋三角，粗劣盖驮者每张一角五。年有一万张销于境外”。沾益县“城附近各家男妇用蒲草织席，精者每床价七八角，次者四五角不等”。弥渡县“高旗营、高孟营田地土质适种席草者较多，故专织花席为业。每年织数颇称大宗，为邻封各县所无之工艺。近年仙石营、观音山、马房、瓦仓等村均推广种植，年产约三万余张……销出蒙化、祥云、凤仪及当地应用”。⑤

（二）近代工业的产生与发展

相对于手工业，机器工业也就是一般所说的现代工业，包括重工业和轻工业两大类。云南近代工业起步较晚，首先产生于重工业领域，发端于军事工业。同治七年（1868），为了镇压回民起义，“滇督刘岳昭、巡抚岑毓英利用粤省等给的饷银和派来的工匠，开始设局仿造洋炮”。同治十年

① 《续云南通志长编》（下册），1986年，第528、529、532页。
② 李珪主编：《云南近代经济史》，云南民族出版社1995年版，第82页。
③ 《续云南通志长编》（下册），1986年，第513、528页。
④ 《续云南通志长编》（下册），1986年，第515～517页。
⑤ 《续云南通志长编》（下册），1986年，第519、521、524页。

（1871），岑毓英延聘法国人“在昆明筹办兵工厂”。但到同治十一年（1872），“回民起义失败，镇压军务完结，局务也跟着结束”。[①] 同治十三年（1874），云贵总督刘长佑、云南巡抚岑毓英在昆明创设军火局，“制造明火枪炮、叉杆、刀矛等，以济军用”。[②] 但是，当时尚无机器设备，还是手工土法制造。光绪十年（1884），总督岑毓英由广东、上海、福建等地雇募工匠，创办云南机器局，专门进行武器弹药的生产。[③] 机器局的创办标志着近代云南军事工业的产生，云南机器工业也由此发端。

云南历史上第二家近代工业企业则是云南矿务招商局。1883 年创立云南矿务招商局，是云南推行官督商办对云南矿产进行机械化开采的开始。到 1887 年时，该局在云南、上海等地召集商本 295 万两，购置大小开矿机器 600 余件，并聘日本矿师二人为指导，但进展不大。[④] 该年，清廷因急需铜料和其他金属品，乃委任云南巡抚唐炯为矿务大臣督办云南矿务。唐炯到任后，认为开办矿务一大困难是资金不足，“非商股不能辅官本之不足”，从而在招商局官督商办组织经营方式的基础上，于 1888 年“另设矿务局，招募巨股，商本商办，先铜后银，委员驻厂，但只弹压保护，收运铜斤，俾界限划清，公私两益，庶堪持久”，并准所产每百斤铜内酌留 10 斤归商人作为商铜处理。[⑤] 但收效不大，1889 年共计解运京铜 50 万斤，这与云南矿务招商局成立前十年放本收铜的平均年产量完全一致。[⑥] 由此可见，机器采矿、商本商办的优势还没有真正发挥出来。

到 1889 年时，也就是蒙自开埠之前，云南机器工业见诸史料者，似乎仅有上述机器局和招商局两家。这也就是说，云南近代工业不仅起步晚，

① 云南省国防科学技术工业办公室军事工业史办公室：《云南近代兵工史简编 1856—1949》，内部刊行，1991 年，转引自陈征平《云南工业史》，云南大学出版社 2007 年版，第 425 页。

② 《新纂云南通志》卷一三〇《军制考四》。

③ 《新纂云南通志》卷一三〇《军制考四》。

④ 谢本书主编：《云南近代史》，云南人民出版社 1993 年版，第 158 页。

⑤ 谢本书主编：《云南近代史》，云南人民出版社 1993 年版，第 158 ~ 159 页。

⑥ 谢本书主编：《云南近代史》，云南人民出版社 1993 年版，第 158 页。

而且发展也比较缓慢。

三、商业的发展和市场格局

一省之商业包括省内贸易、省际贸易和对外贸易三个方面的内容，对外贸易，我们在第一节中已专门作了论述，以下仅就省内贸易和省际贸易再作申述。

（一）主要商品

在蒙自开埠前，活跃在市场上的主要商品，在省内贸易方面和在省际贸易方面是有很大不同的。省内贸易的主要商品以生活必需品为主，粮食、布匹、食盐居首，茶叶、鸦片次之，云南粮食主产地为滇池地区、洱海地区、南盘江流域及澜沧江、元江流域等，其所产粮食除供应当地所需外，主要销往昆明、个旧、东川、会泽等区域中心城市和矿业发达而缺粮的地方；云南土布生产以河西、新兴（玉溪）为最，“农家妇女织布者占十分之五六，各家有织机一二架，手摇纺线机二三架”，“每年河西产六十余万匹，新兴三十五万匹”，“省会各布铺销售者，多属之蒙自土布，亦为名产。有布机三万数千架，年产土布四十余万匹”，“开远亦以产布称，年产三十余万匹”，马关年产十余万匹，大理约十万匹，“销行迤西各县”，等等，“全省各县妇女，咸习此业”，所织土布在省内各地销售；[①] 省内食盐产地主要为黑井和白井，所产食盐行销全省；云南虽然是我国重要产茶区，但并不是所有的地方都出产茶叶，而全省所用茶叶除少部分由省外运来外，几乎均为本省出产，其中以普洱茶最受欢迎。早在1840年前，云南就已成为我国土产鸦片的重要产区之一，几乎全省各地均有种植，一部分外销各省，一部分则在省内销售。

省际贸易方面，云南输出最大宗的商品是鸦片，其次是茶叶，各地输入云南的大宗商品则各不相同，如由上海输入的商品，主要为棉纱、匹头、磁器、纸张、化学药品等；由汉口输入之商品，主要为棉花、土布、

---

① 《新纂云南通志》卷一四二《工业考》。

烟草等；由贵州输入之商品，主要为棉纸、府绸、竹器、漆器等；由四川输入之商品，主要有生丝、盐、绸缎、贡川纸、药材以及用汉口棉花在四川纺织的棉纱、布匹等；由两广输入之商品，除粤盐外，主要为由上海等地转口而来的棉纱、布匹和日用百货等；由康藏输入之商品，以毡毯、毛织品为大宗，以及少量的药材和砂盐。①

（二）主要市场

昆明得省会之便，早已发展成为全省贸易和物资集散中心，进入近代后，与全国其他地方大多数传统城市向现代转变趋同的表现之一，便是城市商业的发展突破城墙的限制，城关和城外区域商业日见发达，并凌驾于城内之上。据载，道光年间（1821—1850），“昆市人民咸萃聚于城外，尤其是在南门外。若三市街、珠市桥、金马碧鸡坊、云津铺、盐行街、太和街、东寺街等，都是昆市之精华荟萃处。房屋栉比云连，货物堆山塞海。且东自重关起，西至鸡鸣桥止，此一条五几里长的横街，人民行于其间，直无一步与两廊铺户相违。其烟户之众、商业之盛，可以想象。又由西南角上之烧珠桥起，向北而上至麻园、菱角塘等处，总是不断的铺户和住家。盖是时除了南城外的大市场，若大小西门外，及大小东门外，都各有一相当繁盛之市场。而大西门外，直有大小街道十余条”。与城外的繁华形成鲜明的对比，“至云城内，则较城外冷淡，街道虽多，烟户不众，商店虽有，面度不大，其间住户，大都是各衙署中的公务员，势不能不住于城内者。若富户巨室，又无一不居于城外的繁盛地处，所以城中冷淡也”。这一情形，受杜文秀起义的影响，曾一度发生逆转，“咸、同年间，经杜文秀起义，以前繁华之区遭受破坏，繁华中心转入城内之三四牌坊，及南关外珠市桥”，但在战争结束后，经数年的发展，又基本恢复了旧观。②

下关为滇西交通中心，但“从明代到清雍正以前，下关尚无商号出现，仍是农村集市贸易的性质。约从雍正到道光年间，滇川、滇藏贸易加

---

① 李珪主编：《云南近代经济史》，云南民族出版社 1995 年版，第 143 页。

② 昆明市志编纂委员会编：《昆明市志长编》卷六，1984 年，第 338～339 页。

强，下关逐渐成为滇西的商业交通要口，省内临安、鹤庆、丽江、昆明等地的商人，纷纷而来，才陆续有商人定居于此，开设堆店和商号，专门从事商业活动"①。以后，随着滇川、滇藏及对外贸易的日益发展，下关作为滇西商业中心的地位进一步加强，英国人戴维斯在19世纪末考察云南时就曾指出："下关人口约为10000人，是个繁荣的商城，没有官员。大理是行政管理的城市，下关是商城。商人都在下关而不是大理，大理位于从云南府到缅甸的大路旁几英里远的地方。"②

个旧是一座因矿而兴的城市。在近代以前，云南矿业开发重点为铜矿，铜矿的开发带动了东川等地的发展。进入近代后，锡矿取代铜矿成为云南矿业开发的重点。个旧以产锡著称，有"锡都"之称，个旧市场随锡业的发展而在清末获得较大发展，与锡业有关之各种大小店铺云集，商业发达，市场繁荣。市场上的商品，以粮食最为重要，从四面八方运来的粮食，有西贡米、开化米、江外米等，供为数众多的锡矿工人食用；其他服务于大锡生产的木材、木炭、麻布等矿厂需要的物资商店，经营生产工具铁器件和皮杂的商店，以及各种日用品的商店也很多。③

腾冲地处滇缅交通之要冲，正如光绪《腾越厅志》所说的那样，腾冲"交通缅猛，向来珍异岔（坌）集，商贾之捆载前来者，辐辏于道。而此邦人民亦多工计然、陶朱之术，以故市镇乡场栉比鳞次，洵西南一巨区也"④，其向来商业发达，市场繁荣。到清末时，腾冲商业行业可谓齐备，有经营棉花、棉纱、布匹、黄丝、羊杂、宝货、米、食盐及手工业土特产品等的店铺数百家。⑤ 腾冲城八宝街被称为"百宝街"，曾有诗咏道："昔日繁华百宝街，雄商大贾挟资来。"⑥

---

① 《民族问题五种丛书》云南省编辑委员会编：《白族社会历史调查》，云南人民出版社1983年版，第123页。

② ［英］H. R. 戴维斯著，李安泰等译：《云南：联结印度和扬子江的链环——19世纪一个英国人眼中的云南社会状况及民族风情》，云南教育出版社2000年版，第78页。

③ 李珪主编：《云南近代经济史》，云南民族出版社1993年版，第131页。

④ 〔清〕陈宗海修，赵端礼纂：《腾越厅志》，清光绪十三年（1887）刊本。

⑤ 李珪主编：《云南近代经济史》，云南民族出版社1993年版，第133页。

⑥ 中共保山地委宣传部编：《西南通商口岸——腾冲》，1992年，第30页。

思茅向以商业著名，举凡边疆地区的出产物总是以思茅为销售市场，其中尤以普洱茶为大宗，六大茶山所产之茶往往经思茅运销国内外。思茅在清前期商业就已十分发达，不仅省内外商人来此经营茶叶、棉花、紫梗、山货的甚多，也是安南（越南）、暹罗（泰国）、缅甸商人聚集之所。① 人口也迅速增加，社会日趋繁荣，形成了热闹的兴盛的市场，有“小云南”之称。②

通海地处昆明至滇南交通要冲，商业在滇越铁路通车前一直比较发达。县城在清末有设号的工商户500余家，商业有两广帮、四川帮、江西帮及省内的石屏、蒙自、建水等地的商人所经营的店铺。省内各地运通海的货物每日不下一二百驮，有大小客马栈10余家，除大桥客栈外，南城外4个较大的客马栈可容纳骡马200多匹。③

曲靖地处云南与内地交通的主要通道上，不仅是附近地区农副产品交易的主要市场，也是云南与内地省份贸易的一个中转站，④ 城内分东、西、南、北四街，贸易规模较大，市场颇为繁荣。⑤

昭通地通川、滇、黔三省，为滇东北跨省贸易的重要商品集散中心，“城内有辕门口、云兴街、怀远街、西陡街、西正街，东、南、北附郭等”市场，主要营业“以油盐、布帛、山货、皮革、洋纱、毛羽、铜杂、铁杂、竹器等为主”，商货来往，颇为繁盛。⑥

以上各地，或为全省行政中心，或为交通冲要之地，或为矿业发达之区，人口往往较他地为多，对市场依赖程度较高，因之商业发达，商场繁荣，成为全省或地区商业中心。但是，各个市场之间还没有建立起紧密的联系，从而形成一个全省的统一市场。

---

① 刘云明：《清代云南市场研究》，云南大学出版社1996年版，第58页。
② 李珪主编：《云南近代经济史》，云南民族出版社1993年版，第133页。
③ 李珪主编：《云南近代经济史》，云南民族出版社1993年版，第133～134页。
④ 刘云明：《清代云南市场研究》，云南大学出版社1996年版，第59页。
⑤ 《新纂云南通志》卷一四三《商业考一》。
⑥ 《新纂云南通志》卷一四三《商业考一》。

第三节　口岸—腹地与近代中国经济变迁中的云南

蒙自开埠之前，随着第一次鸦片战争和第二次鸦片战争及与此相关的一系列不平等条约的签订，中国已经对外开放除香港之外的约 30 个通商口岸。除位于新疆的伊犁（1852 年开埠）、塔尔巴哈台（1852 年开埠）、喀什噶尔（1860 年开埠）等少数内陆和边疆口岸外，这些口岸大都地处东部，基本上形成了以东部沿海、沿江口岸为主的口岸体系。中国的对外贸易也形成以上海、天津（包括香港）等少数东部沿海口岸为龙头，以其他沿海、沿江口岸为主要节点，以相关交通运输线为连接，以埠际贸易为主要展开形式的口岸贸易网络。① 在这一口岸贸易网络中，广大的内陆地区要么被基本排除在这一口岸贸易体系之外，依然以传统的民间贸易为对外贸易的主要形式，要么将本地所产土货通过层层转运，进入埠际贸易网络，从而或多或少地被纳入口岸贸易网络之中。当然，绝大多数的内陆地区实际上这两种情况是兼而有之的，这其中尤以未开埠的边疆地区为甚。

蒙自开埠之前，英国和法国势力已开始深入与云南接壤的缅甸、老挝、越南等地，云南不可避免地与英法产生贸易，已开始与世界市场产生联系。如通过越南的贸易，红河已成为主要通道，所谓“滇南所产铜、铅、铁、锡、鸦片烟，取道红河出洋；各项洋货，又取道红河入滇，愈行愈熟，已成通衢”②。1889 年北海关贸易报告指出：“光绪十年以前，安南未成法国属地之时，所有洋货运往云南省属之南及广西属之西，皆系经海防而去，运到老街、顺浪、芒街等处。”③

---

① 吴松弟：《中国近代经济地理格局形成的机制与表现》，载《史学月刊》2009 年第 8 期。

② 束世澂：《中法外交史》，商务印书馆 1929 年版，第 20 页。

③ 《光绪十五年北海口华洋贸易情形论略》，见中国第二历史档案馆、中国海关总署办公厅编《中国旧海关史料（1859—1948）》（第 15 册），京华出版社 2001 年版，第 215 页。

但是，由于蒙自没有开埠，不难想象，以上贸易必然受到很大限制，贸易规模应该相当有限。因此，云南的对外贸易一方面仍然以与邻近各国的直接贸易为主，另一方面云南土货进入世界市场和洋货进入云南也需要借助于其他开放口岸的层层转运。

出口方面，以锡为例，除了经越南出口之外，海关报告反映汉口、宜昌、北海等口都曾有云南锡的出口（参下表），甚至有不少的锡还被运到上海出口，据《申报》的报道：1884 年，个旧出锡 300 万斤，其中就有 55 万斤取道四川转运上海。① 尤其是中法战争爆发到红河商路恢复以前，锡的出口几乎全部通过以上口岸进行。

表 2.1　1885—1889 年云南大锡经汉口、宜昌、北海三关转运情况表

年份	汉口		宜昌		北海	
	数量（担）	价值（关平两）	数量（担）	价值（关平两）	数量（担）	价值（关平两）
1885	773. 17	6348	1187. 40	29687	2996. 49	53936
1886	4407. 42	93668	4045. 03	100633	7263. 11	152524
1887	2462. 72	54150	2210. 97	55279	8337. 64	166751
1888	3533. 81	75792	2438. 92	63971	12840. 53	265374
1889	3609. 20	83467	2428. 41	60706	9684. 45	203375

资料来源：据《中国旧海关史料（1859—1948）》（京华出版社 2001 年版）相关统计数据整理。

进口方面，据 1877 年外国旅行者在滇东昭通所见：商店里“洋货颇多，全部来自四川”，而这些货物又是从汉口转运而来。② 海关贸易报告指出：北海关 1884 年“棉纱进口有显著进步，较去年增加了 6959. 39 担，今

① 《申报》，光绪十年二月十二日。

② 姚贤镐编：《中国近代对外贸易史资料（1840—1895）》（第 2 册），中华书局 1962 年版，第 1106 页。

年进口共计17807.30担”，但这些棉纱“本地用得很少，大部分输入广西、云南等省，以供无数的家庭制机织造棉布之用”。①

诚如前述，随着口岸的开放，中国开始逐渐形成以口岸贸易为主导的对外贸易格局。在这一贸易格局之下，全国和地区间的贸易以口岸及交通中心为主要流向，这就使得与口岸城市的距离以及交通状况在很大程度上决定了一个地区在这一贸易格局中的地位。② 没有开埠的云南，不仅因为地理位置的偏远使云南处于口岸—腹地这一对外贸易扇面的末端和边缘，而且由于交通的极度不便使其边缘性加剧。不难想象，由于需要通过长距离的层层转运，而且，“作为从东部沿海与国外贸易最偏远的西南省份，通过长江到达该省北部之前都是非常曲折的，已经散失在商业上的价值，因此，其最大的困难还是在于它的交通”③，云南通过口岸出口土货和进口洋货必然受到极大的限制。与此同时，云南与邻国间的地区性贸易，虽然缺乏统计数字，但由于这种贸易基本上还没有和更为广阔的世界市场联系起来，其在规模上没有发生根本的突破应该是可以肯定的。

在蒙自开埠前，云南尽管已经通过沿海、沿江口岸的层层转运与世界市场建立了一定的联系，但从本书对“腹地”的界定看，这时的云南还不能看作是相关沿海、沿江口岸的腹地。业师吴松弟及其团队多年的研究表明，港口—腹地是中国现代化空间进程的主要途径，在中国近代经济变迁的过程中，口岸城市是先进生产力首先形成的地方，其经济总量和生产生活水平又高于其他地区，从而成为中国现代化的源地与窗口，口岸城市将自己的影响通过主要交通路线送达自己的腹地区域，从而带动腹地近代经

---

① “Pakhoi Trade Report, for the Year 1884”，见中国第二历史档案馆、中国海关总署办公厅编《中国旧海关史料（1859—1948）》（第10册），京华出版社2001年版，第371页。

② 吴松弟主编：《中国百年经济拼图——港口城市及其腹地与中国现代化》，山东画报出版社2006年版，第14～16页。

③ “Mengtzu Trade Report, for the Year 1889”，见中国第二历史档案馆、中国海关总署办公厅编《中国旧海关史料（1859—1948）》（第15册），京华出版社2001年版，第673页。

济的变迁。① 因此，各区域距离口岸城市的空间距离与交通条件，是影响其现代化进程的最重要的因素。口岸城市或距离口岸城市近的地区，经济变迁往往较为剧烈，现代化进程迅速，而交通的便与不便，可以缩小或扩大与港口城市的空间距离。远离口岸城市，几乎被排除在港口/口岸—腹地之外的云南，交通又极其不便，其经济变迁便因缺乏足够的外在推动力，不仅发生的时间晚，而且步伐缓慢，变化程度非常有限，影响的范围也比较有限，仅局限于少数行业、部分地区。如云南第一家近代企业云南机器局已于1884年诞生；如前述，通过长江和北海等口岸已有相当数量的洋货进入滇东北和滇东南。但是，大多数的行业和大部分的地区仍然只是延续着传统的样子，几乎没有发生什么变化。

---

① 吴松弟主编：《中国近代经济地理》，华东师范大学出版社2015年版，第28～29页。

第三章　近代云南口岸的开放与口岸—腹地格局的演变

第一节　近代云南的通商口岸与口岸—海关体系

关于近代云南的通商口岸，有称为五口开埠或五口通商者，[①] 这里所谓的五口系指蒙自、思茅、河口、腾越、昆明。郭亚非认为，河口关是蒙自关的分关，自辟为商埠的云南府关（昆明关）主要是为了方便进出口货物到达昆明后，以及由昆明起运货物时，可以在云南府办理完税，不用再去蒙自关缴纳而开放的，显然它也并非独立口岸，所以，实际上近代云南的外贸窗口只有蒙自、思茅、腾越三个内陆口岸。[②] 一般而言，凡是口岸必设海关，至于其海关具体是正关还是分关，在很大程度上只是表明了各海关在整个海关体系中的级别和地位，因此，不应将口岸与海关简单地混为一谈而依据其海关级别判定某处是不是口岸，而应如《新纂云南通志》所说："云南商埠之开，则自清光绪时始，而商埠又有'约开商埠'与'自辟商埠'之别。鸦片战争以还，国际通商继长发达，基于履行条约被迫而开放者，为约开商埠，如蒙自、思茅、河口、腾越是；人口众多、交

---

① 李珪主编：《云南近代经济史》，云南民族出版社 1995 年版，第 30 ~ 31、148 ~ 149 页。

② 郭亚非、张敏：《试论云南近代海关》，载《云南师范大学学报（哲学社会科学版）》1995 年第 2 期；郭亚非：《近代云南三关贸易地位分析》，载《云南师范大学学报（哲学社会科学版）》1996 年第 5 期。

通便利、商业繁兴之区，自行开放以杜外人之觊觎者，为自开商埠，如昆明是。”①

一、蒙自、思茅、腾越等“约开口岸”的开放

与所有约开口岸一样，云南口岸的开放也是一次次丧权辱国的条约下的产物。

1885 年，中法战争，中国以不败而败、法国以不胜而胜结束。6 月 9 日，双方在天津签订了《中法会订越南条约》。在该条约中，清政府承认法国对越南的保护权，承认法国与越南订立的条约，越南正式沦为法国的殖民地。条约第五款规定：“中国与北圻陆路交界，允准法国商人及法国保护之商人并中国商人运货进出。其贸易应限定若干处，及在何处，俟日后体察两国生意多寡及往来道路定夺，须照中国内地现有章程酌核办理。总之，通商处所在中国边界者，应指定两处，一在保胜以上，一在谅山以北，法国商人均可在此居住；应得利益，应遵章程，均与通商各口无异。中国应在此设关收税，法国亦得在此设立领事官；其领事官应得权利，与法国在通商各口之领事官无异。”② 1886 年 4 月 25 日，中、法又在天津订立《越南边界通商章程》，再次重申：“本年内应由中国与法国驻华大臣互商，择定至宝胜以上应开通商处所，亦俟两国勘界定后，再行商订。”③ 1887 年 6 月 26 日，中、法在北京签订《中法续议商务专条》，其中的第 2 条明确指出：“两国指定通商处所广西则开龙州，云南则开蒙自。缘因蛮耗系保胜至蒙自水道必由之路，所以中国允开该处通商，与龙州、蒙自无异。又允法国任派在蒙自法国领事官属下一员，在蛮耗驻扎。”④ 通过这一系列条约，法国终于达到了在云南开埠通商的目的，1889 年 8 月 24 日蒙自设立海关正式开放。

---

① 《新纂云南通志》卷一四三《商业考一》。
② 《新纂云南通志》卷一六四《外交考一》。
③ 《新纂云南通志》卷一四三《商业考一》。
④ 《新纂云南通志》卷一四三《商业考一》。

蛮耗的开埠，即如1887年条约所言是因为其在红河水运中的重要地位，那么，蒙自呢？法国为了寻找通过越南进入云南的商道，进行了多次的探路考察。至于以何路进入云南，湄公河（澜沧江）的航运价值首先为其所关注。1862年，法国占领越南南圻三省，“遂得控制湄公江之海口，因欲上溯湄江上流之澜沧江”[①]，1866年，法国殖民政府任命拉格莱为总办、安邺为帮办，率领由植物学家优伯尔等组成的调查团，从西贡出发，沿湄公河上溯，经过柬埔寨、老挝，水陆兼程，于次年抵达思茅。[②] 通过这次调查了解到澜沧江河床落差太大，处处急流险滩，“不适于航行”[③]。1871年、1873年，法国商人堵布益两次经红河的航运，发现红河为滇越之间通航要道，因此，“关于以何道路连络半岛的内部与海岸”，法国开始主张“以东京的江（即红江）的流域为出海口。由此道路，云南的出产可以到达海边，再向法属西贡的海口运输”。[④] 但“红河下流位于越南北圻，欲通滇，须并北圻”[⑤]，1883年，法国武力占领越南北部，开始操红河航运之权于己之手，而只待云南的开埠了。蒙自虽并不位于红河岸边，但其为滇南重要经济中心城市之一，又当昆明出越南驿道之上，离云南境内红河航运的起点蛮耗也只有七八十千米的距离，[⑥] 从红河所来进口之货运抵蛮耗，再陆路驮运到蒙自，或出口之货由蒙自驮运至蛮耗再经红河运出，均相对便利。蒙自之所以被法国看中，辟为通商口岸，即关键在于这种重要的地理位置和在滇越交通中所具有的优势。

思茅是继蒙自之后开埠的，也是一系列条约的产物。1876年，英国借口“马嘉理事件”强迫清政府签订《中英烟台条约》，虽然涉及云南边界与缅甸通商事务，并计划在五年内实现“由英国斟酌订期，开办通商”[⑦]，

---

① 《新纂云南通志》卷一六四《外交考一》。

② 陆韧：《云南对外交通史》，云南民族出版社1997年版，第323页。

③ 《新纂云南通志》卷一六四《外交考一》。

④ 姚贤镐编：《中国近代对外贸易史资料（1840—1895）》（第2册），中华书局1962年版，第706～707页。

⑤ 《新纂云南通志》卷一六四《外交考一》。

⑥ 《新纂云南通志》卷五六《交通考一》。

⑦ 王铁崖：《中外旧约章汇编》（第1册），生活·读书·新知三联书店1957年版，第347页。

但事实上英国的这一计划只有在它占领缅甸后才能实现。1885 年，英国吞并缅甸，次年英国在中英《缅甸条款》中便再次申明将对中缅界务、商务订立专章。可是，由于英国对缅甸的武力占领激起缅甸人民又一次的武力反抗，使英国政府不得不把注意力暂时集中于对付缅甸人民，[①] 从而使法国在对开放云南通商方面占了先机。据调查，英国商会发现“中国西部边区的思茅城早已被中国商民利用为贸易中心，与缅甸商人间进行着大量的贸易”[②]，因此，早在 1860—1862 年间，各地商会纷纷向政府提出备忘录，要求向中国交涉开放思茅。[③] 但是，思茅成为首先对法越开放的口岸，1895 年中法《续议商务专条附章》明文规定：“云南之思茅开为法越通商处所，与龙州、蒙自无异，即照通商各口之例，法国任派领事官驻扎，中国亦驻有海关一员。”[④] 1897 年 1 月 2 日，思茅设立海关正式开埠。法国抢占先机，英国不甘落后，1897 年 2 月 4 日与清政府订立《续议缅甸条约附款》，思茅为对英开放口岸，从而使思茅成为对法越、英缅共同开放的口岸。

在云南的“约开商埠”中，腾越是最晚开放的。1875 年，英国借口“马嘉理事件”要求在云南通商，清政府迫于无奈，于 1876 年在关于议结马嘉理案件的《中英烟台条约》中答应了这一要求。条约第一端第 4 条规定：“自英历来年正月初一日即光绪二年十一月十七日起，定以五年为限，由英国选派官员，在于滇省大理府或他处相宜地方一区驻寓，察看通商情形，俾商定章程得有把握；并于关系英国官民一切事宜，由此项官员与该省官员随时商办。或五年之内或俟期满之时，由英国斟酌订期，开办通商。”1894 年中英《续议滇缅界务商务条款》规定：“凡货由缅甸入中国，

---

① 谢本书主编：《云南近代史》，云南人民出版社 1993 年版，第 134 页。

② 姚贤镐编：《中国近代对外贸易史资料（1840—1895）》（第 2 册），中华书局 1962 年版，第 687 页。

③ 姚贤镐编：《中国近代对外贸易史资料（1840—1895）》（第 2 册），中华书局 1962 年版，第 689 页。

④ 王铁崖：《中外旧约章汇编》（第 1 册），生活·读书·新知三联书店 1957 年版，第 622 页。

或由中国赴缅甸，国边界之处，准其由蛮允、盏西两路行走。”中国在缅甸仰光可派驻领事官一员，英国则可在蛮允派领事官一员驻扎，“俟将来贸易兴旺，可以设立别处边关时，再当酌量添设”。① 1897 年，英国和清政府签订《续议缅甸条约附款》，允许英国“将驻扎蛮允之领事官，改驻或腾越或顺宁府，一任英国之便，择定一处”②。通过一系列的考察与调查，英国政府发现“从曼德勒到大理府，常走的道路有两条。一条直接从曼德勒经过锡尼（Thieunee）、永昌到大理府。另一条沿伊洛瓦底江而上直到八莫，从八莫又分出三条支路，会于缅甸人称为莫棉（Momien）的腾越，然后到达大理府”，而“若干世纪以来，通过八莫的这条道路，不论对侵略的军队，或是和平的商人，一向是从中国到缅甸的必经之路”。③ 因此，1899 年，当英国政府派八莫海关税务司何柏生（H. E. Hobson）调查设领开埠地点时，便择定在腾越派领事官驻扎。④ 但后因中国北方爆发义和团运动，至 1901 年 12 月 13 日英国驻腾越领事烈敦与腾越海关税务司孟家美自缅甸抵达腾越，经与腾越厅同知兼腾越海关监督叶如同会商确定办公地点后，腾越于 1902 年 5 月 8 日正式设关开埠。⑤

二、“自开口岸”——昆明的开放

以上是蒙自、思茅、腾越三处“约开口岸”的开放过程。自 19 世纪 70 年代以来，朝廷和地方一些官员看到开埠通商带来的经济和财政的诸多好处，也看到口岸城市在外国控制下的许多利益损失，开始酝酿中国政府

---

① 王铁崖：《中外旧约章汇编》（第 1 册），生活·读书·新知三联书店 1957 年版，第 578 ~ 579 页。

② 王铁崖：《中外旧约章汇编》（第 1 册），生活·读书·新知三联书店 1957 年版，第 689 页。

③ 姚贤镐编：《中国近代对外贸易史资料（1840—1895）》（第 2 册），中华书局 1962 年版，第 687 ~ 688 页。

④ 万湘澂：《云南对外贸易概观》，新云南丛书社 1946 年版，第 14 页。

⑤ 郭亚非、张敏：《试论云南近代海关》，载《云南师范大学学报（哲学社会科学版）》1995 年第 2 期。

自行开放一些商埠。1898 年 4 月，总理衙门奏请开岳州、三都澳、秦皇岛为通商口岸，得到清政府的批准，从此掀开近代中国自开商埠的序幕。1898 年 8 月 10 日，清廷颁布上谕，宣布“广开口岸”曰：“谕军机大臣等：欧洲通例，凡通商口岸，各国均不得侵占。现当海禁洞开，强邻环伺，欲图商务流通，隐杜觊觎，惟有广开口岸之一法。三月间，业经准如总理各国事务衙门王大臣奏，将湖南岳州、福建三都澳、直隶秦王岛开作口岸。嗣据该衙门议复中允黄思永条陈，谓各省察看地方情形，广设口岸，现在尚无成议。著沿江沿边各将军督抚迅就各省地方悉心筹度，如有形势扼要商贾辐辏之区，可以推广口岸展拓商埠者，即行咨商总理衙门办理。惟须详定节目，不准划作租界，以均利益而保事权。该将军督抚等筹定办法，即着迅速具奏。”①

由于上自朝廷下至地方均认为自开商埠可以使关税收入增加，能够达到“借裨饷源”② 的目的，因此，自三都澳、岳州开埠以来，各省区纷纷自辟商埠开放，由此在全国范围内掀起一股自开商埠的浪潮。

在这一背景之下，昆明的自行开埠也被提上了议事日程。1905 年，云南绅士、翰林院编修陈昌荣等禀陈云贵总督兼云南巡抚丁振铎，以“省城南门外得胜桥地方，为官商往来孔道，货物骈集，市廛栉比，且与车栈附近”，认为“就该处开作商埠……实于交涉、商务、利权，均有裨益”，③ 请将昆明开为商埠。这一请求得到丁振铎的支持，他遂于同年 3 月 17 日上奏朝廷请将云南省城昆明自开通商口岸，其奏摺曰：“窃查近年各省内地，如有形势扼要、商贾荟萃之区，迭经内外臣工奏请开埠通商，如直隶之秦王岛、福建之三都澳、湖南之岳州、山东之济南等处，均奉旨允准，历经遵办在案。云南地处极边，外来商贾本属无多。比年以来，蒙自、思茅、腾越先后开关，中外通商贸易渐臻繁盛，滇越铁路转瞬畅行，省会要区，商贾尤为辐辏，自不得不开设商埠以保主权。兹据云南绅士翰林院编修陈

---

① 朱寿朋编：《光绪朝东华录》（四），中华书局 1958 年版，第 4158 页。

② 朱寿朋编：《光绪朝东华录》（四），中华书局 1958 年版，第 4062 页。

③ 《新纂云南通志》卷一四三《商业考一》。

荣昌、庶吉士罗瑞图、广东补用道王鸿图、四川补用道解秉和等禀称：省城南门外得胜桥地方，为官商往来孔道，货物骈集，市廛栉比，且与车栈附近，应请援照山东、湖南等省成案章程，就该处开作商埠，奉派大员督同地方官绅，勘购地段，修筑埠头、马路，起建房屋，设局经理，实与交涉、商务、利权，均有裨益等情前来。臣查：该绅等所禀系属实情，今昔形势既有不同，亟应援案设立埠头，自开口岸。相应请旨，俯准将云南省城开设商埠，以便通商而扩利源。如蒙俞允，所有筹款、购地一切应办事宜，容臣妥定章程，奏明办理。除咨政务处、外务部查照外，谨恭摺具陈。"①

关于昆明开埠的背景和原因，一是朝廷倡"广开口岸"，已有成案在先，二是滇越铁路通达昆明在即，恐利权为外人所夺，此奏言之甚明。昆明开埠符合清廷"广开口岸"之初衷，故很快得到朝廷批准，5月11日，奉朱批："依议，钦此。"② 昆明开埠由地方绅士的主张变为朝廷的决策。之后，开埠准备工作便次第展开。1910年，时任云贵总督李经羲拟定《云南省城南关外商埠总章》，开昆明南门外"东起重关，西抵三级桥，南起双龙桥，北抵东门外桃源口"，"计东西长三里六分，南北长三里五分，周围约十二里有奇，地面平坦居中，附近车栈，即作为商埠"。③ 至于昆明开埠的具体时间，未见确切记载。开埠后的昆明，在海关系统中最初为蒙自关驻昆明办事处，对于办事处的成立时间，在蒙自关致总税务司署的呈文说在1910年4月29日。所谓"开埠例必设洋关"④，既然已经设关征税，则昆明商埠开放则毋庸置疑，至于开放的具体时间当不晚于设关的时间。

三、近代云南的口岸—海关管理体系

近代云南的海关，一般都设有正关、分关和查卡，它们的关系是：正

---

① 《新纂云南通志》卷一四三《商业考一》。

② 云南省档案馆编：《外务部奏准开埠录旨照知咨》，见《云南档案史料》第11期，1985年12月，第35～36页。

③ 《新纂云南通志》卷一四三《商业考一》。

④ 《长沙开埠纪事》，载《东方杂志》第1卷第6期，清光绪三十年（1904）六月二十五日。

关设于对外交通的枢纽，为进出口货物的集散重镇；分关置于对外交通要道的要塞和重要站口处，负责交通要道的控制；查卡分置于各对外交通支线上，具有查漏拾遗的作用。具体说来，蒙自、思茅、腾越各设有正关一处，又有分关和查卡若干隶属于相应正关，从而形成了三个独立的口岸—海关管理体系。

（一）蒙自口岸—海关体系

1889 年 8 月 24 日蒙自设关开埠，其“正关东界在东门外赴开化、蛮耗两路分歧处，西界在西门外接官厅处”，同时在蛮耗设立分关，其“上界在红河东北岸小河口、下界在红河东北岸观音庙”①，并于 9 月 19 日将原平安知所管马白关（今马关）也归并蒙自管辖，设为蒙自分关，② 因那里有大量的棺木进口。③ 除此之外，还在蒙自县城西城外及河口各设查卡一处。1895 年 6 月 20 日，中、法在北京签订《中法续议商务专条》附章 9 条，其中第二条曰：“两国于光绪十三年五月初六日在中国京都互议续约之第二条，现已改定如下，以全其事。两国议定：法、越与中国通商处所，广西则开龙州，云南则开蒙自。至蒙自往保胜之水道，允开通商之一处，现议非在蛮耗，而改在河口。法国任派在河口驻有蒙自领事官属下一员，中国亦有海关一员在彼驻扎。”④ 由此原蛮耗分关改设河口，蛮耗则降为查卡。1909 年 4 月 15 日，滇越铁路第二段由腊哈迭至蒙自碧色寨开车搭客载货，因个旧大锡需在碧色寨车站于滇越铁路起运，于是又在碧色寨设立蒙自分关一处。⑤ 1910 年昆明开埠后，其所设海关为蒙自分关，但随

---

① 《新纂云南通志》卷一四三《商业考一》。

② 郭亚非、张敏：《试论云南近代海关》，载《云南师范大学学报（哲学社会科学版）》1995 年第 2 期。

③ 《云南省志》卷三二《海关志》，云南人民出版社 1996 年版，第 33 页。

④ 《新纂云南通志》卷一四三《商业考一》。

⑤ 《宣统元年蒙自口华洋贸易情形论略》，见中国第二历史档案馆、中国海关总署办公厅编《中国旧海关史料（1859—1948）》（第 50 册），京华出版社 2001 年版，第 465～466 页。前揭郭亚非、张敏《试论云南近代海关》以为 1909 年 4 月 15 日，蒙自关在碧色寨设立海关办事处，于次年 4 月 29 日将办事处改为分关，不知所据为何。但 1909 年海关贸易报告明确说于该年闰二月二十五日开办碧色寨分关，闰二月二十五日即 4 月 15 日，据此，郭说应有误。

着滇越铁路货运的日益繁忙，进出货物的报关大多在昆明进行，1932 年 1 月 1 日蒙自关税务司移驻云南府分关办公，蒙自关只是仍保留总关名义。直至 1942 年 2 月 4 日，蒙自、腾越两关合并成立昆明海关以前，蒙自海关体系包括蒙自正关一处，马白、河口、碧色寨、云南府四个分关，以及蛮耗、蒙自县城外两个查卡。

（二）思茅口岸—海关体系

1897 年 1 月 2 日思茅开埠即在此设置正关一处，其“东界在东门外接官厅处，南界在南门外校场坝”，同时设易武（在漫乃，与老挝邻界）、勐烈（在普洱县辖地，与老挝邻界）两分关，在思茅东门外设东关查卡、在思茅柏枝寺设永靖哨查卡，规定“凡货物过思茅关边界者，须到思茅正关或易武、勐烈分关报明完税”，“进口准单应在东门外查卡呈缴，出口税单在易武、勐烈各分卡及永靖哨查卡呈缴”。① 1900 年，因勐海在控制中国与老挝、中国与缅甸贸易方面地点更为合适，易武分关迁往勐海，但分关名称不变。1930 年，为控制思茅以西以南中缅边境贸易及思茅地区至普洱、大理商路，思茅关于 12 月 4 日、8 日、26 日相继在打洛、猛笼、孟连各设分关一处。1931 年，因勐烈分关控制区贸易不振，分关税收少，思茅关经请示海关总署务司署批准，于 12 月将勐烈分关裁撤，同月，易武分关也由勐海迁回原所在地——漫乃。② 至此，思茅正关下辖易武、勐烈、打洛、勐笼、孟连 5 个分关及思茅县城东关和永靖哨两个查卡。

（三）腾越口岸—海关体系

腾越于 1902 年 5 月 8 日正式设关开埠，其正关办设在腾越县城南门外六宝街，③ 同时，因“滇缅贸易现概取道红蚌河蛮允一线”，在蛮允设分关一处，又因“太平江东面亦有官路一条”，在弄璋街也设分关一处。④ 除此

---

① 《新纂云南通志》卷一四三《商业考一》。

② 《云南省志》卷三二《海关志》，云南人民出版社 1996 年版，第 35 页。

③ 《新纂云南通志》卷一四三《商业考一》；《云南省志》卷三二《海关志》，云南人民出版社 1996 年版，第 36 页。

④ 《光绪二十八年腾越口华洋贸易情形论略》，见中国第二历史档案馆、中国海关总署办公厅编《中国旧海关史料（1859—1948）》（第 36 册），京华出版社 2001 年版，第 328 页。

之外，在腾越县城东门外及蚌西、蛮线各设查卡一个。[①] 同年6月，移东门外查卡于龙江，[②] 12月1日添设遮放分关、龙陵查卡。[③] 1903年农历二月，将遮放分关移于龙陵。[④] 至民国初年，腾越关下辖龙陵、小辛街、蛮允三个分关及蛮线、石梯两个查卡。1924年，因发生干崖土司之乱，交通梗阻，腾越关遂将小辛街和蛮允两分关及蛮线、石梯两查卡一并裁撤，另在遮岛增设一分关、杉木笼增设一查卡。1930年又增设南伞分关和孟定、塘上水两查卡。1932年将遮岛分关移驻干崖旧城改为干崖查卡，蛮线设立分关，蛮允、腊撒添设查卡。此后各分关卡多有变动。至1942年蒙自关与腾越关合并成立昆明关前，腾越正关下辖机构计有龙陵（1938年因滇缅公路通车而将龙陵分关由芒市移设畹町，更名为畹町分关）、小辛街、南伞三个分关及蛮允、腊撒、陇川、遮岛、牛槛河、孟定、塘上水七个查卡。[⑤]

第二节　近代云南口岸—腹地格局的演变

影响近代云南经济变迁的口岸因素，除了云南省内的口岸外，还有云南周边省区的口岸如北海、南宁、重庆、万县、亚东、江孜等，甚至还包括其他沿海、沿江与云南有经济往来的各口岸。但是，正如前文的界定，当其影响达到一定的量时，云南的相关地区才能称之为该口岸的腹地。考虑到距离因素，并结合相关研究成果，[⑥] 笔者认为其他口岸对云南的辐射与影响力比

---

① 《新纂云南通志》卷一四三《商业考一》。

② 《新纂云南通志》卷一四三《商业考一》。

③ 《新纂云南通志》卷一四三《商业考一》；见中国第二历史档案馆、中国海关总署办公厅编《中国旧海关史料（1859—1948）》（第36册），京华出版社2001年版，第328页。

④ 《光绪二十九年腾越口华洋贸易情形论略》，见中国第二历史档案馆、中国海关总署办公厅编《中国旧海关史料（1859—1948）》（第38册），京华出版社2001年版，第347页。

⑤ 云南省地方志编纂委员会：《云南省志》卷三二《海关志》，云南人民出版社1996年版，第37页。

⑥ 刘强：《重庆港口贸易与腹地经济关系研究（1891—1937）》，复旦大学2006年硕士学位论文；陈继东：《近代西藏经亚东口岸与印度的贸易结构》，载《南亚研究季刊》2004年第1期。

较有限，远不能与蒙自、思茅、腾越相比，从总体上看，云南各地还主要是本省口岸的腹地；何况，本书所谓的“腹地”指的只是直接腹地，那些通过蒙自、思茅、腾越等口岸辐射与影响云南的各个口岸，无论其影响力有多大，也不能将云南的相关地区称为它的腹地。因此，本节所谓近代云南口岸—腹地格局的演变指的是蒙自、思茅、腾越三关腹地的变化过程。

关于界定腹地范围的方法，常用的有两种。一种是经验分析法，即通过收集大量资料，并选择有代表性的指标来划分腹地范围的方法；另一种是理论分析法，即通过建立数学模型、引入相关统计值进行推算的方法。由于在本文研究时段内缺乏系统的统计资料，因而难以采用数学模型的方法进行定量分析，只能根据海关报告和相关调查提供的出口物资来源地和进口商品的销售地即物流来界定腹地的范围。需要说明的是，“腹地”是经济空间的概念，腹地的范围应该以口岸贸易实际上的主要辐射范围作为空间上的界定，但受资料的限制，我们只能以清末的府级政区作为划定各口岸腹地的单位；毫无疑问，腹地的变化是一个渐进的、动态的过程，邻近地区新口岸的开放对原有口岸腹地的影响是引起区域内腹地格局变化的重要原因，因此，本书以口岸的开埠分期，把近代云南口岸—腹地的变化分为四个时期。

一、开埠初期蒙自的腹地（1889—1897）

蒙自开埠之初，其出口货物构成比较简单，大宗乃以锡为最，年平均占全关总出口额的81.62%。普洱茶的出口数量虽然有限，年平均占全关出口额的3%，却是仅次于锡的最重要的出口货物。锡的出产地集中于个旧地区，作为工业原料，个旧所产大锡除少数在国内销售外，大部分出口到国外，而出口的大锡绝大多数又通过蒙自出口。普洱茶的分布相对较广，大抵南沿思茅、江城、镇越、车里、佛海、五福、刘顺一线，北至澜沧、景东、双江、缅宁、云县、顺宁一线皆出产，① 所产茶叶除销售省内

① 云南省志编纂委员会整理：《续云南通志长编》下册，1986年，第606页。

及川、藏等地外，也有数量不等的茶叶通过蒙自销售到国外和国内其他省区。如1890年，蒙自关出口茶叶一千四百余担，“除多在东京销售外，有二百三十担运往香港和广东”。①

表3.1　1889—1897年锡、普洱茶出口占蒙自关出口百分比

年份	锡	普洱茶
1889	81.75	5.21
1890	84.93	3.97
1891	86.01	3.60
1892	84.66	4.10
1893	81.75	3.41
1894	80.73	1.57
1895	78.69	2.67
1896	79.60	1.44
1897	76.42	1.00
平均	81.62	3.00

资料来源：据钟崇敏《云南之贸易》（中华民国资源委员会经济研究室编，1939年）相关数据整理。

经蒙自输入内地的洋货，相比出口土货而言，种类要多，主要有棉纱、棉布、棉花、纸烟、煤油等。表3.2是1890—1896年领子口税单经蒙自运入云南省内及邻近地区的货物情况，反映了思茅开关前蒙自进口贸易的辐射范围。从中可以看出，经蒙自进口的洋货，几乎遍及云南省各地以

① 《光绪十六年蒙自口华洋贸易情形论略》，见中国第二历史档案馆、中国海关总署办公厅编《中国旧海关史料（1859—1948）》（第16册），京华出版社2001年版，第229页。

及四川、贵州的邻近地区。其中以云南省的云南府、澄江府、曲靖府、临安府、普洱府、开化府、大理府为主要销售地区。正如1896年蒙自海关贸易报告所指出的那样："洋货运入内地销售者，以澄江府为最，曲靖府次之，云南府、开化府又次之……此四处销场最广，占七成五。"临安府、大理府、普洱府"此三处亦算紧要之区"，约占蒙自销售内地货值的一成五。① 七地合计，七年间平均消纳蒙自进入内地货物总额的89.42%，这些地区在蒙自进口贸易中的地位之重要由此可见一斑。

各个地区销售货物种类的多寡也反映了上述情况，1896年的海关贸易报告指出："各样货色销场以云南府为最多，临安府、大理府、普洱府不相上下。"② 据统计，1896年经蒙自进入内地三大类（棉货类、毛货类、杂货）分为35种的货物，进入云南府35种、临安府27种、普洱府27种、大理府26种、开化府26种、曲靖府22种；以蒙自进口数量最大的商品棉纱而言，运入内地共计48903担，其中澄江府18084担，占36.98%，曲靖府10918担，占22.33%，云南府6847担，占14.00%，开化府6705担，占13.71%，临安府1926担，占3.94%。③

除以上七府之外，据表3.2，1890—1896年七年间，广西州、楚雄府、永昌府、丽江府也每年分别吸纳蒙自进入内地商品1.28%～1.86%的份额。而进入顺宁府、广南府、元江州、蒙化厅、四川宁远府、贵州普安厅等12个地区的商品加起来也仅为蒙自进入内地商品额的4.01%。

---

① 《光绪二十二年蒙自口华洋贸易情形论略》，见中国第二历史档案馆、中国海关总署办公厅编《中国旧海关史料（1859—1948）》（第24册），京华出版社2001年版，第259页。

② 《光绪二十二年蒙自口华洋贸易情形论略》，见中国第二历史档案馆、中国海关总署办公厅编《中国旧海关史料（1859—1948）》（第24册），京华出版社2001年版，第259页。

③ "Mengtsz Trade Report, for the Year 1896"，见中国第二历史档案馆、中国海关总署办公厅编《中国旧海关史料（1859—1948）》（第24册），京华出版社2001年版，第648～649页。

表 3.2　1890—1896 年领子口税单经蒙自运入云南省内及邻近地区货物价值表

单位：海关两

地区		1890—1891 年	1892—1893 年	1894—1895 年	1896 年	平均	平均占输入内地货值百分比
云南	昭通府	1399	862	1369	405	576	0.03
	澄江府	624594	1574583	1254460	666826	588638	26.78
	景东厅	1779	4181	6297	5851	2587	0.12
	曲靖府	380710	1053646	630024	453382	359680	16.16
	楚雄府	46266	78015	84376	33963	34660	1.59
	开化府	134901	193600	297381	296534	131774	6.13
	广西州	46018	79160	104667	45615	39352	1.86
	广南府	249	641	1077	18313	2897	0.12
	丽江府	75113	93846	59579	27748	36612	1.81
	临安府	286148	348333	250549	130161	145027	7.11
	蒙化厅	22390	26021	20491	11897	11543	0.58
	普洱府	188786	176640	136664	61627	80531	4.01
	顺宁府	38531	31720	38811	21104	18595	0.96
	大理府	138981	148096	106454	68097	65947	3.26
	东川府	7885	21188	47684	33319	15725	0.70
	武定州	6317	1420	336	25	1157	0.08
	元江州	11671	17635	27727	25097	11733	0.53
	云南府	1077549	1241931	976247	428538	532038	25.97
	永昌府	59261	63506	37933	19316	25717	1.28
	永北厅	7763	14808	12964	5544	5868	0.28
贵州	兴义府	0	0	0	2072	296	0.02
	普安厅	0	2895	0	14376	2467	0.10

（续表）

地区		1890—1891 年	1892—1893 年	1894—1895 年	1896 年	平均	平均占输入内地货值百分比
四川	宁远府	14710	10319	28670	16304	10000	0.49
总值		3171391	5183538	4126782	2386461	2124024	100.00

资料来源："Mengtsz Trade Report, for the Year 1890—1896"，据中国第二历史档案馆、中国海关总署办公厅编《中国旧海关史料（1859—1948）》（京华出版社 2001 年版）第 16 ~ 17、19、21 ~ 24 册整理。

说明：货物价值根据南开价格指数（中国进口物价指数）进行了修正。

综上所述，可以看出：与蒙自贸易的发展关系最为紧要者为云南府、澄江府、曲靖府、大理府、临安府、普洱府、开化府，蒙自进出口贸易主要依托于这些地区；其次为广西州、楚雄府、丽江府、永昌府，在蒙自进出口贸易中的地位也比较重要。这些地方显然属于蒙自的腹地范围。至于顺宁府、东川府、广南府、昭通府、武定州、元江州、永北厅、蒙化厅、景东厅、四川宁远府、贵州兴义府、贵州普安厅，与蒙自之间只有极少的贸易往来，还不能说是蒙自的腹地。

二、思茅开埠后蒙自腹地的变化和思茅的腹地（1897—1902）

普洱茶是滇南、滇西南的重要出产品之一，除运销四川、西藏等内地省区之外，因越南等地"近滇居民惯用普茶"①，历来都有一定数量的普洱茶出口国外。1897 年以前，蒙自是云南省内经海关出口普洱茶的唯一口岸。思茅开埠后，普洱茶成为其唯一的大宗出口商品。海关贸易报告指出，思茅贸易情形"因视花、茶二项以为准则"②，茶叶之于思茅出口的意

① 《光绪二十三年思茅口华洋贸易情形论略》，见中国第二历史档案馆、中国海关总署办公厅编《中国旧海关史料（1859—1948）》（第 26 册），京华出版社 2001 年版，第 267 页。

② 《光绪二十七年思茅口华洋贸易情形论略》，见中国第二历史档案馆、中国海关总署办公厅编《中国旧海关史料（1859—1948）》（第 34 册），京华出版社 2001 年版，第 309 页。

义由此可见一斑。但是，据表3.3，1898—1902年，经思茅出口的普洱茶数量极其有限，蒙自依然是普洱茶出口的首要口岸。五年间，三关共计年均出口普洱茶1971担，蒙自占88.97%，为1753担；思茅出口197担，仅占10.01%，也只及蒙自年均出口量的11.25%。因此，思茅与茶叶产地之间的贸易关系在一定程度上可以说是思茅对这些地区的单向依赖，蒙自在这些地区茶叶出口中发挥着更大的作用。

表3.3　1898—1902年云南三关茶叶出口简表

年份	蒙自关		思茅关		腾越关		合计	
	数量（担）	价值（千元）	数量（担）	价值（千元）	数量（担）	价值（千元）	数量（担）	价值（千元）
1898	1219	25	38	1			1257	26
1899	1943	44	18				1961	44
1900	1111	28	46	1			1157	29
1901	1948	48	451	7			2399	55
1902	2546	64	433	7	15	1	2994	72
平均	1753		197				1954	

资料来源：据钟崇敏《云南之贸易》（中华民国资源委员会经济研究室，1939年）相关数据整理。

进口方面，1898年以后，海关贸易报告统一以省为单位统计领子口税单进入内地货物的情况，而缺乏省以下各区域洋货销售情况的具体统计。由于开埠后思茅贸易的发展始终徘徊不前，影响范围扩展有限，因而此处姑且以1898年的统计数据为依据来探讨思茅开埠后蒙自腹地的变化和思茅的腹地范围。表3.4是1898年经思茅关运入内地货物的情况，大致反映了思茅进口贸易主要的辐射范围。表3.5是1898年经蒙自关运入内地货物的情况，大致反映了蒙自进口贸易主要的辐射范围。假设在腾越开埠前，云南省内各地区的洋货全部经蒙自、思茅运入，① 那么，由蒙自、思茅运入

① 经重庆、北海等口岸也有洋货运入这些地区，但数额极其有限，为便于考察蒙自、思茅对这些地区的贸易辐射力度，姑且忽略不计。

的货物分别占这些地区洋货运入总值的比重则说明其对蒙自、思茅进口贸易的依赖程度，反映出蒙自、思茅在这些地区的贸易辐射力度。

表 3.4　1898 年经思茅关运入内地货值

单位：海关两

地区		货别			合计
		棉货类	毛货类	杂货类	
云南	云南府	178	73	51481	51732
	临安府	87	16	41709	41812
	澄江府	93	20	20882	20995
	普洱府	195	6	6722	6923
	曲靖府	52		25917	25969
	景东厅	320		13054	13374
	楚雄府	53		352	405
	元江州	83		1693	1776
	大理府	21		13772	13793
	顺宁府	33		20	53
	镇沅州	0		117	117
	蒙化厅	80		105	185
	东川府			302	302
	广西州			485	485
四川	叙州府			5328	5328
	重庆府			503	503
	成都府			1224	1224
输入内地货物总值				185422	

资料来源："Szemao Trade Report, for the Year 1898"，见中国第二历史档案馆、中国海关总署办公厅编《中国旧海关史料（1859—1948）》（第 28 册），京华出版社 2001 年版，第 156～157 页。

表3.5　1898年经蒙自关运入内地货值

单位：海关两

地区		货别			合计
		棉货类	毛货类	杂货类	
云南	昭通府	616			616
	澄江府	763112		12678	775790
	景东厅	486	68	3371	3925
	曲靖府	311615	731	20849	333195
	楚雄府	276		16860	17136
	开化府	193996	845	27924	222765
	广西州	20754	116	5076	25946
	广南府	7725		418	8143
	丽江府	2857	1575	13756	18188
	临安府	82707	547	38025	121279
	蒙化厅	671	136	6059	6866
	普洱府	9814	1098	21930	32842
	顺宁府	1079	421	9882	11382
	大理府	9959	5054	19430	34443
	东川府	19327	326	4929	24582
	武定州			165	165
	元江州	4718		2454	7172
	云南府	337921	18308	150288	506517
	永昌府	2042	1923	7379	11344
	永北厅	68	68	2695	2831
贵州	贵阳府			150	150
	安顺府	971		0	971
	兴义府	1883	61	137	2081
	普安厅	148027		1057	149084
四川	宁远府	7380	88	306	7774
	叙州府	3	7	234	244
输入内地货物总值					2325431

资料来源："Mengtsz Trade Report, for the Year 1898"，见中国第二历史档案馆、中国海关总署办公厅编《中国旧海关史料（1859—1948）》（第28册），京华出版社2001年版，第140～141页。

通过表3.4、表3.5可以看出：1898年，云南省内除镇沅州外，凡是从思茅运入洋货的地区，也有洋货经蒙自运入这些地方。因此，据表3.4、表3.5，在两关共同运入洋货的这些地区，通过对经思茅、蒙自运入洋货分别占该地区运入洋货总值比重的比较，可以看出两关输入洋货在这些地区的不同地位。

云南府在1898年从思茅运入51732海关两的货物，占思茅进入内地货物总值的27.90%，是消纳经思茅进入内地货物最多的地区；经蒙自运入云南府的商品价值为506517海关两，占蒙自运入内地货物值的21.78%。运入云南府的洋货，蒙自居90.73%，思茅占9.27%。

曲靖府，经思茅运入洋货占思茅运入内地洋货的14.01%，为曲靖府洋货输入总值的7.23%；蒙自输入内地货值的14.33%进入曲靖，为曲靖输入洋货总值的92.77%。

澄江府，由思茅运入洋货20995海关两，从蒙自输入775790海关两，分别占两口输入内地货值的11.32%、33.36%。思茅占澄江府输入洋货值的2.63%，蒙自则占97.37%。

以上三府，占蒙自输入内地货物的69.47%，为思茅输入内地货值的53.22%。可见不论是思茅还是蒙自，对其都有较强的依赖。但这些地区80.00%以上甚至超过90.00%的洋货是由蒙自输入的，可以说，其洋货的输入几乎完全依赖于蒙自。从这层意义上讲，和思茅开埠前相比，尽管已经有洋货从思茅输入，但这些地区依然是蒙自的腹地。

临安府仅次于云南府，是思茅进口洋货的重要销场。1898年，临安府占思茅运入内地洋货总值的22.55%，为41812海关两；但蒙自关地属临安府，以其地利之便，提供临安府属之内所需洋货数量绝非思茅可以比拟。1898年，蒙自进口洋货共计2453839海关两，其中5%即128408海关两在蒙自本地销售，经领子口税单运入临安府洋货121279海关两，两数相加，临安府共消纳蒙自进口洋货249687海关两。

在思茅开埠前，普洱府是蒙自洋货运入的重要地区，其属内土货也主要取道蒙自出口。思茅属普洱府，开埠后，普洱府属各地因离思茅较近，便于交通，进出口贸易便与思茅产生联系。出口方面，开始有茶叶等土货经思茅运出。进口方面，思茅虽然“其货多半运往制造最紧之城如云南、澄江两府地方”①，大宗进口货物“棉花、洋布类几于全数运往云南、临安、澄江三府”②，但普洱府属“各处土人皆善自织纺”，“不遗余力制之，以裕其用”,③ 本地又不产棉，因而也有不少棉花就地销售于思茅及其周边地区。1898 年，思茅关进口洋货共值 226165 海关两④，其中 18.00% 在思茅销售⑤，为 40710 海关两。当年，经思茅关领子口税单运入普洱府货物 6923 海关两。两数相加，思茅关进口洋货在普洱府销售共计 47633 海关两。同期，经蒙自关输入普洱府货值为 32842 海关两。这说明：尽管蒙自仍有不少洋货进入，但普洱府的洋货显然主要是由思茅关运入了。普洱府开始成为思茅的腹地。

景东厅在思茅开埠以前与蒙自只有极少的贸易往来，思茅开埠后，景东地区的洋货就主要由思茅供应了。1898 年，思茅运入景东厅洋货 13374 海关两，占思茅运入内地货值的 7.21%，为景东厅输入洋货总值的 77.31%；同年，蒙自输入洋货占景东厅输入洋货总值的 22.69%，只占蒙自输入内地货值的 0.17%。因此，景东厅已开始成为思茅的腹地。

---

① 《光绪二十五年思茅口华洋贸易情形论略》，见中国第二历史档案馆、中国海关总署办公厅编《中国旧海关史料（1859—1948）》（第 30 册），京华出版社 2001 年版，第 300 页。

② 《光绪二十六年思茅口华洋贸易情形论略》，见中国第二历史档案馆、中国海关总署办公厅编《中国旧海关史料（1859—1948）》（第 32 册），京华出版社 2001 年版，第 292 页。

③ 《光绪二十七年思茅口华洋贸易情形论略》，见中国第二历史档案馆、中国海关总署办公厅编《中国旧海关史料（1859—1948）》（第 34 册），京华出版社 2001 年版，第 309 页。

④ “Szemao Trade Report, for the Year 1898”，见中国第二历史档案馆、中国海关总署办公厅编《中国旧海关史料（1859—1948）》（第 28 册），京华出版社 2001 年版，第 152 页。

⑤ 《光绪二十四年思茅口华洋贸易情形论略》，见中国第二历史档案馆、中国海关总署办公厅编《中国旧海关史料（1859—1948）》（第 28 册），京华出版社 2001 年版，第 289 页。

蒙自开埠之初，楚雄府是蒙自的腹地。思茅开埠后，也开始有商品从思茅运入楚雄。1898 年，经思茅运入楚雄的商品价值为 405 海关两，为思茅运入内地货值的 0.22%；同期经蒙自运入楚雄的货物为 17136 海关两，为蒙自运入内地货值的 0.74%。可见，由于思茅开埠的影响，楚雄在蒙自运入内地货值中的比重有所下降。但是，蒙自、思茅运入楚雄府货物分别占进入楚雄府洋货总值的 97.69% 和 2.31%，在向楚雄府洋货的输入中，蒙自居于绝对优势的地位，楚雄仍然是蒙自的腹地。

元江州紧邻普洱府，离思茅较近，思茅开埠后开始有货物经思茅进入元江州销售；与此同时，元江也没有脱离与蒙自的贸易联系。1898 年，经思茅运入元江州 1776 海关两的货物，占经思茅运入内地货值的 0.96%，占元江州当年输入洋货总值的 19.85%；与此同时，蒙自运入元江州的货物为 7172 海关两，为思茅输入值的 4 倍有奇，占元江州输入洋货总值的 80.15%。由此可见，元江州洋货依然主要依赖于蒙自的输入。但是，由于思茅洋货的输入，元江州在蒙自输入内地货物中的比重显著下降，1898 年相对于 1896 年下降了 0.74 个百分点，仅为 0.31%。由此看来，在与元江州的贸易中，蒙自与思茅基本形成竞争的态势，元江州开始成为蒙自与思茅的混合腹地。

思茅开埠以前，大理府为蒙自的腹地。思茅开埠后，大理也开始从思茅运入货物。1898 年，蒙自运入大理货物 34443 海关两，占大理输入洋货总值的 71.41%；思茅运入 13793 海关两，为大理输入洋货总值的 28.59%。前者明显大于后者，蒙自是大理府洋货输入的主要承担者。但是，运入大理货值为思茅运入内地总货值的 7.44%，可以说是思茅进口货物销售的重要区域之一；而运入大理货值为蒙自运入内地总货值的 1.48%，与 1896 年相比下降了 1.37 个百分点，可见大理在蒙自进口贸易中的地位有了较为显著的下降。这表明，思茅的开埠虽没有根本动摇蒙自进口贸易在大理府的地位，但也使其贸易影响明显趋于下降，大理府开始成为蒙自与思茅的混合腹地。

顺宁府、蒙化厅在蒙自开埠之初与蒙自只有很少的贸易往来。思茅开埠后，这两个地区与思茅、蒙自之间都有一定的贸易往来，但数额很少，在两关输入内地货物中所占的比重也非常低，尚难以看作蒙自或思茅的腹地。

思茅开埠以前，镇沅州几乎与蒙自之间没有什么贸易往来，思茅开埠后依然如故。由于与普洱府接壤，离思茅较近，镇沅州在思茅开埠后，开始有货物从思茅运入。作为普洱茶的主要产区之一，镇沅州也当有一定数量的茶叶经思茅出口。进口方面，1897 年，镇沅州即进入思茅运入内地货物海关统计之中，为 411 海关两，1898 年则下降为 117 海关两，分别占思茅对内地贸易比重的 0.30% 和 0.06%。虽然数量极其有限，所占比重极低，但这是镇沅州经海关运入的全部洋货值，也就是说，镇沅州洋货是完全依赖于思茅的输入。因此，综合来看，镇沅州也应该可以看作思茅的腹地。

东川府在思茅开埠前与蒙自贸易往来不是很紧密，但在思茅开埠后有蒙自运入东川的货物日见增加。1898 年，东川吸纳蒙自进口洋货的 1.06%，为蒙自开埠之初的近两倍。思茅开埠后，也有货物运入东川，但是数量极少，仅为蒙自运入的 1.23%。可见，思茅的开埠不仅没有削弱蒙自在东川的影响力，而且随着蒙自贸易的发展，蒙自与东川的贸易往来日渐加强，东川成为蒙自真正的腹地。

广西州在思茅开埠后也有货物运入，但从其占思茅、蒙自运入内地货物总值的比重，以及思茅、蒙自运入货值分别占两地输入货物总值的比重看，广西州仍然是蒙自的腹地。

除了以上蒙自和思茅贸易共同影响的地区外，在云南省内，领子口税单经蒙自运入货物的地区还有昭通府、开化府、广南府、丽江府、永昌府、武定州、永北厅等地。

蒙自开埠初期，昭通府、广南府、武定州、永北厅与蒙自间的贸易往来十分有限。1898 年，蒙自运入上述地区货物价值共计 11755 海关两，占蒙自运入内地总货值的 0.51%。可见思茅开埠后，蒙自与这些地区的贸易往来一仍其旧，没有多大改观。

思茅开埠前，开化府为蒙自的腹地。1890—1896 年，开化府平均占蒙自输入内地总货值的 6.13%，是蒙自进口货物销售的主要地区之一。1898 年，蒙自运入开化府 222765 海关两的货物，占该年蒙自输入内地总货值的 9.58%。可以说，开化府作为蒙自腹地的地位不仅没有改变，而且有所加强。

丽江府、永昌府，1890—1896 年间平均占蒙自输入内地总货值的 1.81%、1.28%，为蒙自的腹地。思茅开埠后，丽江府、永昌府在蒙自输入内地货值中的比重有所下降，1898 年分别为 0.78%、0.49%，已然显得无足轻重，此时的丽江府、永昌府显然不能继续被看作蒙自的腹地了。

综上所述，开埠后的思茅，贸易影响范围有限，普洱府、景东厅和镇沅州为其腹地。尽管如此，思茅的开埠对蒙自也还是产生了一定的竞争，原属蒙自腹地的大理府、元江州开始成为蒙自与思茅的混合腹地；同时，蒙自对丽江府、永昌府两地的贸易下降明显，蒙自的腹地开始局限于云南府、曲靖府、楚雄府、东川府、澄江府、临安府、广西州、开化府几个地区之内。

三、腾越开埠后蒙自、思茅腹地的变化和腾越的腹地（1902—1910）

早在开埠前，腾越以其“为全滇门户”①、“为出缅门户”② 的地理优势，成为滇缅贸易的必经地之一。云南对缅贸易，长期以丝的输出为主要内容。云南地方产丝有限，且质量不高，出口之丝主要为四川黄丝。腾越开埠前后，云南出口黄丝主要由四川宁远府及其附近地区而来。开埠当年，腾越关出口丝 432 担 107900 海关两③，第二年 623 担 148317 海关两④，分别占腾越出口总值的 72.71% 和 60.94%，四川黄丝成为腾越关举

---

① 〔清〕屠述濂纂修：《腾越州志》卷二《疆域》，清光绪二十三年（1897）重刊本。

② 〔清〕陈宗海修，赵端礼纂：《腾越厅志》卷二《形势》，清光绪十三年（1887）刊本。

③ “Tengyueh Trade Report, for the Year 1902”，见中国第二历史档案馆、中国海关总署办公厅编《中国旧海关史料（1859—1948）》（第 36 册），京华出版社 2001 年版，第 284 页。

④ “Tengyueh Trade Report, for the Year 1903”，见中国第二历史档案馆、中国海关总署办公厅编《中国旧海关史料（1859—1948）》（第 38 册），京华出版社 2001 年版，第 298 页。

足轻重的出口商品。

宁远府及其附近地区不仅是腾越出口货物的主要来源地之一，而且是腾越进口货物的销售的重要地区之一。从云南口岸进入四川的交通，以及1898年以前海关对进入内地货物分府（州、厅）统计情况看，云南口岸进入四川的洋货主要是运入宁远府的。据表3.6，1903—1909年经腾越关进入四川的洋货多于经蒙自关进入的，年平均货值分别为274530和179801海关两，前者为后者的1.5倍有余；其货值分别占腾越关、蒙自关运入内地洋货总值的23.69%、5.20%。这说明腾越开埠后，原来由蒙自、思茅运入洋货的四川宁远府及其附近地区开始主要由腾越运入了。与之相应，宁远府在腾越进口贸易中往往具有举足轻重的作用，已然成为腾越进口洋货的主要销场之一。1903年海关贸易报告称：腾越进口贸易“推洋布及印度棉纱两宗最为畅旺，较之去年大形起色。查其畅销之故有二……一因云南北境四川所属一带比去年购数增多”①。1904年，腾越关“进口燕窝不少，估价41028两，大都指销四川”②。由此可以看出，不论进口还是出口，宁远府与腾越关的贸易联系都远远大于与蒙自关的贸易联系，更是思茅关所无法比拟的。因此，宁远府开始成为腾越的腹地。

蒙自、思茅、腾越绝大部分洋货输入云南本省，据表3.6，1903—1909年间，输入云南省洋货值年均分别占蒙自关、思茅关、腾越关输入内地洋货总值的77.27%、89.02%、72.98%。通过分别对腾越关与蒙自关、腾越关与思茅关输入云南省货值所做的相关分析，发现其相关系数分别为0.62、0.74。统计学认为当相关系数（指数）的绝对值大于0.7即绝对系数大于0.5时，就可以说，变量之间的联系是紧密的，给定因素对结果变

① 《光绪二十九年腾越口华洋贸易情形论略》，见中国第二历史档案馆、中国海关总署办公厅编《中国旧海关史料（1859—1948）》（第38册），京华出版社2001年版，第347页。

② 《光绪三十年腾越口华洋贸易情形论略》，见中国第二历史档案馆、中国海关总署办公厅编《中国旧海关史料（1859—1948）》（第40册），京华出版社2001年版，第375页。

差的作用是决定性的。因此当相关系数的绝对值在0.7~1.0时，可称之为高度相关。而当相关系数在0.5~0.7时，可称之为中度相关。① 考虑到一部分货物是通过厘金局而非海关进入内地，那么以上两组相关关系都应为高度正相关。说明三关在运入云南货物数量上并非此消彼长而是一同增长的关系，这就从数理统计的角度反映出三关在相互竞争中实现了对云南分割的事实。

表3.6 1903—1909年蒙自关、思茅关、腾越关运入各省内地洋货值

单位：海关两

年份	蒙自关				思茅关				腾越关			
	总值	云南	四川	贵州	总值②	云南	四川	贵州	总值	云南	四川	贵州
1903	3142701	2519227	152693	470781	185270	172691	11606	713	1362296	944691	385675	31930
1904	5138549	4224981	35656	877912	234901	217125	16849	118	1473341	1076953	345696	50692
1905	4268148	3430814	100349	736985	232783	208313	23507	400	1165604	830424	297451	37729
1906	4988186	3885714	161623	940849	221488	187399	32605	755	10575243	770049	248214	39261
1907	4039428	2872193	318874	848361	208385	185496	22369	4	1165445	886576	244690	34179
1908	2972098	2228839	208083	535176	135055	116746	16821	366	958050	721257	199299	37494
1909	2712757	2010816	281328	420613	154470	136483	14943	936	863283	630138	200683	32462
平均	3894552	3024655	179801	690097	196050	174893	19814	470	1149386	837155	274530	37678

资料来源：据《中国旧海关史料（1859—1948）》（京华出版社2001年版）相关数据整理计算。

以腾越关地理位置和贸易路线度之，便于交通滇西、滇西北、滇西南，是这些地区传统上对缅贸易出口必经之地。开埠后，腾越和滇西、滇

① ［苏］Б. Н. 米罗诺夫、З. В. 斯捷潘诺夫著，黄立茀、夏安平、苏戎安译：《历史学家与数学——历史研究中的数学方法》，华夏出版社1990年版，第82~83页。

② 下列数值均非云南、四川、贵州数值之和，它还包括运入此三省之外省份的货值，但因数值很小，且为了与蒙自关、腾越关比较而统一起见，没有单列。

西北、滇西南的经济往来进一步密切。出口方面，如丽江毡，“大理所来之石”，腾越本地所出之纸①、竹丝斗笠②，大理府（赵州）、蒙化厅所产石黄③，都是该期腾越关出口的重要商品；进口方面，1904 年，“大理一处所用意大利布制造本地小帽为数不少”④。1909 年腾越关贸易报告指出：“进口货物销于本口附近者数甚有限，大数皆运入人烟稠密之内地销售，如永昌、大理、丽江、顺宁等府。”⑤ 可以看出，腾越关的贸易范围已包括丽江府、永北厅、大理府、蒙化厅、永昌府、顺宁府、腾越厅，几乎覆盖了滇西、滇西北、滇西南所有的地区。

腾越开埠前，腾越厅与蒙自、思茅几乎没有贸易往来，丽江府、永昌府、顺宁府、蒙化厅、永北厅与蒙自或思茅只有极少的贸易往来，既然在腾越开埠后这几个地区与腾越的经济联系更加密切，成为腾越进口货物的主要销售区和出口货物的主要来源地，则自然为腾越的腹地。在腾越开埠以前，大理府已成为蒙自和思茅的混合腹地，与二者都有一定贸易往来，但数量比较有限。腾越开埠后，大理与腾越关进出口贸易的关系都非常密切，因此，也成为腾越的腹地。据此，大致可以描绘出此期三个口岸的腹

---

① 《光绪二十八年腾越口华洋贸易情形论略》，见中国第二历史档案馆、中国海关总署办公厅编《中国旧海关史料（1859—1948）》（第 36 册），京华出版社 2001 年版，第 330 页。

② 《光绪二十九年腾越口华洋贸易情形论略》，见中国第二历史档案馆、中国海关总署办公厅编《中国旧海关史料（1859—1948）》（第 38 册），京华出版社 2001 年版，第 349 页。

③ 《光绪二十九年腾越口华洋贸易情形论略》，见中国第二历史档案馆、中国海关总署办公厅编《中国旧海关史料（1859—1948）》（第 38 册），京华出版社 2001 年版，第 349 页；《宣统元年腾越口华洋贸易情形论略》，见中国第二历史档案馆、中国海关总署办公厅编《中国旧海关史料（1859—1948）》（第 50 册），京华出版社 2001 年版，第 475 页。

④ 《光绪三十年腾越口华洋贸易情形论略》，见中国第二历史档案馆、中国海关总署办公厅编《中国旧海关史料（1859—1948）》（第 40 册），京华出版社 2001 年版，第 376 页。

⑤ 《宣统元年腾越口华洋贸易情形论略》，见中国第二历史档案馆、中国海关总署办公厅编《中国旧海关史料（1859—1948）》（第 51 册），京华出版社 2001 年版，第 472 页。

地，即东川府、曲靖府、云南府、澄江府、广西州、临安府、开化府为蒙自的腹地；腾越厅、永昌府、顺宁府、蒙化厅、大理府、丽江府、永北厅、四川宁远府为腾越的腹地；景东厅、镇沅州、普洱府为思茅的腹地；元江州则为蒙自和思茅的混合腹地。

四、云南口岸—腹地格局的确立与延续（1910 年至 20 世纪三四十年代）

1910 年，昆明作为自开商埠开放，滇越铁路也从越南海防至云南昆明全线通车。口岸和交通格局的变化直接关系到三关贸易的发展与变化，近代云南口岸—腹地格局最终得以确立，并一直延续到 20 世纪 40 年代。

正如海关贸易报告所指出的那样，滇越铁路通车，“东京之海防及香港暨沿海口岸与云南府俱属咫尺”①，相对便利的交通促进了蒙自—昆明贸易在空间上的进一步拓展。蒙自自开埠以来，与昭通的贸易往来一直不多。但随着昆明的开埠，以滇越铁路的便利优势，昭通与东川、大理一道成为云南府最大发货之处。② 1917 年，蒙自关进口日本棉纱 10044 担，“运销云南府、昭通、会理、贵阳、嵩明等处者，居十分之七”，昭通已然成为蒙自进口货物的重要销售地区之一。③ 广南府虽地接临安府，相距蒙自不是很远，但以其地“巨壑崇崖”“深林峻坂”，④ 交通极其不便，以前与蒙自的贸易往来实属有限，但因铁路修通运输能力的提高，东京棉纱进

① 《宣统二年蒙自口华洋贸易情形论略》，见中国第二历史档案馆、中国海关总署办公厅编《中国旧海关史料（1859—1948）》（第 54 册），京华出版社 2001 年版，第 485 页。

② 《宣统二年蒙自口华洋贸易情形论略》，见中国第二历史档案馆、中国海关总署办公厅编《中国旧海关史料（1859—1948）》（第 54 册），京华出版社 2001 年版，第 485 页。

③ 《中华民国六年蒙自口华洋贸易情形论略》，见中国第二历史档案馆、中国海关总署办公厅编《中国旧海关史料（1859—1948）》（第 78 册），京华出版社 2001 年版，第 222 页。

④ 〔清〕林则徐等修，李熙龄纂：《广南府志》卷一《疆域》，清光绪三十一年（1905）重抄本。

口日多，因其价廉宜于制造次等粗布，成为运入广南的重要货物。① 随着白铅成为重要的出口矿产，其产地东川府与蒙自关的贸易关系进一步密切，四川会理州也成为蒙自关出口物资的重要来源地之一。② 与此同时，蒙自运往四川宁远府的货物则日渐增多；③ 次于云南府、澄江府、开化府、临安府等地，贵州普安厅、兴义府也成为蒙自关运入内地货物最重要的地区。④

关于云南三关的贸易范围，万湘澂著《云南对外贸易概观》云："翻开云南地图，由丽江西面的石鼓镇画一直线至石屏县城，在这条直线以西，是著名的云南峡谷山地区，以前叫作横断山脉区。此区的山河走向，由西北而东南，纵列并行，山高谷深，运输困难，对外贸易所受的影响不小。直线以东，是云贵分割高原的湖地断裂带，山脉走向，先由西北而东南渐向东北、东、东南展开，中间有许多盆地和湖沼，人烟稠密，交通便利，对外贸易也比较发达。在云南地图上，通过缅宁、弥渡画一直线与上述直线相交，这条线的西北是云南西北部，这条线的东南，与上述直线间的锐角区域内，是云南的西南部。就对外贸易上说：西北部大体上是腾越口的贸易范围，这个区域内的商品，多数由腾越口进出。西南部大体上是思茅口的贸易范围，商品多由思茅口进出。在两直线交点以下，石石直线

---

① 《中华民国六年蒙自口华洋贸易情形论略》，见中国第二历史档案馆、中国海关总署办公厅编《中国旧海关史料（1859—1948）》（第78册），京华出版社2001年版，第225页。

② 《中华民国元年蒙自口华洋贸易情形论略》，见中国第二历史档案馆、中国海关总署办公厅编《中国旧海关史料（1859—1948）》（第60册），京华出版社2001年版，第462页；《中华民国四年蒙自口华洋贸易情形论略》，中国第二历史档案馆、中国海关总署办公厅编《中国旧海关史料（1859—1948）》（第70册），京华出版社2001年版，第189页。

③ 《中华民国二年蒙自口华洋贸易情形论略》，见中国第二历史档案馆、中国海关总署办公厅编《中国旧海关史料（1859—1948）》（第63册），京华出版社2001年版，第778页。

④ 《宣统三年蒙自口华洋贸易情形论略》，见中国第二历史档案馆、中国海关总署办公厅编《中国旧海关史料（1859—1948）》（第57册），京华出版社2001年版，第452页。

以东，是云南的东部，大体上是蒙自口的贸易范围，商品多由蒙自口进出。”①

万湘澂是书虽出版于1946年，为第二次世界大战刚刚结束，战后经济恢复开始不久之时，但其以上描述基本上反映的应该还是全面抗战爆发前的情形并在全面抗战期间基本延续了下来。尽管正如作者指出的那样，“上面所说的贸易区域和范围，是就地形的因素，与一般进出口商品移动集中的路线和分配区域，作大致的划分，并非确切的界线”②，但这种从地理环境—贸易联系的角度出发“作大致的划分”的方法显然是科学的，虽然粗略但也较为真实地反映了全面抗战爆发前云南各口岸的贸易范围。从行政区上具体来说，即昭通府、东川府、曲靖府、云南府、武定州、楚雄府、澄江府、临安府、广西州、开化府、广南府是蒙自口的贸易范围；丽江府、永北厅、大理府、腾越厅、永昌府、蒙化厅、顺宁府为腾越的贸易范围；景东厅、镇沅州、普洱府、元江州归思茅的贸易范围。

但是，就云南口岸进出口贸易的实际情形而言，其贸易范围并不限于云南省范围内。四川省的宁远府及其附近地区，商品进出与云南口岸关系密切，曾一度为腾越的腹地。如上述，随着昆明的开埠和滇越铁路的通车，宁远府与蒙自—昆明的贸易联系开始密切，但因黄丝的销售市场主要在缅、印，腾越依然是四川黄丝最主要的出口口岸，腾越关进口货物不少为“云南北境四川所属一带”所消纳。据此，四川宁远府一带可视为蒙自和腾越共同的贸易范围。一如上述，贵州的普安厅、兴义府也是蒙自的腹地。除此而外，云南省内各府、州（厅），与各口岸的贸易关系则要视具体情况而定。如元江州，因到蒙自与思茅的距离相仿佛，思茅开埠后成为蒙自与思茅的混合腹地，昆明开埠和滇越铁路通车后，蒙自贸易额总体上升，思茅贸易额则呈下降趋势，与蒙自的贸易联系或许因此加强，但并无确切的数据可以得到明证，依然只能作为蒙自和思茅的混合腹地看待。据

① 万湘澂：《云南对外贸易概观》，新云南丛书社1946年版，第31页。

② 万湘澂：《云南对外贸易概观》，新云南丛书社1946年版，第32页。

以上所述，可大致描绘出此期云南口岸腹地格局：东川府、曲靖府、云南府、澄江府、广西州、临安府、开化府、广南府、昭通府、贵州兴义府、贵州普安厅为蒙自的腹地，腾越厅、永昌府、顺宁府、蒙化厅、大理府、丽江府、永北厅为腾越的腹地，景东厅、镇沅州、普洱府为思茅的腹地，元江州则为蒙自和思茅的混合腹地，四川宁远府为蒙自和腾越的混合腹地。

综上所述，可以看出，近代云南口岸腹地格局的确立大致经过了以下四个阶段：

第一阶段是蒙自开埠初期，由于蒙自是云南唯一的开放口岸，其贸易辐射范围几乎涵盖了云南全省以及四川、贵州的邻近地区。但是，真正属于腹地的地区还基本局限在云南东部地区，包括云南府、澄江府、曲靖府、临安府、普洱府、开化府、广西州、楚雄府；除此之外，西部地区的大理府、丽江府、永昌府与蒙自贸易往来较多，也为蒙自的腹地。

第二阶段为思茅开埠后，普洱府、景东厅和镇沅州为思茅的腹地。由于思茅开埠对蒙自产生一定竞争，原属蒙自腹地的大理府成为蒙自与思茅的混合腹地；从地理位置看，元江州也可以看作蒙自与思茅的混合腹地。同时，蒙自对丽江府、永昌府两地的贸易下降明显，蒙自的腹地开始局限于云南府、曲靖府、楚雄府、澄江府、临安府、广西州、开化府几个地区之内。

第三阶段是腾越开埠初期，一直以来，腾越厅与蒙自、思茅几乎没有贸易往来，丽江府、永昌府、顺宁府、蒙化厅、永北厅与蒙自或思茅只有极少的贸易往来，与腾越的贸易往来则日益密切，成为腾越的腹地。腾越开埠后，宁远府与腾越关的贸易联系远远大于与蒙自关的贸易联系，更是思茅关所无法比拟的，宁远府开始成为腾越的腹地。与此同时，大理府也由蒙自和思茅的混合腹地而开始成为腾越的腹地了。

第四阶段，随着昆明的开埠和滇越铁路的全线通车，蒙自口岸的贸易范围有所拓展，除云南东部地区，贵州普安厅、兴义府也以蒙自为主要贸易对象口岸，成为蒙自的腹地；四川的宁远府则由腾越的腹地而开始成为蒙自与腾越的混合腹地。

第四章　口岸开放与云南对外贸易的发展

蒙自、思茅、腾越的开放激发了边疆在对外贸易上所具有的地理优势，极大地改变了云南对外贸易发展的态势。随着口岸的开放，云南的对外贸易逐渐凸显出新的内容，与蒙自开埠前相比，不论是贸易形式、贸易对象，还是商品结构，甚至在全国对外贸易格局中的地位也都发生了深刻变化。

第一节　蒙自开埠后云南对外贸易形式、对象和重心的变化

随着英、法对缅甸、中南半岛的占领，中国与缅甸、老挝的朝贡贸易关系便宣告结束了，相应地，滇缅、滇老因朝贡而产生的贸易往来也就不复存在了。但是，民间贸易往来并未因此而切断，长期以来形成的滇缅、滇老、滇越边境贸易依然是云南对外贸易的重要内容，只是此后的民间贸易在新的对外贸易格局中已经失去了主导地位。开埠之后，云南的对外贸易基本上是通过以上口岸实现的，研究表明，仅通过蒙自—香港之间的口岸贸易就占到了云南对外贸易总值的60%左右。[①] 很显然，口岸已经成为对外贸易的主要载体，口岸贸易成为最主要的对外贸易形式。

蒙自开埠以前，如前文所述，云南以邻近的缅甸、老挝、越南等国为

① 郭亚非：《近代云南与周边国家区域性贸易圈》，载《云南师范大学学报（哲学社会科学版）》2001年第2期。

主要的贸易对象。蒙自开埠之后，由于以上三国已分别沦为法国和英国的殖民地，云南与以上邻国的贸易实际上已经变成与英、法的贸易，而非滇缅、滇老、滇越所能概括。开埠之后，一方面，英、法、美、德、比、日等许多国家和地区都有货物输入云南，货值最著者则为法国；另一方面，云南土货又往往出口到这些国家和地区，其中，又以经法越输入中国香港的货值最巨，约占云南出口总额的90%。① 这也就是说，开埠以后，云南的对外贸易对象不仅大大增加，市场大大拓展，而且由开埠前以滇缅贸易为主转变为以滇法（法越）、滇港贸易为主。

表4.1　1937年蒙自关外货输入来源表

单位：海关金单位

国别（地区）	位次	输入价值
法国	1	1093239
美国	2	788719
德国	3	501670
荷属东印度	4	489393
比利时	5	372031
英国	6	297514
法属越南	7	221722
香港	8	82520
日本	9	64052
瑞士	10	60288
挪威	11	46104
海峡殖民地	12	43883
瑞典	13	40853

① 郭亚非：《近代云南与周边国家区域性贸易圈》，载《云南师范大学学报（哲学社会科学版）》2001年第2期。

（续表）

国别（地区）	位次	输入价值
澳洲	14	36529
加拿大	15	16951
英属印度	16	14470
捷克	17	9565
其他	18	45961
共计		4224469

资料来源：郭垣《云南省经济问题》，正中书局1940年版，第268页。

由于贸易对象的变化，使云南对外贸易的重心区也相应地发生了变化。开埠以前，云南的对外贸易以滇缅贸易为主，缅甸是最主要的贸易对象，因此，滇西、滇西南为贸易主要集中区，腾越成为最重要的对外贸易口岸。开埠以后，随着云南与法国（法越）的贸易成为最主要的贸易，对外贸易重心东移，滇南和滇中也相应地成为贸易主要集中区。由于蒙自地当滇越贸易红河商道之要冲，又与大锡产地个旧毗邻，通过蒙自进行的贸易总值每年都占全省贸易总额的80%左右。蒙自取代腾越成为云南最重要的对外贸易口岸。1910年以后，由于昆明开放和滇越铁路建成通车，不仅使滇南和滇中地区在对外贸易中的优势进一步加强，而且使昆明在对外贸易中的地位也大大提高，成为全省货物集散的中心。

表4.2　各关进出口数及在全省对外贸易中所占比重（1912—1923年）

单位：（白银）两

年份	全省总额	蒙自	百分比	腾越	百分比	思茅	百分比
1912	22339035	19559689	87.6	2506905	11.2	262801	1.2
1913	23035241	19678916	85.4	3132066	13.6	224250	1.0

（续表）

年份	全省总额	蒙自	百分比	腾越	百分比	思茅	百分比
1914	18987910	16153775	85. 1	2572500	13. 5	261635	1. 4
1915	18338143	15191358	82. 8	2939434	16. 0	207351	1. 2
1916	17483622	14959401	85. 6	2340046	13. 4	184175	1. 0
1917	21992301	18730383	85. 2	2996910	13. 6	265008	1. 2
1918	24618959	20425889	83. 0	3952883	16. 0	240182	1. 0
1919	24166878	18409898	76. 2	5534676	22. 9	222334	0. 9
1920	27848187	21853367	78. 5	5647850	20. 3	346970	1. 2
1921	23278876	18030770	77. 5	4946784	21. 2	301322	1. 3
1922	26196013	21438830	81. 8	4491549	17. 2	265644	1. 0
1923	26796403	22668173	84. 6	3901308	14. 6	226922	0. 8

资料来源：据云南省公署枢要处第四课编《云南对外贸易近况》之“历年各关进口数”和“历年各关出口数”两表改绘，1926 年石印本。

第二节　蒙自开埠后云南对外贸易商品结构的变化

开埠通商后，云南对外贸易的商品大大突破了过去简单的土产交易范畴，商品种类大为拓展，商品结构发生了巨大变化。

据吴兴南对《云南对外贸易近况》一书所列进口货物的不完全统计，开埠之初，蒙自关进口货物达 260 种以上，思茅、腾越两关种类相对较少，但也分别在 80 种和 220 种以上，到 1910 年以后，三关进口货物更达 500 多个品类以上。[①] 出口货物种类也大为增加，一些在开埠以前并不作为商品的土产开始成为重要的出口货，如猪鬃，《宣威县志稿》载：“向时人民不知猪毛之有用，洗猪时往往弃之于地……而每岁收入多至万斤，少亦不

① 吴兴南：《云南对外贸易史》，云南大学出版社 2002 年版，第 93、117 页。

下六七千斤……此项猪毛多售给洋行，外人运回其国，制为衣料、毛刷。”[①] 一些过去只在国内销售的土产也开始成为对外出口的重要商品，如鸦片，向来以本省和国内为销售市场，到19世纪的最后十年开始向东南亚出口，[②] 成为云南重要的出口商品之一。由此可见，不论进口还是出口，商品种类都有了很大拓展。

进口货物绝大部分是机制工业品。以1889—1909年为例，据统计，机制工业品进口价值为国币117624千元，占到进口总额的99.12%，土产进口价值为国币1037千元，仅占进口总值不到1%的份额。在这些进口货物中，其中又以棉纱、匹头、棉花最为重要，约占进口总额的40%以上，其他诸如磁器、纸张、海味、染料、干果等也是重要的进口商品。[③] 滇越铁路通车以后，随着云南工业的发展，机器零部件、交通工具、电力设备及工业生产用原材料也成为重要的进口商品。

表4.3　蒙自、思茅、腾越三关的大宗进口货值百分比（1889—1909年）

单位：（国币）千元

年份	棉纱	棉花	煤油	纸烟	烟丝	纸	其他
1889	33.78	14.19			17.57	6.76	27.70
1890	41.21	6.97			20.91	2.02	28.89
1891	38.25	8.13	0.14		15.98	7.50	36.00
1892	54.72	7.49	0.11		18.78	1.01	17.89
1893	72.66	3.62	0.08		9.81	0.21	13.60
1894	53.96	6.67	0.21		16.61	2.33	20.19

① 《宣威县志稿》卷七《政治志·建设》，1934年铅印本。

② ［美］戴维·纽金特：《封闭的体系和矛盾：历史记载中和记载外的克钦人》，见云南民族研究所编印《民族研究译丛》，1983年，第152页。

③ 吴兴南：《云南对外贸易——从传统到近代化的历程》，云南民族出版社1997年版，第145～146页。

（续表）

年份	棉纱	棉花	煤油	纸烟	烟丝	纸	其他
1895	72.04	3.58	0.21		12.99	0.60	10.03
1896	68.99	1.25	0.15		10.97	1.24	17.40
1897	70.34	5.69	0.10		7.88	0.63	15.36
1898	68.43	8.12	0.29		6.83	0.69	15.60
1899	68.50	3.98	0.24		3.73	0.83	22.72
1900	56.82	3.63	0.52		8.85	0.78	29.40
1901	59.16	4.38	0.86		7.83	0.50	27.27
1902①	64.04	4.00	1.43		4.33	0.47	84.79
1903	55.27	6.28	0.54		5.03	0.62	32.20
1904	57.02	4.55	0.54	0.03	3.04	0.90	33.92
1905	50.35	7.00	0.81	0.11	2.50	0.69	38.41
1906	50.65	3.84	1.74	0.19	3.06	0.47	40.05
1907	39.73	4.75	1.15	0.34	3.65	0.78	27.51
1908	46.58	3.63	1.29	0.36	3.77	2.12	42.85
1909	27.74	3.35	1.18	0.56	1.76	1.25	64.14

资料来源：资源委员会经济研究室编《云南经济研究报告》第20号，1939年手稿油印本。

出口货物虽依然以土产为主，但出口商品的结构发生了很大变化。就货值而言，矿产成为最主要的出口商品，农副产品的出口则开始居于次要地位。西方国家工业发展对原料的需求，刺激了云南矿产品的出口，大锡成为云南最重要的出口商品，历年都居云南出口货物之首位，约占贸易总额的80%以上。黄丝是仅次于大锡的重要出口商品；牛羊皮的出口也比较

① 各比值相加为159%，因此，本年数据应该有误。

重要；其他，如茶叶、药材、猪鬃、火腿及零星土杂货亦为主要出口货物。①

表4.4　大锡出口值占全省对外贸易总值百分比（1889—1936年）

年份	比值	年份	比值	年份	比值	年份	比值
1889	80.18	1901	80.13	1913	88.59	1925	77.70
1890	84.83	1902	89.96	1914	85.18	1926	73.99
1891	86.00	1903	80.32	1915	83.95	1927	68.24
1892	84.66	1904	68.05	1916	80.13	1928	74.72
1893	81.68	1905	71.52	1917	84.58	1929	71.48
1894	80.73	1906	66.67	1918	78.09	1930	70.48
1895	78.68	1907	90.84	1919	67.28	1931	74.66
1896	79.68	1908	82.36	1920	76.37	1932	79.24
1897	78.66	1909	92.77	1921	63.14	1933	79.59
1898	79.11	1910	93.81	1922	76.59	1934	75.92
1899	81.18	1911	92.14	1923	73.17	1935	78.41
1900	79.52	1912	90.59	1924	74.35	1936	76.37

资料来源：《新纂云南通志》卷一四四《商业考二》；资源委员会经济研究室编《云南经济研究报告》第20号，1939年手稿油印本。

表4.5　大宗农副产品出口货值占全省出口总值百分比（1889—1937年）

年份	丝	皮革			茶	猪鬃	药材	土药
		生茧、水牛皮	未硝山羊皮	合计				
1889					5.11			3.6
1890					3.97			5.34
1891					3.30		0.55	4.85

① 《新纂云南通志》卷一四四《商业考二》。

（续表）

年份	丝	皮革			茶	猪鬃	药材	土药
		生茧、水牛皮	未硝山羊皮	合计				
1892		0.09		0.09	4.10		0.26	6.63
1893		0.09		0.09	3.41		0.62	10.83
1894		0.07		0.07	1.57		0.27	14.64
1895		0.06		0.06	2.67		0.50	15.54
1896		0.23		0.23	1.44		0.45	11.86
1897	0.41	0.12		0.12	1.00		0.71	12.56
1898	0.20	0.31		0.31	1.33		0.92	12.12
1899	0.37	0.13		0.13	1.47		0.80	13.74
1900	0.26				0.76		0.18	17.65
1901	0.10				1.15		0.33	16.74
1902	2.83	0.05		0.05	1.19		0.25	6.88
1903	5.37	0.28		0.28	2.04		0.78	12.09
1904	4.45	0.22		0.22	0.85		0.60	26.41
1905	3.14	0.34		0.34	0.79		0.30	24.55
1906	2.73	1.06		1.06	0.97		0.19	29.42
1907	4.12	2.75		2.75	0.79		0.28	6.12
1908	2.91	0.91		0.91	0.72		0.11	14.60
1909	3.78	2.55		2.55	0.68		0.22	4.42
1910	3.30	1.56		1.56	0.62		0.19	
1911	4.05	1.13		1.13	0.32	0.03	0.09	4.11
1912	3.67	1.25	0.02	1.27	0.26	0.19	0.30	0.04
1913	4.28	2.00	0.01	2.01	0.46	0.08	0.34	
1914	4.35	1.33	0.08	1.41	0.42	0.08	0.34	
1915	4.29	2.25	0.12	1.37	0.65	0.13	0.68	

（续表）

年份	丝	皮革			茶	猪鬃	药材	土药
		生茧、水牛皮	未硝山羊皮	合计				
1916	4.30	3.05	0.43	3.48	0.96	0.15	0.95	
1917	4.62	1.43	0.96	2.39	0.43	0.20	0.38	
1918	9.89	1.80	1.39	3.19	0.32	0.49	0.57	
1919	14.40	3.15	4.93	8.08	0.67	0.27	0.64	
1920	8.94	2.51	1.35	4.86	0.32	0.42	0.57	
1921	17.35	2.12	3.28	5.40	0.84	0.50	0.80	
1922	11.29	0.51	1.29	1.80	0.66	1.00	1.03	
1923	11.33	1.80	1.23	3.03	0.96	1.55	1.06	
1924	14.77	2.16	0.53	2.69	0.46	0.80	0.63	
1925	9.51	5.21	0.62	5.83	0.99	0.40	0.34	
1926	10.97	5.91	1.11	7.02	0.91	0.83	0.53	
1927	16.84	4.31	0.99	5.30	0.74	1.11	0.70	
1928	5.24	7.20	2.70	9.70	0.64	0.86	1.26	
1929	7.71	7.50	1.63	9.13	0.68	0.77	1.08	
1930	9.46	4.08	1.66	6.46	0.56	1.22	2.02	
1931	7.82	3.59	1.60	5.19	0.81	1.87	2.45	
1932	9.11	0.89	0.47	1.36	0.94	1.22	2.02	
1933	10.41	1.39	1.13	2.52	1.17	0.80	2.03	
1934	11.76	2.24	1.21	3.45	1.37	0.90	1.75	
1935	10.78	0.79	1.10	1.89	1.59	1.03	1.64	
1936	11.27	2.32	1.34	3.66	1.23	0.98	0.64	
1937	7.38	2.33	1.26	3.59	1.04	2.08	0.78	

资料来源：钟崇敏《云南之贸易》，资源委员会经济研究室 1939 年手稿油印本。

第三节　蒙自开埠后云南在区域和全国对外贸易格局中地位的提升

随着蒙自、思茅、腾越、昆明的相继开放，云南被日益深入地纳入近代中国口岸贸易体系之中，成为近代中国口岸贸易的重要组成部分。开埠以后，云南对外贸易开始主要通过本省口岸进行。口岸的开放在很大程度上解除了云南对外贸易发展的瓶颈，极大地促进了云南对外贸易的发展，改变了云南对外贸易的原有格局。

开埠之后，云南对外贸易的发展可谓突飞猛进，其发展之迅速，货值之巨大，绝非开埠以前所能比拟。蒙自开埠当年进口总值62300海关两，出口总值87629海关两，次年即分别上升为466089海关两和461193海关两。由此可见，开埠就像一剂强心针，极大地促进了云南对外贸易的发展；从1889年到1931年，长达43年的时间内，虽间有波动，但不论进口还是出口，总体都呈现出高速增长的态势，货值分别从62300海关两和87629海关两增至8498686海关两和7184478海关两，年平均增长率分别高达25.26%和25.20%，其发展速度不谓不惊人。

表4.6　云南进出口货值变动趋势（1889—1931年）

单位：海关两

年份	进口值	增长率	出口值	增长率
1889	62300		87629	
1890	466089	648.13	461193	426.30
1891	744480	59.73	583230	26.46
1892	887606	19.22	736000	26.19
1893	1524290	71.73	735204	-0.11
1894	1241879	-18.53	943321	28.31

（续表）

年份	进口值	增长率	出口值	增长率
1895	1809253	45. 69	1033066	9. 51
1896	1627036	-10. 07	849639	-17. 76
1897	2548624	56. 64	279115	-67. 15
1898	2680004	5. 15	1254365	349. 41
1899	3545073	32. 28	1925759	53. 52
1900	3113437	-12. 17	2474404	28. 49
1901	3957720	27. 12	3102202	25. 37
1902	4347895	9. 86	3872961	24. 85
1903	5558113	27. 83	2800885	-27. 68
1904	7033350	26. 54	5066436	80. 90
1905	6449493	-8. 30	5070499	0. 08
1906	7004085	8. 60	5444738	7. 38
1907	7450484	6. 37	4083639	-25. 00
1908	6268966	-15. 86	5773803	41. 39
1909	7961524	27. 00	4750852	-17. 72
1910	6684299	-16. 04	6983688	47. 00
1911	4647996	-30. 46	7228365	3. 50
1912	9766518	110. 12	12573069	73. 94
1913	11230898	15. 00	11835907	-5. 86
1914	10038847	-10. 61	8978564	-24. 14
1915	7759654	-22. 70	10589205	20. 95
1916	7466111	-3. 78	10041917	-5. 17
1917	8359134	11. 96	13689801	36. 33

（续表）

年份	进口值	增长率	出口值	增长率
1918	11771794	40. 83	12855784	－6. 09
1919	12221415	3. 82	11949010	－7. 05
1920	13948998	14. 14	13918806	16. 49
1921	14193668	1. 75	9126893	－34. 43
1922	15422691	8. 66	10807363	18. 41
1923	16208089	5. 09	10622022	－1. 71
1924	17444823	7. 63	12090116	13. 82
1925	20767796	19. 05	15425615	27. 59
1926	21916241	5. 53	11720116	－24. 02
1927	19834261	－9. 50	11960469	2. 05
1928	19187508	－3. 26	12204145	2. 04
1929	16294450	－15. 07	12168682	－0. 29
1930	14172484	－13. 02	11658038	－4. 20
1931	8498686	－40. 03	7184478	－38. 37
年平均增长率		25. 26		25. 20

注：增长率＝本期增长量/前期输出（入）量 100%；年平均增长率为历年增长率之算术平均数。

资料来源：据谢本书主编《云南近代史》（云南人民出版社 1993 年版）第 142 ~ 144 页数据计算。

随着对外贸易的快速发展，云南口岸在西南对外贸易中的地位日显突出。以 1936 年为例，如表 4. 7，西南地区的重庆、万县、蒙自、思茅、腾越、梧州、南宁、龙州八个海关进出口总值共计约 6166 万元，其中云南三关计 3802 万元，占八关总值的 61. 7%。

表4.7　1936年西南部分口岸进出口贸易统计

单位：（法币）千元

口岸	进口	出口	总值
重庆	2369	57	2426
万县	38	—	38
蒙自	8117	23663	31780
思茅	857	415	1272
腾越	1045	3923	4968
梧州	7063	13862	20925
南宁	21	1	22
龙州	48	177	225
合计	19558	42098	61656

资料来源：据周天豹、凌承学《抗日战争时期西南经济发展概述》（西南师范大学出版社1988年版）第281～282页提供的数据整理。

不仅如此，蒙自等口岸开放之后，如表4.8，随着云南对外贸易的飞速发展，云南对外贸易开始在全国对外格局中占有了一席之地。

表4.8　云南进出口货值占全国进出口总值百分比（1912—1923年）

单位：（白银）两

年度	进口			出口		
	全国净数	云南净数	云南占全国比值	全国净数	云南净数	云南占全国比值
1912	473097321	9765966	2	370520403	12573069	3.4
1913	570162557	11199334	2	403305546	11835907	2.9
1914	569241382	10009346	1.8	356226629	8978546	2.5
1915	454471719	7748938	1.7	418861164	10589205	2.5

（续表）

年度	进口			出口		
	全国净数	云南净数	云南占全国比值	全国净数	云南净数	云南占全国比值
1916	516406995	7441705	1.4	481797366	10041917	2.1
1917	549518774	8302500	1.5	462931630	13689801	3
1918	554893082	11763175	2.1	485883031	12855784	2.7
1919	646997681	12217868	1.9	630809411	11949010	1.7
1920	762250230	13929381	1.8	541631300	13918806	2.6
1921	906122439	14151983	1.6	601255537	9126893	1.5
1922	954049650	15388660	1.6	654891933	10807363	1.7
1923	923402887	16174381	1.8	752917416	10622022	1.4

资料来源：据云南省公署枢要处第四课编《云南对外贸易近况》之“逐年进出口货价对于全国百分比例表”，1926年石印本。

从纵向看，云南对外贸易在全国无足轻重到占有一席之地，在西南的地位更是突出，其发展不可谓不快，变化不可谓不大，但我们必须清楚地认识到，与中部、东部地区特别是东部沿海地区相比，云南的对外贸易显然仍是比较落后的。一言以蔽之，近代云南对外贸易是绝对意义上的发展和相对意义上的落后并存，与发达地区比是比较落后的，与落后地区比，特别是放在西部地区，又是发展较快、较好的。

第四节　空间格局与贸易发展

云南对外贸易有着悠久的历史。开埠前，云南与缅甸、老挝、越南直接贸易，并经过缅甸、老挝、越南与中南半岛各国有着广泛的贸易往来。由于资源和出产的差异，云南的对外贸易出口以丝、茶为大宗，进口以棉花为主。尽管据有关研究，清代滇东已成为云南的经济重心，① 但由于滇缅贸易不论是就规模而言，还是就影响深度而论，都居于主要的地位，因此，滇西、滇西南为贸易集中区。受此影响，腾越由于地理上的优势成为云南最重要的外贸口岸。

鸦片战争后，中国的对外贸易步入了近代时期。随着通商口岸的开放和口岸贸易的广泛开展，极大地改变了中国对外贸易，逐渐建立了以上海、天津（包括香港）等少数东部沿海口岸为龙头，以其他沿海、沿江口岸为主要节点，以相关交通运输线为连接，以埠际贸易为主要展开形式的口岸贸易网络。由于大量机制洋货的输入，对外贸易的内涵已经大大突破了土特产品互易余缺的贸易范畴。但是，没有开埠的云南继续徘徊于传统贸易的边缘。由于没有开埠，云南需要借助其他口岸经层层转运才能在口岸贸易网络中实现货物的流通，而位置的偏远和交通的不便，使这一过程的实现困难重重，从而使得通过转口进入云南的洋货和通过口岸出口的云南土货不仅数量少而且价值低。因此，民间贸易尤其是边民互市在对外贸易中依然居于主导地位。而民间贸易虽然商品种类繁多，但贸易主要是出于互易余缺的需要，商品以土产为主，制约着贸易的发展，使其长期徘徊不前。其结果是云南的对外贸易远远落后于全国贸易发展的整体水平，在全国对外贸易格局中显得无足轻重。

缅甸、越南诸国沦为英、法的殖民地后，其与中国的朝贡贸易便随之宣告结束了。云南开埠之后，其口岸贸易的地位日益重要，民间贸易开始失去对外贸易的主导地位。开埠之后的云南，在口岸贸易体系中实现了由边缘向前沿的转化，不利开始转化为优势，对外贸易的对象突破邻国之限，大为增加，西方主要资本主义国家几乎都与云南有着贸易往来。然而，就国别与地区之地位而言，法国为云南最重要的贸易对象国，香港是云南最重要的转口市场，滇缅贸易的主导地位为滇法（越）、滇港贸易所

---

① 蓝勇：《明清时期西南地区城镇分布的地理演变》，载《中国历史地理论丛》1995 年第 1 期。

取代。与此相应，对外贸易重心东移，滇南和滇中成为贸易的主要集中区。由于地理和交通优势，云南对外贸易的绝大部分通过蒙自进行，蒙自取代腾越成为云南最重要的对外贸易口岸。1910 年以后，昆明开放和滇越铁路建成通车，不仅使滇南和滇中地区在对外贸易中的优势进一步加强，而且使昆明在对外贸易中的地位也大大提高，成为全省货物集散的中心。

表面上看，上述变化如果没有促进云南对外贸易的发展，便没有多少意义可言。但事实上，上述变化是与对外贸易的发展相表里的，变化的深层意义即在于对外贸易的快速发展：开埠之后，云南对外贸易的商品种类空前增加，规模空前扩大，发展速度惊人，从而使云南在全国对外贸易格局中拥有了一席之地，在一定程度上提升了云南的贸易地位。

要言之，开埠以前的云南对外贸易具有明显的前近代性和边缘性。口岸的开放为云南对外贸易的发展提供了新的契机，对外贸易内涵发生了深刻变化，云南的对外贸易实现了向近代的转变，摆脱了边缘的地位。

第五章　香港贸易网络与近代云南省际贸易——以滇粤贸易为例

第一节　蒙自开埠前的滇粤贸易（1840—1889）

由于地理位置偏远，再加上地势的北高南低，在过去落后的交通条件下，云南与内地的沟通极为不便。因此，在近代以前，云南与国内其他区域之间的长途贩运贸易难以正常展开。①市场的关联度可以通过价格的相关性体现出来，清初，云南由于“道路险远，舟车不通，商贾罕至”，“市廛未集，百货未通”，以至于“一粟一丝其价十倍于他省”，其市场与国内大市场的联系之困难由此可见一斑。②而与对国内的交往相比，云南与邻近国家的交往则要相对方便一些，地势自北而南的递降为交通的南向发展提供了一定的便利。由于地势比降较大，云南的河流通航条件大多不佳，但沿河流走向的天然路线在很长时期内成为云南与邻国交往的重要通道，何况部分的河流以及部分的河段也可以通航，如到缅甸便可利用伊洛瓦底江。由于运输成本巨大，云南与内地间贩运的货物只能以单位体积和重量所含价值颇高的商品为主，如清代的滇铜京运及供各省采办的内销就属于这种情况。③而与邻国的贸易，因交通相对便利，自元代以来就已实现了

---

① 刘云明：《清代云南市场研究》，云南大学出版社1996年版，第3页。

② 雍正《云南通志》卷二九《艺文四》。

③ 刘云明：《清代云南市场研究》，云南大学出版社1996年版，第3页。

由奢侈品向民间生活必需品的转变。① 由此可见，受地理位置与地形的影响，传统时代的云南贸易发展相对地呈现出对内封闭、对外开放的特征。

受上述因素的影响，长期以来，相距甚远的云南与广东的经济交往由于路途遥远、交通艰险、成本高昂而素不发达。

在铁路公路兴起之前，云南交通国内各省乃依驿路进行。云南与广东的交往所经驿路为《新纂云南通志》所谓“通省大道”之“昆明百色间驿路”。在云南与广东的交往中，盖以广东货物向西运到百色，云南货物向东运到百色以完成交易。百色是滇粤两地商品重要集散中心。此驿路无论是走蒙自、文山、广南一线，还是走罗平、凉水井之线，从昆明到百色，都需要一个多月的时间，再加上从广州到百色所需时间，“北海至南宁十四日，南宁至百色十七日”，完成一次滇粤之间的往来至少需要两个多月的时间。所谓“自海岸线至云南省会，其迂远与困难，不待言喻，而时间、运费、税捐之损失极重”，除时间外，影响滇粤经济往来还有运费高昂、捐税苛重等因素，因此，时人即谓之“但因经过广西及进入云南之税捐极重，陆运之路途又长，故亦不足为（贸易进出——笔者注）理想之路线”。② 如此一来则使传统时代的滇粤经济往来形成这样几个特点：一是两省间的直接经济交往不是特别频繁，规模相对有限；二是以互补性质较强的货物为两省经济往来最为重要的商品；三是在经济往来中，以官办或官府特许经营居于主导地位。此中，尤以乾隆十九年（1754）至嘉庆二十五年（1820）推进将近百年的滇粤“铜盐互易”贸易最为典型，③ 突出地反映了传统时代滇粤经济交往的基本面貌。

进入近代后很长一段时间，滇粤贸易基本面貌没有发生变化。鸦片战争之后五口通商直至蒙自开埠之前，洋货进入云南和云南土货出口国外，“昆明百色间驿路”仍为滇粤经济往来的主要通道，如北海关1884年的贸易报告对此就有所反映，“棉纱进口有显著进步，较去年增加了6959.39

① 陆韧：《云南对外交通史》，云南民族出版社1997年版，第305页。

② 《新纂云南通志》卷一四四《商业考二》。

③ 黄国信：《清代滇粤“铜盐互易”略论》，载《盐业史研究》1996年第3期。

担，今年进口共计 17807.30 担”，但这些棉纱“本地用得很少，大部分输入广西、云南等省，以供无数的家庭制机织造棉布之用”。① 正如外国游历者所指出的那样，“作为从东部沿海与国外贸易最偏远的西南省份，通过长江到达该省北部之前都是非常曲折的……已经丧失在商业上的价值”②，由于路途遥远，交通艰险，经两广进入云南的洋货是非常有限的。

近代之前，滇粤贸易，以“铜盐互易”来看，由于粤盐入滇主要限于滇东南的开化、广南等地，③ 输入广东之滇铜则采自滇东的东川、会泽等地，可见其影响于云南的地域空间比较有限；近代以后至蒙自开埠前，正如《新纂云南通志》所指出的那样，“云南省际贸易之途径，迤东一带与川、黔交往频繁，而以昭通、曲靖为货物聚散之中心；迤南一带则与两广、上海交易，而以蒙自、个旧为货物聚散之中心；迤西一带与康、藏发生交易，而以下关、丽江为货物聚散之中心”④，业已开放多个口岸的广东，对云南的经济辐射没有明显地得到进一步的扩展，还是主要在滇东南一带。

总之，无论是从贸易路线、贸易规模，还是从影响范围看，蒙自开放之前的近代滇粤贸易还都在传统时代徘徊。

第二节　近代云南土货进口中的广东（1889—1937）

一、《中国旧海关史料》所见近代云南的土货进口

海关贸易统计缺少关于蒙自从中国沿海口岸及其他地区进口情况的统

① “Pakhoi Trade Report, for the Year 1884”，见中国第二历史档案馆、中国海关总署办公厅编《中国旧海关史料（1859—1948）》（第 10 册），京华出版社 2001 年版，第 371 页。

② “Mengtzu Trade Report, for the Year 1889”，见中国第二历史档案馆、中国海关总署办公厅编《中国旧海关史料（1859—1948）》（第 15 册），京华出版社 2001 年版，第 573 页。

③ 〔清〕席裕福：《皇朝政典类纂》卷七六《盐法七》。

④ 《新纂云南通志》卷一四四《商业考二》。

计数据，然而根据海关贸易报告记载①，1890 年，“复进口之货即广东货，由香港东京运来者，按照条约可作为洋货，准其请领运入内地税单，本年内此货进口者约值十六万九千余两。其大宗系广东烟丝，五千九百余担，估价十三万三千余两，即占广东共来之货价十分之八。又有上等纸四百余担，估价七千九百余两。荔枝干二百余担，估价五千余两。平纸一百八十余担，估价四千余两”。1891 年，从广东进口“共值银二十万二千余两”，“较上年多一成九，其大宗仍系广东烟丝，六千余担，值银十五万余两，即占广东共来之货值银七成四，较上年多一成三”，其余则为零星杂货。1892 年，从广东进口“共值银二十六万一千余两”，比上年“多二成九，此大起色专靠广东烟丝运来者多。本年进口八千七百余担，值银二十一万五千余两，其余货物均系零星杂物”。以上三年国产土货进口分别占该年蒙自进口总值的 26.61%、21.37%和 22.75%，可见国产土货的进口虽不及洋货之多，但也不能忽视。

从 1893 年起，蒙自进口土货凡由中国香港运来者均视为洋货，因而在此之后，土货进口在海关贸易报告中缺乏具体统计，但蒙自进口烟丝“本系广东土产”，因而可以通过海关贸易报告对烟丝进口情况的描述获得一个大致的了解。1893 年，进口“烟丝不过五千八百余担，上年八千七百余担，因本省所出烟丝渐多，自然广东烟丝所用渐少”。1895 年，进口“烟丝本年一万三千余担，较上年多一千四百余担”。1896 年，进口烟丝“本年只八千余担”，其“入口之缺乏亦因云南丰收，本地烟丝甚属相宜，而广东又甚失收，价值昂贵，致令客商不敢多办”。1899 年，“进口各货比上年短少者则有烟丝，上年有八千一百余担，本年少至五千七百余担。此物本系广东土产，商人佥云进口货中惟烟丝一项颇获厚利”。1903 年，进口“烟丝较上年多增三千担有奇，以之较二十六七年，则增一万五百八十三担。将来此货恐必减色，因通海所出土烟渐次流销，利权为之所夺”。1905 年，“本地所出烟丝品

① 本节以下所述未作明确注明者均据中国第二历史档案馆、中国海关总署办公厅编《中国旧海关史料（1859—1948）》（京华出版社 2001 年版）所载蒙自海关相关年份贸易报告。

类最好，香味俱佳，以致本年烟丝进口更为减色”。1911 年，“烟丝虽比上年价值略高，而进口格外短少，本年只得两千八百四十三担，上年五千六百三十五担。西历一千九百六年七千六百九十一担，一千九百一年一万一千六百九十三担。查其短少之故，系因本省附近地方及省、蒙适中之通海所出产之烟叶渐有起色，又因纸烟进口渐多，被其搀夺所致”。

由于其他各种土货被视为洋货，在海关贸易报告中难以看出其产地和来源，以上只是以烟丝为例说明中国土货尤其是广东货经香港转运进入蒙自的情况。1917 年，国内口岸不经香港直达海防的轮船开始出现，“英美烟草公司及白礼氏蜡烛经理人，均利用直接轮船，由上海将货径运海防”，从而在海关贸易报告中又再次出现关于土货进口情况的记述。1918 年，“土货进口，本年共值关平银四十四万七千一百五十四两”，“其中以汉阳铁厂及扬子机器公司所制个壁（甓）铁路铁轨，即铁路材料占百分之九十五，此货由汉口直达海防”。从海关贸易统计蒙自历年直接对外贸易数量统计和进出口总贸易的比较可以看出，1917—1930 年，这种不经香港而由海防直接转运的蒙自与国内其他口岸间的贸易关系一直存在，占蒙自贸易额 0. 11% ~27. 79% 的份额。这就从一个侧面说明在 1917 年之前大量国产土货经香港转运而来的事实。1917 年之后，土货进口未必皆经香港，但也不可否认大多国产土货的进口仍需经香港再到海防转运而来的事实。

在蒙自关各大宗进口货物中，烟丝的进口量和进口货值，长期居于第二的位置（参表 5. 1），这充分说明国产土货在蒙自进口贸易中扮演着十分重要的角色。

总之，国产土货的进口尽管在种类和数量上年复一年可能无大变化，但这种贸易关系始终未曾中断，并构成蒙自口岸贸易的重要内容。

与蒙自关不同，思茅关、腾越关缺乏国内土货的进口。[①] 因此，从海

---

① 说思茅关、腾越关缺少国内土货的进口并不是因为海关贸易统计在 1893 年后不再将“复进口之货”单列造成。在思茅关、腾越关贸易报告中缺乏国内土货进口的相关描述，1936—1940 年中国埠际贸易统计的数据显示思茅、腾越与国内其他口岸和地区几乎没有联系（参郑友揆、韩启桐编《中国埠际贸易统计：1936—1940》，中国科学院，1951 年），都说明思茅关、腾越关是缺少国内土货进口的。

关资料看，通过口岸贸易的近代云南土货的进口是经蒙自关进行的。换句话说，蒙自关的土货进口也就是经过口岸贸易系统的云南的土货进口。

二、广东与近代云南的土货进口

在近代云南进口国产土货的过程中，广东主要扮演着以下两个方面的角色。

第一，广东是近代云南土货进口的重要来源地。

出口再转进口之货物也就是海关统计中的复进口货物，从上述海关贸易报告谓蒙自关“复进口之货即广东货”来看，蒙自关进口的国产土货即“广东货”尽管并非皆为广东所产，但以进口土货中最重要之烟丝为“广东烟丝”看，广东乃近代云南土货进口中最为重要的来源地当无疑义。如1890年，烟丝进口“即占广东共来之货价十分之八”；1891年，复进口之货“其大宗仍系广东烟丝”，“占广东共来之货值银七成四，较上年多一成三”。仅烟丝一项即不难看出广东货在云南土货进口中的重要地位，而以烟丝占云南进口土货如此之高的比重，则在很大程度上反映出广东货在云南土货进口中几乎居于完全垄断的地位。

当然，以上只能说明个别年份的情况，笔者通过对相关海关统计数据的整理，则进一步发现这种情形并非偶然发生，而是近代滇粤经济往来的基本面貌。如表5.1，在棉纱、棉花、烟丝、煤油、纸等蒙自大宗进口商品中，烟丝进口平均占蒙自关进口11%的份额，仅次于棉纱，是蒙自关最为重要的进口商品之一，而蒙自关进口的烟丝也就是“广东烟丝”，若再加上除烟丝之外其他从广东进口而来的货物，充分说明广东是蒙自关进口商品最为重要的来源地之一。

表5.1　1889—1904年蒙自部分大宗进口商品货值占总进口额百分比表

年份	棉纱	棉花	烟丝	煤油	纸	年份	棉纱	棉花	烟丝	煤油	纸
1889	33.59	8.86	17.29	0.43	6.69	1891	37.97	7.48	15.89	0.16	2.18
1890	41.20	5.14	20.97	0.03	2.01	1892	54.67	7.23	18.79	0.09	1.14

（续表）

年份	棉纱	棉花	烟丝	煤油	纸	年份	棉纱	棉花	烟丝	煤油	纸
1893	72.63	3.37	9.80	0.10	0.29	1899	71.98	0.03	3.92	0.24	0.94
1894	53.87	6.42	16.57	0.19	2.48	1900	59.71	0.04	9.29	0.54	0.87
1895	72.02	3.34	12.99	0.20	0.73	1901	62.45	0.03	8.27	0.91	0.67
1896	69.00	1.06	10.97	0.22	1.44	1902	67.18	0.04	5.10	1.65	0.71
1897	74.92	0.38	8.38	0.12	0.85	1903	54.62	0.08	7.12	0.68	0.94
1898	74.72	0.47	7.44	0.31	0.83	1904	61.54	0.07	4.03	0.60	1.17

资料来源：据《中国旧海关史料（1859—1948）》（京华出版社 2001 年版）相关年份数据计算。

第二，在近代云南土货进口中，广东起着重要的中转作用。

海关贸易报告称蒙自关“复进口之货即广东货”并不意味着其全部为广东所产，在海关贸易报告中径称蒙自关进口烟丝为“广东烟丝”，而其他“零星物件”“其余零星货物”均没有特别交代其来源地则在一定程度上就说明了这一点。如 1890 年复进口货物中的纸、荔枝干、平纸等总计占该年蒙自关复进口货值的五分之一，与占五分之四的“广东烟丝”相对应却并没有说明其来源地即从一个侧面反映出这些货物很可能是来源于广东之外的其他地方。那么，除“广东货”之外，其他国内土货运入云南，广东或具体一点讲应该是广州、汕头等口岸起着重要的中转作用。

而正如前文所说，从广东运入云南的货物，除了像烟丝这类本就产自广东的货物外，还包括从其他省区经广东口岸出口复又进口到云南的商品。以广东口岸的腹地范围及其与国内其他口岸间的贸易链来看，[1] 蒙自开埠后滇粤贸易间接地促进了云南与广西中东部地区、浙东南地区、福建

① 方书生：《口岸开放与晚清经济区的形成——岭南经验以及全国尺度》，载《云南大学学报（社会科学版）》2006 年第 4 期；毛立坤：《香港与内地的贸易关系（1869—1904）》，载《安徽史学》2005 年第 5 期。

部分地区的联系。沪滇之间，“由上海输入之物品为棉纱、匹头、烟类、磁器、纸张等，由云南输出之物品为茶、药材等”①，而在蒙自开埠后，沪滇、粤滇贸易除烟丝等少数商品外，基本上均经越南海防进行，而在进入海防之前，广东往往又是必经之地，从此种意义上说，滇粤贸易即包含了经广东中转的沪滇贸易。

三、从蒙自关的腹地范围看蒙自开埠后广东对云南的经济辐射

既然在蒙自开埠后，广东与云南的经济联系主要是经蒙自进行的，那么，通过对近代蒙自关的腹地范围的描画，则可以从一个侧面反映出蒙自开埠后广东对云南的经济辐射状况。

如前文所述，尽管近代云南三关的腹地范围，因其相互间的竞争，不断发生变化，② 但其基本格局与万湘澂描述的 20 世纪 30 年代的三关的贸易范围大体一致。万湘澂指出：“在云南地图上，通过缅宁、弥渡画一直线与上述直线相交（由丽江石鼓镇画一直线至石屏县城——笔者注），这条线的西北是云南西北部，这条线的东南，与上述直线间的锐角区域内，是云南的西南部。就对外贸易上说：西北部大体上是腾越口的贸易范围，这个区域内的商品，多数由腾越口进出。西南部大体上是思茅口的贸易范围，商品多由思茅口进出。在两直线交点以下，石石直线以东，是云南的东部，大体上是蒙自口的贸易范围，商品多由蒙自口进出。”③

如果对万湘澂的描述从行政区上作一界定的话，也就是说昭通府、东川府、曲靖府、云南府、武定州、楚雄府、澄江府、临安府、广西州、开化府、广南府是蒙自口的贸易范围；丽江府、永北厅、大理府、腾越厅、永昌府、蒙化厅、顺宁府为腾越的贸易范围；景东厅、镇沅州、普洱府、

---

① 《新纂云南通志》卷一四四《商业考二》。

② 详参张永帅：《空间视角下的近代云南口岸贸易研究（1889—1937）》第二章第一节，中国社会科学出版社 2017 年版。

③ 万湘澂：《云南对外贸易概观》，新云南丛书社 1946 年版，第 31 页。

元江州归思茅的贸易范围。除此之外，根据海关贸易报告的描述，经蒙自关并以蒙自关为主要贸易通道的地区还包括贵州的兴义府、普安厅，四川的宁远府则为蒙自关与腾越关的混合腹地。

如前所述，蒙自开埠前广东对云南的经济辐射主要在滇东南一带。而从上文不难看出，蒙自的腹地范围，包括滇东南地区，又大大突破了滇东南地区的范围，是近代云南三关中腹地范围最大的口岸，这从侧面说明，随着蒙自的开埠广东对云南的经济辐射空间有了较大的拓展。蒙自开埠以前，滇粤经济交往商品结构相对单一、交往层次较低，蒙自开埠后，广东成为云南进口货物重要来源地，仅烟丝一项就常占蒙自关进口货物五分之一的份额，这又充分说明蒙自开埠后广东对云南的经济辐射不仅在辐射面上有了较大的扩展，辐射力度也大为增强。需要指出的是，参考相关研究可以发现，[①] 在进出口贸易上，云南并非广东的重要贸易对象，换句话说，在近代滇粤经济交往的过程中，云南对广东的依赖要远远大于广东对云南的依赖，而从以上论述可知，云南对广东的贸易依赖主要为进口依赖，云南属于广东出口贸易的辐射范围。

综上，笔者认为，在蒙自开埠后，广东成为云南进口商品的重要来源地，在近代云南对外贸易中扮演着十分重要的角色，广东对云南的经济辐射范围扩大了，辐射力度增强了，滇粤经济交往已经大大突破因为空间距离的遥远而产生的重重阻隔，进入了一个不同于以往的新时代。

第三节　香港贸易网络与近代滇粤贸易的演变

以上近代滇粤经济交往新景象的形成，是以蒙自开埠为重要条件，通过香港区域性贸易网络实现的。

① 方书生：《近代岭南商埠格局的变迁（1843—1939）》，载《中国历史地理论丛》2004 年第 2 期；《口岸开放与晚清经济区的形成——岭南经验以及全国尺度》，载《云南大学学报（社会科学版）》2006 年第 4 期；《中国近代经济地理 · 华南近代经济地理》，华东师范大学出版社 2015 年版。

一、香港贸易网络

以其区位来看，“在亚洲的大华南地区中，香港发挥了连接海洋和沿海、沿海和内陆、大陆和岛屿、半岛和海洋、远隔地交易和近海交易等各种作用。可以说，经香港制造了各种腹地的联系”。因此，早在朝贡贸易时代香港便是“南海贸易中的一个中转港”。在1840年以后，正如滨下武志所指出的那样，香港在中国对外贸易中的地位愈益突出，“根据海关的统计数字……香港，在1870年代以后，出入口都一直占着首席位置。当然，香港没有自己的产品，也不是大的消费市场。它只不过是一个转口港……但是，它表现出中国最大的出入港的机能”①。在香港成为中国最大的转口港的过程中，逐渐构筑起了一个以香港为中心的跨国性区域网络，根据滨下武志的研究，这一网络主要由香港和受香港辐射的八大区域即“从香港和华南往华中的沿海地方”“香港的直接性腹地，是从广东省南部眺望华南的珠江三角洲地带”“西南中国，这个腹地从香港经贵州或云南去到四川”“东南亚北部及大陆地区”“东南亚半岛及其岛屿”“南海的广阔海洋地区”“台湾”“日本、韩国、西伯利亚、俄罗斯、中国东北部地区”构成。②

二、香港贸易网络与近代滇粤经济交往

香港是其以上诸多腹地的“入口”，这些地区同受香港的辐射，但这些地区之间的经济往来是直接进行的，还是要经香港的连接与中转呢？作为香港的腹地，近代广东与云南的经济往来，从理论上讲，既可以经广西、贵州，无须迂回进行，也可以经海路绕道香港、越南进行，从空间距离看当以前者为常态，但事实恰恰相反，其原因就在于与成本相联系的运

---

① ［日］滨下武志著，马宋芝译：《香港大视野——亚洲网络中心》，香港商务印书馆1997年版，第41、129、58页。

② ［日］滨下武志著，马宋芝译：《香港大视野——亚洲网络中心》，香港商务印书馆1997年版，第35～38页。

输条件方面后者具有前者无可比拟的优势。

正如亚当·斯密在论述航海贸易的重要性时所指出的那样，“水运方式为各式各样的产业打开了一个更为广阔的市场，而这样的市场是陆路运输无法支撑的”，所以，自从航海时代以来，世界各地经贸的发展在很大程度上取决于其可资利用的水上运输特别是海上运输的条件。① 然而，云南是一个没有直接出海口的省份，因此，要想利用海洋运输，云南就不得不以邻省、邻国的港口为出海口。在邻省、邻国的诸多海港中，离云南最近的是越南的海防港，从云南出发利用红河水道可直通海防。

但是，海防并非云南对外贸易的终点，从区域的视角看，真正左右云南对外贸易的是香港，海防与蒙自都是构成香港贸易网络的节点，当然，与海防相比，蒙自是更为边缘的一个节点。这是因为“中国各通商口岸除北海、海口两埠外，无与东京轮船直达者”②，东南亚各港口也往往与香港直接通航，大多情况下海防需经香港的中转才能实现与其他港口相联系。也就是说，海防在很大程度上扮演的是香港支线港的角色，是香港贸易网络中的一个节点。与此相应，蒙自则是经海防，通过红河将其连接起来的——香港贸易网络的另一个节点。所谓“云南一地极处高壤，毗连香港海防漾贡三派市场之首，故销各货全由蒙自再行分运省中销场处”③，便很好地说明了蒙自作为香港贸易网络在云南境内节点的作用。

一方面，正如相关研究所认为的那样，“云南受交通状况阻隔，农产品难以外运，与省外市场特别是国际和国内各省区间商品运销网络联系稀

---

① ［英］G. L. 克拉克、［美］M. P. 费尔德曼、［加］M. S. 格特勒主编，刘卫东等译：《牛津经济地理学手册》，商务印书馆 2005 年版，第 170 页。

② 《宣统三年蒙自口华洋贸易情形论略》，见中国第二历史档案馆、中国海关总署办公厅编《中国旧海关史料（1859—1948）》（第 57 册），京华出版社 2001 年版，第 449 页。

③ 《光绪二十六年蒙自口华洋贸易情形论略》，见中国第二历史档案馆、中国海关总署办公厅编《中国旧海关史料（1859—1948）》（第 32 册），京华出版社 2001 年版，第 285 页。

疏”①，云南要实现与包括广东在内的东部地区的经济往来非常困难。另一方面，与在国内直接采办土货相比，通过香港以复进口的方式采办国产土货之优势在于：中国香港是与内地、东南亚、日本相联系的重要港口，大量的土货汇聚香港，有丰富、稳定的货源；香港是自由港（有一个发展过程），相对于在内地直接采办，在香港采办土货手续更简便，效率更高。而蒙自的开埠与近代滇港交通的改善，则为云南以香港为中转实现与国内其他地区特别是东部地区的往来提供了条件。

如前文所述，早在蒙自开埠之前，红河就已经成为云南对越南的主要贸易通道，法国在中法战争之后要求开放蒙自就是看中了这一点。1871年、1873年，法国商人堵布益两次经红河的航运，发现红河为滇越之间通航要道，因此，“关于以何道路联络半岛的内部与海岸”，法国开始主张“以东京的江（即红江）的流域为出海口。由此道路，云南的出产可以到达海边，再向法属西贡的海口运输”。② 蒙自开埠后，经海防到云南的商路以其无比的优越性焕发出前所未有的生机，成为云南对外贸易最为重要的贸易通道。

海防至省会，经过旅程如下：海防至河内，汽船运一日；河内至老街，舢板运十二日；老街至蛮耗，舢板运七日；蛮耗至蒙自，牲口运三日；蒙自至云南府，牲口运九日。共计四十日。当时蒙自、蛮耗间原有康庄大道，可见该路线以往之繁荣，盖不但运输时间可以减短，而且越南之通过税最多不过从价百分之五。商品只需在蒙自关一次缴纳进口税，即可在省内通行无阻达四川之边境，故实为最便利之通商路线。且水运下行，自蛮耗至河内，十二日至十五日即可到达，对于土产出口益加有利。③

可见，海防一途之优势不仅在于用时短，还在于费用低，交易效率实较他途为高。这还是滇越铁路开通之前的情形，滇越铁路在1910年全线通

---

① 戴鞍钢：《晚清至民国云贵鸦片的产销路径》，载《史林》2010年第5期。

② 姚贤镐编：《中国近代对外贸易史资料（1840—1895）》（第2册），中华书局1962年版，第706～707页。

③ 《新纂云南通志》卷一四四《商业考二》。

车后，运输时间进一步缩短，从海防直达昆明全程仅需四日的时间，① 运输效率也由此得到进一步提高，使此线之优势进一步提升，云南进出口货物大半通过此途进行。也正因为这样的原因，在蒙自开埠后，香港成为蒙自进口商品最重要的来源地和出口商品最重要的销售地（参表5.2）。而在云南从香港进口商品中，其中就有相当部分是国内其他口岸出口到香港的国产土货。

表5.2 1889—1912年香港市场占蒙自进出口比重表

年份	进口	出口	年份	进口	出口
1889	74.31%	82.97%	1900	96.09%	80.75%
1890	83.70%	85.28%	1901	96.79%	81.96%
1891	83.54%	88.17%	1902	94.33%	91.74%
1892	87.25%	87.24%	1903	79.31%	84.06%
1893	92.80%	83.45%	1904	86.32%	70.02%
1894	88.38%	82.02%	1905	78.00%	73.00%
1895	93.03%	79.52%	1908	70.00%	83.00%
1896	94.73%	84.20%	1909		86.00%
1897	96.89%	81.95%	1910	64.69%	95.00%
1898	96.63%	83.17%	1911	65.00%	97.40%
1899	97.93%	83.20%	1912		96.44%

资料来源：据《中国旧海关史料（1859—1948）》（京华出版社2001年版）相关年份数据计算。

而根据毛立坤的研究，香港对两广地区的进出口贸易大体发挥了五种功能：大宗洋货的采购市场和改制地，特货（鸦片、军火等）走私中心，

① 《新纂云南通志》卷五七《交通考二》。

大宗土货输出地和精加工地，侨需品贸易的重要转口港，土货绕道贸易的转运站，此外，香港还是大宗洋货和华南土货北销闽台地区的集中输出地，同时也是闽台地区若干类特色土货转口海外市场的中转港，对浙江对外贸易也有一定影响。作为转口港，正如20世纪初西方学者Dingle指出的那样，“香港的重要性体现在两个方面：香港是西太平洋上的转运中心，香港也是往来广东贸易的焦点，控制着扬子江流域南部绝大部分地方的商业”，除闽台和广西的部分地区外，其他地方与香港的贸易几乎均需经过广东的港埠/口岸进行。① 以广州口岸为例，其出口货物主要销往香港（参表5.3），这些销往香港的商品其中就包括了上述作为蒙自重要大宗进口商品的烟丝等物（参表5.4）。除广州外，拱北、三水、江门等广东口岸对港贸易也以香港为主要贸易对象：既是其土货出口的主要销售地，也是其进口洋货的主要来源地。

表5.3　香港市场占广州口岸进出口贸易百分比表

年份	进口	出口	年份	进口	出口
1874	99%	61%	1896	99%	85%
1885	99%	80%	1904	98%	90%

表5.4　广州出口香港杂货品目表

类别	品　名
食品	荔枝、龙眼、蜜饯、良姜、腌制品
日用品	竹器、陶瓷器、衣服、扇子、草帽、漆器、玻璃制品、烟草、夏布
其他	砒霜、藤料、草编制品、靛蓝、铅、药材、纸张、樟木棋子

① Edwin John Dingle, ed., *The New Atlas and Commercial Gazetteer of China*, 2nd ed., trans. and comp. Far Eastern Geographical Establishment Staff (Shanghai: North-China Daily News & Herald, Ltd., 1917), 12.

由此可见，大量来自广东和广东附近地区的土货经广东口岸出口到香港，以香港为中转地再出口到世界各地；而蒙自从香港进口货物当中，就包括了相当数量的土货，其中最主要的就是来自广东的烟丝等商品。换句话说，近代滇粤贸易主要不是两地之间的直接贸易，而是以香港中转的间接贸易，滇粤经济交往恰恰就是通过香港贸易网络实现的。

综上所述，我们可以认为：传统驿路时代，受空间距离与交通条件的限制，滇粤经济往来不多，影响有限；蒙自开埠后，广东成为云南口岸进口土货的主要来源地，以烟丝为代表，土货进口在蒙自进口中占有较高的比重，滇粤经济交往显著增强。这是因为，蒙自开埠后云南成为香港贸易网络的组成部分，与同为香港贸易网络组成部分的广东，主要通过香港的中转便于实现两地间的贸易往来。近代以来逐渐构筑起来的香港贸易网络是滇粤经济交往发生变化的空间动因。这是本书的基本结论。除此之外，结合本书的研究，笔者以为可以对以下两个问题稍作讨论。

一是我们应该从多个维度看“距离”一词的含义。从空间上看，广东与云南之间的距离应该说还是比较远的。也正因为相距较远，驿路时代两地贸易往来规模有限而且结构单一，对彼此的影响局限于特定的一些地方。通过对近代云南进口土货系由广东而来这一事实及其成因的分析，可以发现因为蒙自的开放，经香港、海防或径经海防的交通线成为滇粤经济往来的主要通道，从而改变了滇粤经济交往的地理格局，密切了滇粤经济关系。在这一过程中，云南和广东的地理位置并没有发生变化，即空间距离没有发生变化，但因交通的改变从而使“时间”意义上的“距离”发生了变化，又因运费的节省而使成本意义上的“距离”发生了变化。总之，“距离”一词除了客观上可以度量的“远”与“近”即空间意义上的距离外，还有决定于沟通两地间交通便捷程度的“时间”意义上的距离，还有因为“陌生”或“熟悉”而呈现出“遥远”或“亲近”认识的“感觉”意义上的距离。无论任何地方之间，第一个意义上的“距离”显然是不可改变的，而后两个意义上的“距离”则会随着相关因素的变化而变化。云南与广东在近代经济往来上发生的变化，就是因口岸开放，交通格局发生变化，从而使时间意义上的“距离”发生变化的一个具体的案例。

二是有必要对省际贸易与对外贸易的关系重新审视。从国家的视角看，云南与广东的贸易固然属于省际贸易，但这种省际贸易不是在中国国家范围内实现的，而是跨越国家界限，通过国际贸易通道实现的，是一种典型的出口转内销的贸易类型。出口转内销是对外贸易的一种常见形态，这就从一个侧面说明，在特定的条件下省际贸易与对外贸易并非性质完全不同的贸易过程，而是整个贸易过程的不同阶段而已。云南与广东之间的省际贸易，之所以在蒙自开埠后演变为香港（英占）与中国内地、香港（英占）与越南之间的国际贸易，在根本上，是香港贸易网络这一跨国性“区域”市场作用的结果，而跨国性区域市场网络的构筑是经济全球化的重要表现之一，因此，对省际贸易与对外贸易的关系，我们应该将其置于全球史的视角之下加以重新认识。

第六章 对外贸易与近代云南地域性商人群体

第一节 对外贸易与近代云南的商帮

一、云南本地商人群体的兴起

受地理环境与经济发展水平的制约，云南商业素不发达，云南本地人以商为业者向来较少，对此，《新纂云南通志》的分析可谓全面、深刻："商业之发达与否，盖与时代、民生环境胥有密切之关系，而云南商业自古不振，其故可得而言：地处边徼，与中原窎隔，一也；虽蕴地宝，开发者寥寥，二也；农产自给，又隔海洋，远不俟他求，三也；民风纯朴，不工操奇计赢之术，四也。凡此四端，可概其余。"① 由于各地民众普遍"不治末业"或"人鲜逐末"，云南本地商人人数少，不成组织，影响有限，清中叶以前，云南商业长期为省外各大商帮把持，"在清中世，外省商之贸易于滇者，最早为江西帮，湖南帮之笔墨庄、磁器庄，四川帮之丝绸、玻璃、烟叶等，其世业有相沿至今者。江西帮之万寿宫遍于各地，其后则有两广帮、北京帮相继而来。今省会塘子巷、状元楼、南较场一带，皆昔日商业繁盛区域。金碧路旧名广马街，即广商汇集所在"。② 但与此同时，在外省商贾的熏陶下，云南各族人民的商业意识不断增强，经商或兼事商业之人逐渐增多，特别是一些交通孔道和有一定发展基础的地方，本地商

① 《新纂云南通志》卷一四三《商业考一》。
② 《新纂云南通志》卷一四三《商业考一》。

人势力显著增强，大理便是如此，“大理一县自洱东一带地割设宾川后，面积愈形狭隘，清雍、乾、嘉、道间，人口繁众，生计日艰……穷则思变，于是合群结队，旅行四方。近则赵、云、宾、邓，远则永、腾、顺、云，又或走矿厂、走夷方，无不各挟一技一能暨些须资金，以工商事业随地经营焉。迨及岁暮，联翩归来，春酒炰羹宴乐亲旧。正月既交，联翩复出，若是者岁以为常”①。尽管如此，云南本地商人群体的真正兴起是清中期以后的事，是咸同回民起义影响的结果，也是对外贸易发展的产物。

咸同年间的回民起义，前后长达十六七年，影响商业发展甚巨，如鹤庆，“自咸丰初年至同治年间……鹤邑兵厄尤甚，商业停止，为商业黑暗时期”②，外省商人受到重创，“金碧路旧名广马街，即广商汇集所在，咸同之乱，摧毁甚大”，于是，纷纷撤出云南，此为云南本地商人兴起的重要契机，鹤庆、喜洲等地商人由此得到发展。

随着对外贸易的发展，特别是蒙自、思茅、腾越等地的相继开放，云南本地商人除经营国内贸易外，纷纷经营对外贸易，“过去下关的商号主要经营农产品、土特产品、山货、药材、茶叶等，而此时不仅经营传统商品，而且还经营洋货，绝大多数大商号以洋货为主打品牌，特别是以经营瓦花、洋纱、洋布的商家数量较多”③。在此过程中，云南本地商人群体进一步增大，实力进一步增强，逐渐形成以血缘为纽带的地域商帮，“至本省商民，则有腾冲帮、鹤庆帮、大理帮，经营于缅甸；临安帮经营于香港，其他各县城镇，以其地之广狭、人口之多寡、交通之便利与否，各为等差”④。近代云南地域商帮，大致可分为滇南商帮和滇西商帮两大群体，滇南商帮经营业务主要与滇越贸易相关，滇西商帮则主要经营滇缅贸易。

---

① 民国《大理县志稿》卷六。

② 民国《鹤庆县志》卷二《建置志》。

③ 薛祖军：《喜洲商帮》，云南人民出版社 2013 年版，第 44 页。

④ 《新纂云南通志》卷一四三《商业考一》。

二、滇越贸易与滇南商帮

滇南商帮主要包括建水、蒙自、个旧等滇南地区的商号，主要有“泰来祥”“东美和”“正顺昌”“朱恒泰”“豫顺隆”“运天昌”“万盛昌”“顺成”等行庄，主要围绕滇越贸易开展业务，主要从事个旧大锡和其他土特产品的出口，进口外国棉花、棉纱、布匹和其他百货，① 其业务所涉地域范围与蒙自关的腹地范围大致相当，包括临安府、普洱府、开化府、广南府、澄江府、云南府、楚雄府、曲靖府等所属的几十个州县，可以说云南东部地区基本上是滇南商帮的天下。

滇南商帮大致可分为建水帮和蒙个帮。建水地处滇越交通要道，商业向来较周围其他州县发达，而随着个旧矿业的发达，到个旧开矿的建水人日渐增多。在开矿的同时，一些矿老板把资金投入流通领域，兼事商业，特别是在蒙自开埠后，建水商人大多进行对外贸易，“建水有牛街子、狗街、岔科街等，商货多来自蒙自，运往江外土司”②，来自蒙自的货物主要为进口的洋货，包括洋纱、洋布、洋靛、煤油、烟草等，出口货物除了个旧的大锡外，还有从各地收来的土特产品。由此，建水商人逐渐发展成滇南较有影响力的商帮，其中，“朱恒泰”和“正顺昌”为建水帮的主力，除在蒙自设有总号外，还在香港、昆明、个旧、建水等地设有分号，曾为执滇越贸易牛耳者，将大锡、茶叶、皮革、猪鬃、火腿等经越南运销香港，再购回棉纱、百货转销各地。滇越铁路通车后，建水在滇越贸易中的中转地位下降，同时，由于滇越铁路不经蒙自，蒙自的贸易地位由此受到影响，以蒙自为主要依托的建水帮自然会受到影响，建水帮由此逐步衰落了。

蒙个帮是在个旧大锡开发和蒙自进出口贸易中兴起的地域商帮。蒙自原为滇南对外贸易中心，特别是在其开关后，因国际、省际贸易逐渐发

---

① 罗群、罗敏：《话说滇商》，中华工商联合出版社 2008 年版，第 97 页。

② 《新纂云南通志》卷一四三《商业考一》。

达，商业日趋繁荣。一些蒙自人借此地利之便经营商业，逐渐成为有影响力的地域商帮。在滇越铁路开通以前，个旧大锡是经蒙自出口的，个旧商人便是以经营大锡出口与蒙自贸易而发家的。蒙自、个旧商人出口大锡、普洱茶、皮革、猪鬃、火腿等，进口棉纱、布匹、呢绒、海味、烟丝及各种机制日用品，主要商号有“司裕”“广昌和”“天德和”“福顺昌”“亿昌”“裕昌”“顺成”等①。

三、滇缅贸易与滇西商帮

滇西商帮包括喜洲商帮、鹤庆商帮和腾冲商帮，其主要围绕滇缅贸易，从事滇藏贸易、滇川贸易与滇缅贸易的经营，主要商号有“永昌祥”“兴盛和”“恒盛公”“鸿兴源”“复春和”“洪盛祥”“茂恒”“永茂和”等，其业务所涉地域范围与腾越关的腹地范围大致相当，包括四川宁远府、永昌府、大理府、丽江府、顺宁府等所属的几十个州县，含括川西南、滇西、滇西北地区，辐射藏东南地区。

喜洲西倚苍山，东临洱海，土地狭促，人口繁众，因此，除耕地种田外，喜洲人向有以读书和经商谋生存的风气，“喜洲自古以来一惯重视经商和读书，并把经商和读书作为一个人成名成家的主要目标。由于人口多，耕地少，恰恰反过来推动了工商业发展和重视科举考试的新风气……读书和经商形成了支撑其生活的拐杖，也为改变自己的命运和解决剩余劳力提供了一条出路”②。下关位于滇藏、滇缅和东通昆明的交通要道，“因而自明清以来，下关便逐渐成为迤西的物资集散地”③，长期以来，喜洲商人则以下关为主战场，主要经营滇藏贸易和滇川贸易，经营的商品主要为农产品、土特产品、药材、茶叶等。随着腾越的开放，对外贸易的发展，

---

① 罗群、罗敏：《话说滇商》，中华工商联合出版社2008年版，第99页。

② 赵勤：《“喜洲商帮”的形成及对地方的贡献》，见《大理市文史资料》（第13辑），2006年，第84页。

③ 梁冠凡调查整理：《下关工商业调查报告》，见《民族问题五种丛书》云南省编辑委员会编《白族社会历史调查》（一），云南人民出版社1983年版，第123页。

喜洲商人除经营传统贸易外，也开始纷纷开展进出口业务。他们起初还只是主要依靠腾冲商人间接从事对外贸易，而随着其实力的增长，越来越多的喜洲商人便自行经营起了滇缅印贸易，到缅甸、印度等国设立商号，其经营重心开始转移到滇缅贸易，昔日的滇藏贸易、滇川贸易退居二线，成为对外贸易的补充，① 将四川的黄丝、西藏的药材等经腾越关出口缅甸，又从缅甸进口棉花、棉纱等物向内地销售。

鹤庆，一方面，北通丽江、中甸，直达康藏，南经大理与下关连接，东经省城昆明，西经保山、腾冲可至缅甸，还可经永胜而达四川西昌等地，地理位置十分优越，另一方面则土地比较贫瘠，出产有限，② 从而造就了鹤庆人"喜治商业"的特点，"鹤庆人民富于经商性质，以商业为主体"③，"四民自农业无一家不务外，大率商什之六，士什之三，工则仅什之一而已"④。与喜洲商人一样，鹤庆商人原本也主要是经营滇藏、滇川贸易的，但随着蒙自、腾越等地的开放，洋货大量输入滇境，"惟吾邑自咸同以前，初无所谓洋货。光绪初，洋货始渐输入，洎越亡于法，缅沦于英，于是洋货充斥。近则商所售，售洋货；人所市，市洋货。数千年来之变迁，未有甚于今日者"⑤。受此影响，鹤庆商人开始转向以经营滇缅贸易为主，并通过对外贸易，将原先相对独立的滇藏、滇川、滇缅贸易有机结合，形成以下关为中心，连接国内贸易与国际贸易的贸易网，"一由中甸、维西、兰坪、阿墩、川边之巴塘、里塘以及西藏属地购羽毛、皮革、药材及各种山货，其大宗者麝香、黄连、贝母，运至滇省，由铁路转运香港，达广东，迄于上海、汉口，复由上海购绸缎、丝杂、金镑、页金，或由香

---

① 薛祖军：《喜洲商帮》，云南人民出版社 2013 年版，第 45 页。

② 赵启燕：《鹤庆商帮》，云南人民出版社 2013 年版，第 6～7 页。

③ 杨金铠编著，高金和点校：《民国鹤庆县志》，云南大学出版社 2016 年版，第 67 页。

④ 杨金铠编著，高金和点校：《民国鹤庆县志》，云南大学出版社 2016 年版，第 29 页。

⑤ 张培爵等修，周宗麟等纂：《大理县志稿》卷六《社交部·附论商务之变迁》，民国五年（1916）铅字重印本。

港购洋纱、页金运至滇省，其金镑、页金运至下关，转运至缅甸仰光销售。一由缅甸仰光购洋纱、洋布，转运迤西及川省剑南所属地。一由成都及川道产丝最旺各地方购条丝、改丝，运至下关，转运至缅甸销售。一由缅甸开汇兑票达香港、广东省城、上海。一由下关购山货运销西、炉，售出金钱则汇成都，购丝转运回滇”①。

腾冲地当滇缅交通要冲，为滇缅贸易必经之地，“腾越去京师万里，为滇西极边要地，厅治幅员辽阔，外环土夷，交通缅猛，向来珍异岔（坌）集，商贾之捆载前来者，辐辏于道”，因此，腾冲素多经商之人，市场颇为繁荣，“而此邦人民亦多工计然、陶朱之术，以故市镇乡场栉比鳞次，洵西南一巨区也”。② 腾冲商人长期所经营货物，进口以从缅甸采购玉石、棉花等物为主，将玉石加工后销售内地，棉花或直接销售内地，或织成布向各地销售；因缅甸气候炎热，其民喜衣丝绸，故出口缅甸之货则多为从川、滇各地采购之丝绸和丝绸制品为主。在印度、缅甸先后沦为英国的殖民地后，滇缅贸易开始发生变化，产自印度的棉纱逐渐成为缅甸经腾冲出口云南的重要商品，而在腾冲开埠后，世界各地的商品经缅甸仰光纷至沓来。随着腾冲贸易的快速发展，腾冲商人实力迅速增强，一时间，腾冲县城有大小商号数百家，财力雄厚的商号亦有数十家，因在对缅贸易中拥有地利之便，在滇西三大商帮中，长期是以腾越帮为首的。

第二节　对外贸易与近代云南主要商号的兴衰

一、顺成号

近代的滇南商帮以“泰来祥”“东美和”“正顺昌”“朱恒泰”“豫顺隆”“运天昌”“顺成”“万盛昌”为八大行庄，其中以“顺成”历史最久、招牌最响、实力最强。“顺成”成立于1897年，由蒙自豪绅周柏斋、

---

① 赵启燕：《鹤庆商帮》，云南人民出版社2013年版，第35页。

② 〔清〕陈宗海修，赵端礼纂：《腾越厅志》，清光绪十三年（1887）刊本。

周厉斋兄弟创办。蒙自周氏乃地方豪绅，清季，家族中考中举人、进士者数人，亦官亦商，在当地很有实力，而这既是其发家的重要原因，也是其长期屹立不倒，“数十年间屡蹶屡起，直到解放前夕还有某些业务照常进行”的重要原因。① 滇越铁路开通以前，蒙自—蛮耗间货运主要依靠马帮，随着对外贸易的发展，改良路况成一时之需，“顺成”借机以维修马路为名抽收马柜捐，每驮抽收一两五钱。当时蒙自—蛮耗间往来骡马络绎不绝，“马柜捐之收入为数不赀，但极多数均饱‘顺成’私囊，其用于维修马路者不及十之一也”。此乃“顺成”起家资本重要来源之一，另一资本来源则是攫取平粜羡余。蒙自平粜，原系官督绅办，其资金为库款拨支，原承办者马俊选办理得法，年有羡余。“顺成”觊觎其利，将平粜事务攫取，委于李忠办理，而自己则掌握实权。当李忠接办平粜之际，平粜羡余合银一万余元，而不久平粜事务停办，是项羡余则被“顺成”攫取。②

“顺成”的主要业务分为采矿和贸易两个方面，而采矿从根本上讲，也是其贸易的组成部分，因为其在个旧设厂开采大锡主要是为了在大锡出口中拥有主动权，获得更大的利润。“顺成”“在古山（草皮矿）、红土坡、全庄、麒麟山、马鹿塘等处拥有厂位，而以古山草皮矿极旺，“顺成”又在个旧设立炉房，从事炼锡”③，其买卖锡砂采用的方法极为高明，“一方面，凭借后台老板的面子，拉拢‘客号’（收购大锡的客商，多数为广人，直接运香港销售），可以先取价款，后交大锡。另一方面，则控制‘厂户’（凭借资本雇佣工人生产矿砂），预行放款定砂”④，从而获利相当丰厚。除经营大锡出口外，“顺成”还积极与外国洋行联手，推销外国商

---

① 吴溪源：《顺成号发家概略》，见《云南文史资料选辑》（第 9 辑），1965 年，第 114 页。

② 吴能清：《我所知道的蒙自顺成号》，见《云南文史资料选辑》（第 9 辑），1965 年，第 105 页。

③ 吴能清：《我所知道的蒙自顺成号》，见《云南文史资料选辑》（第 9 辑），1965 年，第 107 页。

④ 吴溪源：《顺成号发家概略》，见《云南文史资料选辑》（第 9 辑），1965 年，第 118 页。

品，代理海防法商普利洋行，垄断该行入口棉纱的销售权；代理亚细亚水火油公司，垄断该公司在滇南蒙自、个旧、临安、石屏等地之水火油销售权。在当时的云南市场上，洋纱需求量较大，水火油的需求也是持续增长，"顺成"因其垄断优势而获取了高额利润。与此同时，"顺成"还经营鸦片贸易，或偷运出口，或运到广西等地销售，是其"大宗"生意之一。

"顺成"的兴起、发展与蒙自贸易密切相关，蒙自贸易的持续增长是其生意越做越大的主要原因，该号成立于蒙自开埠数年之后，旋成立，即积极通过蒙自、蛮耗、河口商道经营香港贸易，号称港帮。滇越铁路修通后，滇港贸易发展迅速，其后个碧石铁路的修通，则可使大锡径经火车运输出口，从而进一步促进了大锡的出口，"顺成号因利乘便，更扩大其贸易，营业蒸蒸日上，盖已浸成滇南首屈一指之巨商矣"①。但是，"顺成"的商业帝国是构筑在亦商亦官、由商而官的基础上的，"顺成号富甲滇南，然而它并不知足，进一步向官场发展，以保障其财富"。周氏家族前后两代人不少进入官场，积极参与地方政治事务，这为"顺成"的发展提供了一定的政治保障，但是，那时的云南官场阴晴不定，政治极为动荡，"顺成"的生意也便不得不随政治形势的变化而起伏，以至于在政局变动的漩涡中走向了衰落。1930 年，周子荫、周子庄弟兄两人受顾品珍牵连，曾被蒙自道尹江映枢逮捕解省，囚禁在五华山卫士队将近一年，后被龙云罚款 20 万元旧滇币而获释。周子荫、周子庄释放后，周氏兄弟即以分伙收场，周家的生意虽没有因此完全丧失，但已大不如前，只是残喘到中华人民共和国成立前罢了。②

二、永昌祥

"永昌祥"是喜洲帮的头号商号，也是滇西商帮历史最为悠久的商号

---

① 吴能清：《我所知道的蒙自顺成号》，见《云南文史资料选辑》（第 9 辑），1965 年，第 105 页。

② 吴能清：《我所知道的蒙自顺成号》，见《云南文史资料选辑》（第 9 辑），1965 年，第 107、112 ~ 113 页。

之一。“永昌祥”的前身为“永兴祥”，为喜洲商人严烈创立于清朝咸丰年间，主要经营大理、保山、云县、会理等地间的土布、杂货等生意，后由其子严子珍掌管。1902年，严子珍与儿女亲家杨鸿春及江西商人彭永昌合伙组建股份制企业，起名为“永昌祥”，“永兴祥”至此结束。后来，杨鸿春、彭永昌先后分伙撤股，到1917年时，“永昌祥”的产权全部归严子珍所有。1941年，严子珍因病去世后，“永昌祥”事务由其长子严燮成执掌。①

“永昌祥”初设总号于下关，成立之初即在大理、昆明、丽江、维西、四川会理、宜宾等地设分号多处，总分支机构共为7个，经营范围以下关为中心，跨越滇、川两省，活动半径达1000千米以上。② 后来，为了摆脱腾冲商人的中转环节，直接介入进口贸易的经营，永昌祥于1912年在缅甸瓦城设立分号，1918年在香港设立分号，1921年在上海设立分号，并曾于1925年迁总号于昆明，至1936年又迁回下关。全面抗战期间，“永昌祥”的生意曾一度受挫，但其积极谋求发展。滇缅公路通车后，为了加强国外业务，“永昌祥”于1939年在缅甸腊戍设立分号，扩大滇缅贸易。太平洋战争爆发后，滇缅公路受阻，“永昌祥”及时调整战略布局，将缅甸业务转向印度，依然经营大规模的进出口贸易。抗战胜利后，“永昌祥”立刻着手恢复在缅甸、香港的业务。1945年，“永昌祥”进一步将贸易扩展到美国，由波士顿华侨代理其商务，主要从美国进口百货、香烟、化妆品等商品。③

围绕进出口贸易业务，“永昌祥”经营的主要商品是生丝、茶叶和大烟，“其中大烟生意忽断忽续，生丝和茶叶却贯穿始终，成为五十年历史上的两大重要商品”④，茶叶主要销售川、藏等地，生丝多从四川收购销往

---

① 薛祖军：《喜洲商帮》，云南人民出版社2013年版，第227～228页。

② 杨克成：《永昌祥简史》，见《云南文史资料选辑》（第9辑），1965年，第47～48页。

③ 薛祖军：《喜洲商帮》，云南人民出版社2013年版，第228页。

④ 杨克成：《永昌祥简史》，见《云南文史资料选辑》（第9辑），1965年，第63页。

缅甸，故有经典的“川销滇茶，缅销川丝”的战略策划。[1] 以味道浓郁为特点的沱茶在四川很有销路，因此，“永昌祥”积极经营沱茶运销四川的生意。“永昌祥”先后在下关、昆明设立茶厂，从收购原料、加工成沱茶，再销售到四川及内地诸省，环环相扣，层层把关较严，由于其沱茶品质较高，销售得法，不数年即已创出销场。其沱茶除销售川南外，后来也销售到泸州、重庆、成都等地，每年销额为1500～1600担[2]。尽管如此，“永昌祥”并没有把沱茶作为自己最主要的经营项目，“下关沱茶的生产总额在永昌祥一家，每年不过几千担，所用资金只占全部资金百分之十几”，其最重要的经营项目为生丝运销缅甸贸易。川丝经滇销缅的历史悠久，腾越开关后，根据条约，缅甸对陆路运入缅甸的商品有不抽税的规定，则进一步促进了川丝出口缅甸贸易的发展。“永昌祥”在四川采购、加工生丝，经下关中转运销缅甸，并为了稳定和扩大缅甸市场，一方面，在缅甸瓦城设立庄号以便于川丝销往缅甸和在缅甸进口棉纱、棉花；另一方面，积极探索生丝运销的规律，“最后创立了稳定的‘双丝牌扬纺’名牌商品，经常供不应求，价格比一般的多卖百分之二十到三十”，使其滇缅生丝贸易每年保持在数千担到一万担，“瓦城庄号历年盈余占总盈余的比重很大，说明生丝是永昌祥能长久占住脚跟的命脉”。[3] 此外，永昌祥还兼营存款、汇兑、投资等业务，先后与30多家公私银行、钱庄、金店、银楼有业务往来，其中与交通银行、中国银行、印度商业银行、荷兰银行等来往较密切。

经过数十年的发展，“永昌祥”赚得可谓盆满钵满。1941年，严子珍去世后，有些官僚担心永昌祥的经营会走下坡路，借故退出了在“永昌祥”的投资，而在经历了此番退股风潮后，其仍有2058万元（法币）的

---

① 薛祖军：《喜洲商帮》，云南人民出版社2013年版，第228页。

② 杨卓然：《“喜洲帮”的形成和发展》，见《云南文史资料选辑》（第16辑），云南人民出版社1980年版，第275页。

③ 杨克成：《永昌祥简史》，见《云南文史资料选辑》（第9辑），1965年，第71～77页。

资本实力。1945 年，“永昌祥”的国内流动资金仅黄金就有两万余两。1950 年，据新中国政府相关部门的估计：1949 年，“永昌祥”商号的国内外总资本共计 324 亿多元。①“永昌祥”的发展历程，虽不能完全说明近代云南地域商人发展的普遍历史，但也非个案，从中不难看出，对外贸易是近代云南地域商人兴起与壮大的关键因素。

三、兴盛和与恒盛公

“兴盛和”是 19 世纪末 20 世纪初鹤庆帮最为重要的商号。民国初年，鹤庆帮成为迤西第一大商帮，“兴盛和”商号在其中具有举足轻重的作用。“兴盛和”商号创办人之一舒金和早年父母双亡，因家境贫寒，为求生计，到腾冲、保山一带学习经商本领。适值杜文秀起义爆发，遂携家避乱金沙江边的乌竹，自赶马匹将会理布贩运到金沙江沿岸城镇销售，在金沙江沿岸收购虫草、麝香、贝母等药材和皮革等到会理与川、陕商人交易，积累了一定的资本。杜文秀起义失败后，舒金和携资回到鹤庆，于 1875 年与同族舒卓然、舒程远共同创立了“兴盛和”商号。

鹤庆不仅是川货的采购基地，还是滇货入川的集散地，因此，为适应对滇川贸易的经营，“兴盛和”商号的总号最初设在鹤庆。后来由于其生意不断扩大，货源不断增加，业务日益繁忙，总号在鹤庆越来越不能满足进一步发展的要求，于是，“兴盛和”将总号迁到下关，并在下关开设兴盛花店，同时在昆明、腾冲、保山设立了分号。腾越开关后，迤西商人纷纷转向滇缅进出口贸易，“兴盛和”也不例外，而且做得比较成功。兴盛和不仅适时将经营重点转移到滇缅贸易上，而且将之前经营的滇川贸易与滇缅贸易有机结合，极大地促进它的进一步发展。为了打开四川黄丝的销路及收购洋纱、洋布、棉花的便利，不受中间商人转手渔利，“兴盛和”于宣统年间在缅甸瓦城设立“恒通裕”字号，这是第一家中国商人在缅甸

① 薛祖军：《喜洲商帮》，云南人民出版社 2013 年版，第 228 ~ 229 页。

瓦城设立的商号，“以前虽有腾冲商人进入，但都属于行商”①。

民国初年，“兴盛和”的资本已经由起初的七八万两增加到四五十万两。随着商号经营规模的日益扩大，“兴盛和”一分为六，“兴盛和”主号归舒金和，并分设“恒通裕”和“日兴德”两家商号，舒卓然另成立“怡和兴”商号，舒程远成立“鸿盛昌”商号，力股祁星垓、舒浩然、杨蕴山合组成立“义通祥”商号，兴盛花店由其掌柜舒子卿接管，改名为“联兴昌”商号。舒氏家族的子侄后辈还开设了“裕兴宫”“鼎兴泰”“和盛兴”“福顺昌”“协兴隆”“裕丰恒”等十数家大小商号，形成了一个实力颇为强大的商业家族。

由于生丝出口带来了丰厚的利润，因而从事滇缅进出口贸易的各商号基本上都是以出口川丝，进口棉纱、棉花、棉布为主的。第一次世界大战期间，川丝出口缅甸曾盛极一时，大量川丝经云南进入缅甸。后来，由于运往缅甸的生丝过多，供过于求，造成大量积压。为了推销生丝，各商号不惜赊卖多销，角逐竞售，不谈期限，任其拖延，各商号在瓦城售丝未收的账，每家都有三五万或更多，② 致使各商号资金周转不灵。为了解决资金周转困难，各商号纷纷向英国汇丰银行贷款，受银价波动和汇率变化的影响，致使一些商家债务拖欠，债台高筑，一些商号因此而倒闭。1929年，世界经济危机爆发，汇丰银行受到影响，不仅停止向各商号贷款，还要求各商号限期还清贷款及利息。有些商号措手不及，只能以存货和房产作抵押，致使倒号风潮出现。其中，“兴盛和”商号是首当其冲者。1922—1923年间，瓦城“兴盛和”商号因“啾款啾纱，买卖预盘，因而吃亏，到期不能交款，宣布倒号”③。由于连环保的缘故，与之有关的七家商

---

① 舒家骅调查整理：《鹤庆商帮奠基人舒金和发家始末》，见《民族问题五种丛书》云南省编辑委员会编《白族社会历史调查》（三），云南人民出版社1991年版，第266页。

② 杨卓然：《滇人赴缅做工及经商情况简述》，见《云南文史资料选辑》（第9辑），1965年，第160页。

③ 杨卓然：《滇人赴缅做工及经商情况简述》，见《云南文史资料选辑》（第9辑），1965年，第161页。

号“日兴德”“亨通裕”“怡和兴”“鸿盛昌”等一并倒闭，此后，“兴盛和”其他商号相继倒闭不少，一家本颇有实力的商业家族便风光不再了。“兴盛和”因滇缅贸易而盛，又因滇缅贸易而衰，可谓成也对外贸易，败也对外贸易。①

“恒盛公”商号以麝香生意发其端，创立者为鹤庆人张泽万。张泽万的父亲张景文曾在杜文秀起义期间，为躲避战乱只身前往四川谋生，在同乡开设的“致和祥”商号当差，负责在康定收购麝香、金子，颇受顾客信任，被誉为“金香客”，名噪一时。后来，张景文落籍雅安，娶了继室，“似乎是为了怀念家乡故旧，也有借此得到相互照顾的意图，汇了一点钱给一位姓王的家乡老友，在中甸县合伙开设了一家土杂店，把在家乡的大儿子张泽万附托给他，在中甸商店里当学徒”。丽江地区盛产麝香、知母、贝母、黄连等山货药材，中甸为集散地，“恒盛公”商号起家于经营麝香等山货药材，“张泽万子承父业，成为经营麝香业务能手，并具有关于知母、贝母等药材的商品知识，即渊源于此”②。

1907 年，张泽万与“兴盛和”子号合伙在汉口开设了“恒盛公”麝香号，相当于“兴盛和”的子号，由张泽万任经理，主要经营麝香，附带销售知母、贝母、虫草、三七、肉桂、鸡血藤等云南名贵药材，以及普洱茶、印度进口的藏红花、木香等商品。麝香是我国特产，主要产于西藏、川西、云南中甸等藏族居住地区，由于其具有药用功效，同时作为香料可用于旧式化妆品和黑锭，又是法国香水的定香剂，在五口通商后，国内外市场需求日广。“恒盛公”收购的麝香主要销往湖北、江西、河南等地，并有部分转口销往国外，回头货主要为河南开封的纱帕、湖北楚布、汉口白铜器、南京缎子等，运往昆明、下关、鹤庆等地的“兴盛和”商号销售。在汉口经营麝香药材期间，“恒盛公”商号虽然发展顺利，但营业额

---

① 以上关于兴盛和商号的兴衰，参考赵启燕《鹤庆商帮》，云南人民出版社 2013 年版，第 41～50 页。

② 张相时：《云南恒盛公商号经营史略》，见《云南文史资料选辑》（第 18 辑），云南人民出版社 1983 年版，第 1～3 页。

不大，还只是附属于“兴盛和”的小商号。①

辛亥革命爆发之次日，革命军进占汉口，“恒盛公”被迫于短期内将麝香等药材转移到上海，并携带麝香到日本销售，成为其重要的发展契机。1913 年，“恒盛公”存在上海的全部银货被和记栈房业主重庆人周坤元席卷逃走，损失白银 4000 余两，相当于“恒盛公”的全部流动资金。“兴盛和”派人到上海清理结账，“决定损失全部由张泽万负责，兴盛和脱离关系，其所投资金，由张泽万出立欠条，分期偿还”，至此，“恒盛公”走上了独立发展的道路。为了偿还欠款，维持业务，张泽万几经努力，先后得到在上海经营商贸的云南同乡杨竹筠、张祝三、华咏三、赵念修、部幼显等人的投资。这些投资在很大程度上解决了“恒盛公”的资金危机，借助于这些资金，张泽万在上海设立了分号（后改为总号），开设澡堂、餐馆、寿器店和寿器作坊，又在昆明先后开设了科发药房、良记布铺等。1919 年，为开辟对印度的贸易，张泽万派其子张相诚赴印度、西藏进行实地考察后，于 1923 年相继在印度加尔各答、格伦堡开设分号，经营滇、印、藏贸易，将茶叶、布匹等经印度销往西藏，并运回羊毛、山货药材等转销印度，其中仅运销羊毛一项，每年就有两三千包，最多时达五千包。对印贸易为“恒盛公”带来了丰厚的收益，到 1937 年时，“恒盛公”已有资金印度卢比八万余盾。②

1925 年，杨竹筠退资脱离恒盛公，其后，张祝三等人也相继撤出资本，“恒盛公”逐渐发展成为张氏家族独资经营的大商号。全面抗战期间，“恒盛公”取道西藏、丽江，沿丽江、阿墩、维西进入西藏运送物资，虽然数量不大，但因战时物资奇缺，而获利丰厚。太平洋战争爆发后，日本侵占缅甸，切断了滇缅公路，一时之间，从拉萨到印度的运输线地位陡升。“恒盛公”抓住时机，调整机构和人事，在昆明设总号，在丽江、下关设分号，恢复拉萨分号，下设缅甸景栋转运机构和帕里转运机构，除了

---

① 赵启燕：《鹤庆商帮》，云南人民出版社 2013 年版，第 57 页。

② 张相时：《云南恒盛公商号经营史略》，见《云南文史资料选辑》（第 18 辑），云南人民出版社 1983 年版，第 7 ~ 30 页。

继续将西藏羊毛运销印度外，将棉纱、布匹、呢绒、染料、文具及一些日用百货沿印度—（中国）西藏—（中国）丽江一线运回，赚了不少钱。到抗战结束时，“恒盛公”的资本已达印度卢比300余万盾。但在此后，由于分家分号，生意大不如前。张相诚在印度“恒丰”牌号继续从事商贸活动，其余兄弟子侄则于1946年在昆明成立“恒顺康”商号经营缅印藏贸易，但获利不多。中华人民共和国成立后，“恒盛公”曾一度复号，后经社会主义改造，这一“家庭企业顺利地走上了公私合营的社会主义光明大道”①。

四、洪盛祥

“洪盛祥”是腾冲帮最具实力的商号，由腾冲商人董绍洪创立于1888年，其前身为“洪兴福”商号。杜文秀起义期间，腾冲人民为生计所迫，纷纷奔赴缅甸，达数万人之多，董绍洪便是其中之一。到缅甸后，董绍洪曾在同乡杨二老爷的商号里做学徒，几年之后，不仅学到了一些经商的经验，也积累了一些资金，便在1875年与同乡合伙成立了“洪兴福”商号，先后在腾冲、保山、下关、缅甸八莫、瓦城设店从事滇缅贸易。其主要业务是从缅甸、印度进口棉花、棉纱运至云南、四川销售，将四川的黄丝和云南的山货药材出口到缅甸。1888年，“洪兴福”商号拆伙，董绍洪独自开设了“洪盛祥”商号，仍从事中缅进出口贸易。②出口商品以黄丝、茶业为主，进口商品以棉纱、棉花、棉布、玉石为主。

董绍洪经商理财以“薄利”“守信”著称，生意因而越做越大，到1900年时，其资金积累已达缅甸卢比二三十万盾。董氏夫妇育有五子，成年后均随其父从事商业经营。次子董朝富主持腾冲业务，三子董朝荣驻下关负责滇、川业务，长子董朝春、四子董朝聘总揽缅甸、印度业务，五子董朝钦驻上海、香港，负责推销珠宝、玉石及开展申、港、滇汇兑业务，

---

① 张相时：《云南恒盛公商号经营史略》，见《云南文史资料选辑》（第18辑），云南人民出版社1983年版，第31～48页。

② 董晓京：《腾冲商帮》，云南人民出版社2013年版，第53～54页。

从而形成了一个分工明确而又相互联系的商业网。1905 年，董绍洪去世，洪盛祥由其遗孀李氏主持，两年后，李氏令三子董朝荣为“洪盛祥”总经理。董朝荣主持“洪盛祥”期间，除继续发展原有业务外，经过一番努力，重点发展石磺贸易，并垄断了该项贸易，获利颇丰。石磺为一种黄色的矿物质，“成分为硫化砒，含砒之量，有时至百分之六十，可供颜料、药用及砒素之制造，重要矿物之一也。滇省宁洱、景东、平彝、保山之蒲缥、三台坡、老茶寨、沙河及凤仪均产之”①。缅甸瓦城、越南西贡、香港为云南石磺的主要销场，“洪盛祥”对石磺的垄断经营，石磺出口量不断增加，1922 年为 9046 担，1930 年就上升到 14678 担，除去各项费用，每年约有 70 万银元的利润。②

随着“洪盛祥”业务的发展，其机构不断扩大，到 1920 年时，“以腾冲为总栈，其分支机构在国内有保山、龙陵、下关、昆明、嘉定、重庆、广州、上海、香港及西藏的拉萨，1926 年又增加了佛海。国外的分庄有缅甸的仰光、瓦城、洞已、孟拱、锡箔、腊戍、八莫和印度的加尔各答、葛伦堡等地”，形成了一个地跨中国和东南亚、南亚的商业网络。其经营的商品，石磺居于首位，其他则主要为黄丝、茶业、棉纱、棉花、棉布和玉石等。③

1915—1936 年是“洪盛祥”发展的鼎盛时期，年利润在 100 万龙元④左右，1935 年时其资产在 1000 万龙元左右。全面抗战期间，滇缅公路被封锁后，“洪盛祥”曾利用在印度、西藏的分号及熟悉印、滇、藏贸易的有利条件，从印度的加尔各答，经西藏拉萨、德钦、丽江至下关的陆路国际运输线运送棉布、棉纱、药品等急需物资，赚了不少钱，当然也满足了人民的需要。1942 年，日本侵占缅甸，进而侵入腾冲，“洪盛祥”缅甸各

① 《新纂云南通志》卷六五《物产考八》。

② 黄槐荣：《洪盛祥商号概况》，见《大理市文史资料》（第 8 辑），1999 年，第 136 页。

③ 黄槐荣：《洪盛祥商号概况》，见《大理市文史资料》（第 8 辑），1999 年，第 137 页。

④ 1937 年前云南省流通的货币名称。

分号的物资来不及撤运，全部损失，加之总经理董朝聘又于该年年底病逝，至抗战结束，各分号已形成“诸侯割据”的局面，致使这个曾活跃于中（滇）、缅、印半个世纪的商号从此一蹶不振。①

第三节　对外贸易与近代云南商帮的民族性和地域性

商帮以地域性为其突出特征，但近代云南商帮除了具有明显的地域性外，民族性特征也很明显，或者可以说，近代的云南商帮往往是兼有地域性与民族性特征的。

一、对外贸易与近代云南商帮的民族性

云南是一个多民族的边疆省份，人口超过5000人的少数民族就有25个。但是，从民族构成上看，近代云南商业史上参与度较高、影响较大的商人和商帮主要来自汉族及白族、回族、藏族、傣族等少数几个民族。如表6.1，滇西主要三大商帮，腾冲商帮主要商号的大股东都是汉族，喜洲商帮主要商号的大股东都是白族，鹤庆商帮主要商号的大股东则不是汉族就是白族，只有“福春恒”的创办者蒋宗汉是彝族，他的儿子蒋仰禹为“复协和”的主要股东，也是彝族。② 滇南商帮，除汉族商帮外，主要为回族商帮，如19世纪后期20世纪初期云南最大的三个商号之一“兴顺和”就是由玉溪回民马幼龄创办的，通海回民马同惠、马同桂等人创办的“原信昌”也是一家非常有影响力的商号。③ 由此可见，民族性是近代云南商业和商帮的一个显著特点。

---

① 黄槐荣：《洪盛祥商号概况》，见《大理市文史资料》（第8辑），1999年，第141～143页；董晓京：《腾冲商帮》，云南人民出版社2013年版，第59页。

② 熊清华：《百年滇商》，云南人民出版社2013年版，第112～114页。

③ 申旭：《回族商帮与历史上的云南对外贸易》，载《民族研究》1997年第3期。

表6.1 滇西主要商帮、商号主要号主的民族构成一览表

商帮	主要商号	商号主要号主	民族
腾冲商帮	茂恒	董爱廷、王少岩、金绍和	汉族
	洪盛祥	董耀廷	汉族
	永生源	贾向坤	汉族
	天德昌	杨质斌	汉族
	振昌记	杨尚初	汉族
	广茂祥	立绍柏	汉族
	元春号	杨锦帆	汉族
	恒顺祥	杨容光	汉族
	中和记	杨成之	汉族
鹤庆商帮	兴盛和	金舒和	汉族
	日兴德	李鸿康	白族
	福春恒	蒋宗汉	彝族
	复协和	周守正、赵如九、李岳嵩、蒋仰禹	汉族、白族、彝族
	恒盛公	张相诚、张相如、张相时	汉族
	南裕商行	李茂柏	白族
	德泰昌	罗顺臣	汉族
	庆顺丰	蒋砚田	汉族
	福兴昌	华吉天、华吉三	汉族
	文华号	杨钟秀	汉族
喜洲商帮	永昌祥	严子珍、严燮成	白族
	锡庆祥	董澄农、董仁民	白族
	鸿兴源	杨炽东、杨丽东、杨亚东	白族
	复春和	尹辅成、尹业成、尹嘉成、尹良成	白族
	成昌	尹晋成、杨显成	白族

（续表）

商帮	主要商号	商号主要号主	民族
喜洲商帮	光明	尹虞廷、尹卓廷、尹佑廷	白族
	德兴祥	杨运昌	白族
	源盛昌	杨卓然	白族
	复义和	尹卿初、尹介卿、尹简章	白族
	未开号	杨润馨（永昌祥大股东）	白族
	未开号	杨运春（鸿兴源股东）	白族

资料来源：陈延斌《大理白族喜洲商帮研究》，中央民族大学出版社 2009 年版，第 148 页。

除汉族外，近代云南商帮主要由白族、回族经营是与他们有善于经商的民族传统密切相关的。据表 6.1，从一定意义上说，喜洲商帮也就是白族商帮，前揭赵勤《“喜洲商帮”的形成及对地方的贡献》一文说“喜洲自古以来一贯重视经商”，在经营滇藏、滇川贸易的历史长河中积累了丰富的商业经验和技能，或许正是这样的传统，才使喜洲人比周围的其他民族有着更高的商业敏感度，易于捕捉商业信息，从而在腾越等地开放后，他们便不失时机地转向对滇缅贸易的经营，并由此发展壮大，形成颇具实力的地域商帮。回族早有经商的传统，是一个善于经商的民族。由于历史的原因，云南回族大多居住在坝区、城镇等交通便利的地区，又进一步便利了云南回族对商业的经营。在近代云南对外贸易发展的过程中，各地回族商人积极参与其中。如下关回民马名魁曾在当地开有“福春”“裕顺”“泰来”3 个商号，后又在四川宜宾、缅甸仰光、缅甸曼德勒等地开了 13 个，还拥有一个 100 多匹骡马的马帮，往来于云南和缅甸之间进行贸易；保山回民马润五曾开有“永丰祥”商号，自备汽车、雇佣工人从事外汇和进出口贸易，进口货物以棉花为主；腾冲回民明绍林家创办的“鉴记”商号，在保山、下关、昆明、重庆和缅甸曼德勒设有分号，从事棉纱、棉花进口贸易；通海回民马同惠、马同桂等人创办的“原信昌”，以昆明为中心，经营长途马帮生意，与泰国、缅甸、越南、老挝的贸易往来相当频繁。[①] 傣族虽然也是一个具有经商传统的民族，不过傣族的商业活动多是以家庭为单位进行的，规模不是很大，长途贸易不多，在近代的云南对外贸易中主要以跨境短途贸易为主，因此，没有发展出较大的企业，影响力不及回族、白族。[②] 藏族则基本上不直接从事对外贸易，而是以中甸等滇西北的藏人为主，因其居于滇、藏交接地带所具有的地利之便而多有从事滇藏贸易者，将云南茶叶运销西藏，将产自西藏的山货、药材、皮毛等运入丽江、下关等地。在近代云南的出口商品中，就有不少来自西藏的山货、药材等物，从这个意义上讲，藏族商人也是近代云南进出口贸易的重要参与者。

二、对外贸易与近代云南商帮的地域性

商帮是以血缘为纽带的地域商人群体，因此，一般对商帮地域性的探讨主要关注的是何以在“这一”地域形成了商帮，以及“这一”地域商帮具有怎样的与该地域相联系的特征，所谓近代云南商帮的地域性，当然也是首先要去关注这一问题的。但是，近代云南商帮的兴起是与对外贸易的发展联系在一起的，不同地域的商帮，其对外贸易对象往往是不同的，这也是商帮地域性的一个体现。以上两个方面的“地域性”的结合则使近代云南的不同商帮形成了彼此相对独立的贸易圈。

为什么在特定的地域形成了特定的地域商帮，即地域商帮形成的地域因素，归结起来有四点：一是商帮的诞生地往往是地少人多或土地贫瘠不足食用、人地矛盾较为突出、自然条件较为恶劣的地区，经商是当地人迫不得已而选择的谋生之道；二是各商帮的兴起地，大多土特产品丰富，或者特色商品生产发达，各地人民可以利用相对有利的地利，通过商品买卖获得价格优势，摆脱困境，求生求富；三是各商帮的兴起地往往有着区位

---

① 申旭：《云南回族商帮及其对外贸易的发展》，载《回族研究》1996年第2期。

② 熊清华：《百年滇商》，云南人民出版社2013年版，第112～114页。

和地理上的优势，或处交通要道，或为商贾辐辏之地；四是各商帮的兴起地，重商崇商的观念一般都比较浓重，当地人民对于从商大多持肯定或赞扬等积极态度。① 近代云南地域商帮的形成自然也是这些因素作用下的产物，或是这四条因素共同作用的产物，或是其中几条因素作用的产物。分而论之，近代云南喜洲、鹤庆、腾冲、临安（建水）四大本省商帮，大致说来喜洲和鹤庆属于一类，腾冲和建水属于另一类。

如前述，喜洲地少人多，鹤庆土地贫瘠，因而当地人民以经商为主要谋生手段之一，当地有着较为浓厚的经商传统，并且，喜洲和鹤庆都有行销周围的出产：喜洲土布业比较发达，清代在苍山云弄峰山脚一带曾种植了大量的植物板兰，成熟季节作为染布的原料销售给喜洲的染户人家。迄今，喜洲仍有“染衣巷”，就是因为当时染布而得名，附近邓川、洱源、宾川、鹤庆、剑川、丽江等10多个县都是喜洲土布的销售地；鹤庆手工业不仅门类多，而且技术高，特别是鹤庆所产白绵纸尤以光滑柔韧出名，除在本地区销售外，还远销到大理、下关、昆明、邓川、宾川、丽江、永胜、剑川等地，此外，鹤庆地区的采矿业在明清时期就已发达，有北衙银厂、方丈山厂、蒲草塘银厂和铁厂等矿厂，据估算，当时仅北衙一带采矿的矿夫就不下两万人，年产银不下十万两，曾流传“千猪百羊万担米，不够北衙一早晨”之谚。②

促成腾冲、建水商业发达，并由此形成有影响力的商帮的地域因素，则主要是其优越的地理位置和当地人民相对重视商业的传统。腾越“为全滇门户”③、“为出缅门户”④，以此地理优势，成为云南对缅贸易的必经之

---

① 范金民：《明代地域商帮兴起的社会背景》，载《清华大学学报（哲学社会科学版）》2006年第5期。

② 张了：《解放前鹤庆矿业情况调查》，见《白族社会历史调查》（三），云南人民出版社1991年版，第276、191页。

③ 〔清〕屠述濂纂修：《腾越州志》卷二《疆域》，清光绪二十三年（1897）重刊本。

④ 〔清〕陈宗海修，赵端礼纂：《腾越厅志》卷二《形势》，清光绪十三年（1887）刊本。

地，所谓“从曼德勒到大理府，常走的道路有两条。一条直接从曼德勒经过锡尼（Thieunee）、永昌到大理府。另一条沿伊洛瓦底江而上直到八莫，从八莫又分出三条支路，会于缅甸人称为莫棉（Momien）的腾越，然后到达大理府”，而“若干世纪以来，通过八莫的这条道路，不论对侵略的军队，或是和平的商人，一向是从中国到缅甸的必经之路”①，从而使腾越成为对缅贸易最为重要的商品集散中心，正如前引《腾越州志》载：“今客商之贾于腾越者，上则珠宝，次则棉花，宝以璞来，棉以包载，骡驮马运，充路塞道。今省会解玉坊甚多，砻沙之声昼夜不歇，皆自腾越至者。”② 腾越商业的发达也说明了这一点，《永昌府志》载：腾越“蛮夷错杂，商贾丛集”，又说永昌府内“经商者少，俱不善作贾……惟腾越较善经营（商业），故民户亦较裕”。③ 建水地理位置适中，是昆明通往红河南岸各地物资中转站和集散中心之一，商业因而较为繁荣，“在中法战争前，建水城商业活跃，交易兴旺，每逢中街天（属狗日），马市街有数百驮棉花、数百挑土靛成交，还有数百人带着自己纺织和印染的布匹兜售”。同时，因建水地近个旧，随着个旧锡业的发展，建水人纷纷到个旧开矿，做与锡矿开发相关的生意成为建水商业一时之风尚。④

正因如此，在蒙自、思茅、腾越三关开放后，以上四地的商人才走在了前面，抓住有利时机，纷纷投身对外贸易，在促进云南对外贸易发展的同时也壮大了自己，近代云南四大商帮因此形成。

董孟雄在论及近代云南华侨聚居地区的相对集中性时指出：“滇侨主要分布为三大区域：由滇南流往异国的华侨，主要集中于泰国……分布于上缅甸各地的云南华侨，则主要来自滇西一线的腾冲、龙陵、大理等地

---

① 姚贤镐编：《中国近代对外贸易史资料（1840—1895）》（第2册），中华书局1962年版，第687～688页。

② 〔清〕屠述濂纂修：《腾越州志》卷三《物产》，清光绪二十三年（1897）重刊本。

③ 〔清〕刘毓珂等纂修：《永昌府志》卷八《风俗》，清光绪十一年（1885）刊本。

④ 罗群、罗敏：《话说滇商》，中华工商联合出版社2008年版，第98～99页。

区……少数分布于印度的云南华侨，则多为由滇西北的中甸、丽江等地区去的少数民族商人。”近代云南邻国华侨主要是因经营对外贸易而产生的，滇南商人主要经营的是滇越贸易，越南是必经之地，但“越南在东南亚各国中，不仅资本主义经济不发展，而且土地利用率很低，毗邻云南的北越各省尤其如此，所以，北越只起了华侨‘转运站’的作用”。[①] 这也就是说，近代云南地域商帮的对外贸易对象，滇南和滇西互不相同，“至于本地商人，则有腾冲帮、鹤庆帮和大理帮（即喜洲帮——笔者注），经营于缅甸；临安帮（即建水帮——笔者注）经营于香港”[②]。又因中国香港与东南亚越南、泰国、马来西亚、新加坡，以及中国东部沿海的广东、上海、江浙等地贸易往来密切，因此，滇南商人便与这些地区或直接或间接地建立了贸易关系；缅甸成为英国的殖民地后，经英国的经营，逐渐与印度在政治上、经济上形成一个整体，滇西商人的对外贸易对象因此而显得较为集中，在空间上可以说是一个相对完整的区域。蒙自、思茅、腾越三关开放后，对港贸易主要是经蒙自关进行的，蒙自是云南对港贸易主要中转站；对缅贸易则主要是经腾越关进行的，腾冲是云南对缅贸易主要中转站。根据本书第三章的内容，蒙自关的腹地主要包括滇南、滇中、滇东北和黔西北的部分地区，腾越关的腹地主要包括滇西南、滇西北和川西地区，并通过缅甸、印度运输滇茶进入西藏，与西藏贸易密切，这便分别是滇南商人和滇西商人对内经营的主要空间范围。滇南商人和滇西商人相对独立的贸易圈由此形成，即滇南商人对外主要和香港及其与香港有密切贸易往来的东南亚国家、中国东部沿海地区相联系，对内与云南东部地区、贵州西北部相联系，其“内”与“外”的连接点为蒙自；滇西商人对外主要与缅甸、印度相联系，对内与云南西部、四川西部以及西藏地区相联系，其“内”与“外”的连接点则为腾冲。

蒙自、思茅、腾越三关开放后，滇南商人的生意与蒙自进出口贸易密

---

① 董孟雄：《云南近代地方经济史研究》，云南人民出版社1991年版，第253～254页。

② 《新纂云南通志》卷一四三《商业考一》。

切关联，主要经营滇越贸易，滇西商人的生意则主要与腾越进出口贸易密切关联，以经营滇缅贸易为主。我们知道，近代云南三关，蒙自关的贸易量最大，常居全省进出口贸易额的80%以上；不仅如此，据本书第三章，从总体上看，蒙自关的腹地范围在三关中也是最大的。并且，近代云南地域性商人群体的兴起，在一定程度上讲，是对外贸易发展的产物。因此，既然滇越贸易量大于滇缅贸易量，则滇南商帮即使不是商帮数量多，也应该实力上要更强，但事实恰恰相反，这就成为不得不让人深究的一个问题。

诚如前述，云南商业素不发达，本地商人数量不多，实力不强，云南商业直至清朝中叶还是被外省商人把持。在杜文秀起义前，滇西地区的商业主要是四川人的天下，“他们主要经营从四川收购来的川烟、生丝、布匹、药材等物品运往下关，再采购鸦片及各种山货药材运往四川地区销售”①，四川商帮因受杜文秀起义的影响而实力大为削弱，几乎退出云南，代之而起的则是云南本地商人在滇西的崛起，并进而代替四川商人掌控滇西商业；与此同时，主要活跃于滇南、滇中地区的江西商人、湖南商人等外省商人也纷纷撤出云南，这一方面为滇南商人的兴起创造了条件，另一方面则为广东商人进入云南腾出了空间。在蒙自开埠以及后来的滇越铁路通车后，越来越多的广东商人来到云南从事商贸活动，“他们十分团结，相互帮助，且在滇越铁路沿线设置他们的机构以便对滇越铁路沿途的商业进行掌控”②，成为滇南商人强有力的竞争者，“蒙自自开关以后，在滇越铁路通车前，计有较大的商号八家”，其中的四家即“广昌和”“天德和”“亿昌”“裕昌”为广帮，滇越铁路通车后，又陆续增加四家较大的商号，其中的“应云祥”为广帮商号。③ 由此可见，滇南商帮是受广东商人的竞争而实力不及滇西商帮的；在滇南，有实力的地域商帮的数量也没有滇西多，在很大程度上也是广东商人挤压的结果。

---

① 王川：《滇川贸易百年》，云南人民出版社2013年版，第79页。

② 王川：《滇川贸易百年》，云南人民出版社2013年版，第79页。

③ 蒙自县政协文史委：《蒙自的进出口贸易》，见《云南文史资料选辑》（第42辑），云南人民出版社1993年版，第304页。

第七章　对外贸易与近代云南工业的发展

第一节　对外贸易与近代云南矿业的发展

清人吴大勋在《滇南闻见录》中写道："滇之山大半多产矿砂，凡金、银、铜、铁、铅、锡、朱砂、硝黄之属，所在多有。大约山势宽深，来龙远大，环抱周匝者，所产矿砂必旺。《中庸》所谓宝藏兴焉者，余于滇南之山征之矣。"① 可见云南矿产资源之丰富早已为人所认识。道光时任云南巡抚的吴其濬在其所纂《滇矿概略》一书中说"滇多矿，而铜为巨擘"，这大略是说清代云南矿业开发乃以铜矿业最为重要。② 成书于民国年间的《新纂云南通志》则说"言云南之物产，以地下之蕴藏为富，锡、铜两种，驰名寰宇，其他金属，种类亦多"，这是在说近代以来云南矿业以锡和铜最为重要。③ 然而，云南铜业到民国初年时已是"矿业日凋，其他数厂，散在各县，虽犹继续，亦未增盛"，与此相反的是，"本省产锡，有个旧、宣威、泸西等县，而以个旧独著盛名。统计县境纵横不过数百方里之地，而重要锡厂共有六十处之多，子长且有加无已焉，可谓盛已"。④ 由此可见，近代的云南矿业开发，除了开发规模、开发种类增加外，最为重要的

① 方国瑜主编：《云南史料丛刊》（第12卷），云南大学出版社2001年版，第29页。

② 〔清〕吴其濬：《滇矿概略》（又名《滇南矿厂图略》）下卷，第1页，转引自杨寿川《云南矿业开发史》，社会科学文献出版社2014年版，第123页。

③ 《新纂云南通志》卷六四《物产考七》。

④ 《新纂云南通志》卷一四六《矿业考二》。

变化便是铜业的衰落和锡业的兴盛。

一、对外贸易与近代云南矿业开发格局的变化

（一）云南铜业走向衰落

云南铜矿分布广，种类多，“滇产铜矿遍于全省，其种类有黄铜矿、斑铜矿、赤铜矿、碳酸铜、硅孔雀铜及自然铜等产”①。已有研究表明：清代前期，由于铸钱工业的发展，铜料市场需要滇铜提供大量铜产品；清政府实行“放本收铜”为核心的铜政，并将铜课税率从20%减为10%，允许矿民自卖“一成通商铜”，开修水陆铜路；云南地方政府“广示招徕”，内地富商大贾携巨资来滇开采，经营滇铜生产。② 这些因素构成巨大的推力，推动了滇铜的大开发，促使滇铜快速持续发展，到乾隆时臻于极盛，“当乾隆三十八、九两年，每岁产铜约一千二百数十万斤，额课九百余万，而商贩不与焉，可谓空前之极盛时代矣”③。滇铜开发的盛况持续了近一个世纪，到嘉庆时开始走向衰落，也再没有恢复到往日的光景。嘉庆初年，额运京铜、各省采办和云南本省铸局需铜1000万斤，滇铜供应日艰，“到嘉庆中年，产量更薄，遂不得不请减京铜二百万斤，始能措办。二十二年开始采买四川乌坡厂铜以济滇铜之不足，至于外省来滇购办的，自更无铜可发。到了道光初年，合全省所产并乌坡买来的两项，也不足供应各方的需求了”，再往后则是“‘云南之铜，年年缺产’的记载。大约到了道光末年，滇铜产量实已不足称道了”。④

云南铜业衰落的原因，一般认为，除了咸同时期回民起义所导致的战争因素、“官治铜政”的弊端外，主要是当时生产力条件下矿业生产客观规律自身发展的必然结果：一是经过长时间的采掘，铜矿储量日渐稀少，因而不断出现“硐老山空”、难以为继的现象；二是滇铜开发技术落后，

① 《新纂云南通志》卷六四《物产考七》。

② 杨寿川：《云南矿业开发史》，社会科学文献出版社2014年版，第141页。

③ 《新纂云南通志》卷一四六《矿业考二》。

④ 严中平：《清代云南铜政考》，中华书局1948年版，第43页。

普遍使用土法采掘，冶炼技术不精，不仅使其成本高，而且难以保证其持续发展。① 应该说，这是不无道理的。但是，当我们放宽视野，不是仅仅就滇铜而滇铜探寻滇铜开发的衰落，就会发现：首先，任何地方的某种矿藏都有一定数量，并非可以无限采掘而不衰绝，这是普遍的道理，以此作为滇铜衰落的主要原因显然不具有很强的针对性，何况，我们知道，直至现在，云南铜业都还是云南重要的矿业部门；其次，或许有人会认为，“硐老山空”现象的发生是落后的生产技术和铜矿储量减少共同作用的结果，而后来特别是现今云南铜业发展是生产力进步的结果，这样的认识自然是不错的，但是，长期使用土法开采的云南锡业，为什么在近代之前长期得不到发展，而近代以后，特别是在蒙自开埠后，有了快速的发展，因此，技术的落后未必是云南铜业走向衰落的根本原因。笔者以为，云南铜业的衰落虽在近代之前就已发生，但近代以后衰落之势更甚，与此相应，则是锡业的兴起，并取代铜业成为云南最重要的矿业部门，从这个意义上讲，我们更应该重视“近代”这一时间因素在云南矿业开发格局转变中所起的作用。而从经济层面看，所谓“近代”，最重要的一点便是中国日益深入地卷入世界市场体系，中国的各个地方循着“自东向西、由边向内”的路径②逐渐成为世界市场的组成部分，近代中国经济变迁无不与国际市场及其变化密切相关。

（二）国际市场需求与近代云南锡业发展

云南产锡之地，“有个旧、宣威、泸西等县，而以个旧独著盛名”③，自战国时期开始进行开采以来，历经秦汉迄于元明清，均有人在这里从事生产。④ 但是，近代以前，锡的用途主要局限于制造锡箔和作为铸币辅料，

① 成崇德主编：《清代西部开发》，山西古籍出版社 2002 年版，第 394 ~ 401 页。

② 吴松弟：《“自东向西、由边向内”：中国近代经济变迁的空间进程》，见复旦大学历史地理研究中心、韩国仁荷大学韩国学研究所编《海洋·港口城市·腹地——19 世纪以来的东亚交通与社会变迁》，上海人民出版社 2014 年版，第 1 ~ 15 页。

③ 《新纂云南通志》卷一四六《矿业考二》。

④ 杨寿川：《近代滇锡出口述略》，载《思想战线》1990 年第 4 期。

使用范围不广，市场需求有限，因而产额也大受限制。根据陈征平的推算，清代个旧锡矿年产约在130万～140万斤之间。① 近代以后，云南个旧锡业的开发获得快速发展，以国内而言，1929年，云南产锡6927.5吨，占全国总产额7528.2吨的92.02%；1931年，全国产锡共8598.7吨，其中云南为8197吨，占95.33%。② 再以世界范围来看，在1913年、1925年、1930年、1935年、1936年的五年中，全世界产锡共781155吨，中国为44039吨，占5.64%。中国是列于马来亚、荷属东印度、玻利维亚和暹罗之后的第五产锡大国。③ 总之，近代以后，个旧锡业发展迅速，不仅成为全国唯一重要的锡产地，而且还是当时世界上产锡的主要地区之一。

产额的增长是需求旺盛的表现。1923年2月至1925年12月，云南炼锡公司共生产大锡2513364公斤，其中14336公斤为云南本省消费，仅占0.65%，平均每年只需5376公斤。④ 可见，云南省内市场对锡的需求极其有限。国内市场方面，由于需要大锡作为原料的近代工业发展缓慢，锡的重要用途之一仍然是制造锡箔，因而需求增长也是相当有限。据表7.1，1913年，全国大锡消费5400吨，到1922年，却只消费3500吨，不仅没有增加，反而减少近1000吨。据统计，1890—1935年的46年间，云南共产锡251202吨，同期出口214534吨，出口量占出产量的85.4%。⑤ 这也正如时人调查所说，“个旧大锡，什之九为外销”⑥，“当地及本省锡匠消费极少数量，用以制造花瓶、烛台、碟、盘等器皿外，则几全部运出云南，其中少数转口至国内各港埠，大部销至国外市场”⑦。由此看来，个旧大锡

---

① 陈征平：《云南工业史》，云南大学出版社2007年版，第250页。

② 苏汝江：《云南个旧锡业调查》，清华大学国情普查研究所，1942年，第3页。

③ 苏汝江：《云南个旧锡业调查》，清华大学国情普查研究所，1942年，第10页。

④ 苏汝江：《云南个旧锡业调查》，清华大学国情普查研究所，1942年，第48页。

⑤ 杨寿川：《近代滇锡出口述略》，载《思想战线》1990年第4期。

⑥ 苏汝江：《云南个旧锡业调查》，清华大学国情普查研究所，1942年，第48页。

⑦ 经济部资源委员会经济研究室编：《云南个旧之锡矿》，1940年，第88页。

产额的快速增长显然不是国内市场，而是国际市场需求旺盛使然。

表7.1　若干年份国内大锡消费量

单位：吨

年份	1913	1917	1918	1919	1920	1921	1922
数量	5400	3500	3800	3200	3100	3800	3500

资料来源：苏汝江《云南个旧锡业调查》，清华大学国情普查研究所，1942年，第48页。

（三）云南大锡出口中的香港贸易网络

锡以化学性质稳定、不易氧化，延展性好、易于加工，几乎可与所有金属形成合金的特点，成为机械、船舶、汽车、金属合成以及化工、食品包装等近代工业生产所需的重要原料。19世纪中叶以来，随着近代工业的飞速发展，对原料的需求越来越迫切，欧美等资本主义国家成为世界大锡需求的主要市场。

如本书第二章所述，个旧大锡，在蒙自开埠以前，有经红河过越南输出者，也有经西江等路由汉口、宜昌、北海等口岸出口者；蒙自开埠后，几乎全部经蒙自报关出口。时人说道："我云锡年终约产五千张，每张约两千五百斤，除四川可沽三五十张外，余之一概端望付至香港沽销。"① 表7.2则明确说明了这一情况，1889—1904年，蒙自关输出大锡共计621402担，直接出关至国外即越南者仅有10担，其余全部销往香港。这似乎说明香港是云南大锡销售的唯一目的地，但是，香港并非大锡销售的最终目的地。其实，云南大锡的销售与国际市场对大锡的需求相一致，也主要是输往欧美市场。1937年以前，销售的主要对象是英国，美国次之，越南、香港地区又次之。以云南炼锡公司为例，1923年4月至1938年5月，生产

① 《蒙自道商会呈英转香港分局取消禁止个旧锡进入香港》，见云南省档案馆、云南省经济研究所编《云南近代矿业档案史料选编（1890—1949）》（上），1987年，第220页。

大锡共 7661.482 吨，其中销往英国伦敦和利物浦者计 4891.722 吨，占 63.85%，销往美国纽约者 863.097 吨，占 11.27%，销往越南海防者 978.766 吨，占 12.78%，销往其他地方者为数甚微。①

由此可见，由蒙自运出的大锡，除极少数在越南销售外，不论最终销往何处，均以香港为加工、中转之地。这是由于个旧锡矿开发的技术落后，锡块纯度不高，需要在香港与马来锡参合提纯，但这只是原因之一，更重要的原因是：早在蒙自开埠前，香港就已成为世界贸易网络的重要中转市场，以香港为中心构筑了一个主要连接东南亚、日本和中国沿海地区的跨国性区域贸易网络，因而，只有将大锡先运至香港才能利用香港贸易网络将大锡运售到终端市场。这也就是说，正是通过香港的中转和香港贸易网络最终实现了云南所产之锡与欧美锡市的联系，从而促进了云南锡块的出口和锡业的发展。据表 7.3，在 1889—1936 年间，大锡出口占全省对外贸易总值平均为 79.30%，这说明由于国际市场对大锡需求的持续旺盛，使大锡不仅成为蒙自最主要的出口商品，而且成为对云南对外贸易贡献率最大的出口货物。而这正是造就蒙自出口贸易额在云南三个口岸中独一无二的地位的重要原因。

表 7.2　1889—1904 年蒙自关大锡出关统计

单位：担

年份	出关至外国	出关至香港	年份	出关至外国	出关至香港
1889		4233	1894		39355
1890		22121	1895		40801
1891		29168	1896		33827
1892	3	34662	1897		41602
1893	1	32305	1898		45914

① 经济部资源委员会经济研究室编：《云南个旧之锡矿》，1940 年，第 88、91 ~ 92 页。

（续表）

年份	出关至外国	出关至香港	年份	出关至外国	出关至香港
1899		43146	1902	6	63630
1900		48710	1903		41044
1901		50831	1904		50043

资料来源：据《中国旧海关史料（1859—1948）》（京华出版社2001年版）历年统计数据整理。

表7.3　1889—1936年大锡出口值占云南全省对外贸易总值百分比表

年份	比值	年份	比值	年份	比值	年份	比值
1889	80.18	1901	80.13	1913	88.59	1925	77.70
1890	84.83	1902	89.96	1914	85.18	1926	73.99
1891	86.00	1903	80.32	1915	83.95	1927	68.24
1892	84.66	1904	68.05	1916	80.13	1928	74.72
1893	81.68	1905	71.52	1917	84.58	1929	71.48
1894	80.73	1906	66.67	1918	78.09	1930	70.48
1895	78.68	1907	90.84	1919	67.28	1931	74.66
1896	79.68	1908	82.36	1920	76.37	1932	79.24
1897	78.66	1909	92.77	1921	63.14	1933	79.59
1898	79.11	1910	93.81	1922	76.59	1934	75.92
1899	81.18	1911	92.14	1923	73.17	1935	78.41
1900	79.52	1912	90.59	1924	74.35	1936	76.37

资料来源：据《新纂云南通志》卷一四四《商业考二》、钟崇敏《云南之贸易》相关数据整理。

二、对外贸易与近代云南锡业生产的机械化

个旧锡业生产长期使用“土法”，不仅使其成本高，制约产量的提高，

而且所产锡块纯度不高，需要在香港与马来锡参合提纯，因之在很大程度上失去“锡价”的定价权，极不利于大锡的出口。因此，欲从根本上推动大锡贸易的发展，促进云南对外贸易的持续发展，实现锡业的机械化生产乃长久之计。对此，云南实业界进行了一系列的尝试和努力。

成立于1909年的个旧锡务股份有限公司是云南第一家采用“新法”采掘锡矿的现代企业。个旧锡务股份有限公司为官商合办性质，其股本最初仅为银元66.6万元，后来增至250万元。1940年，个旧锡务股份有限公司并为云南锡业股份有限公司，其全部资产折为1000万元。个旧锡务公司成立后，不断引进国外先进技术，购置新式设备，延聘专业技师，试图全面采用新法生产。尽管其采矿、选矿、冶炼环节最终并未全面实现机械化，但它依然是20世纪20年代末云南乃至全国为数不多的采用新法生产的工矿企业之一，“至于个旧锡务公司，为国内历史最久，与惟一用新法经营之锡厂”①。个旧锡务公司在采矿和运矿环节，至20世纪20年代时，已均使用机器，基本上实现了机械化。② 在选矿环节，1919年，该公司在老阴山脚建新式细砂厂，“凡七层，成阶梯形。规模宏大，设备完全”，系新式选矿之始。1925年，又先后购入碎矿机、磨矿机、分级器、洗矿床、回矿带、沉淀箱、汲水机、格子筛等选矿设备，大大提升了其机械化选矿的能力，使其洗砂效率大为提高，1919年每日平均洗砂50吨，1925年每日平均洗砂即达250万吨。③ 由此可见，个旧锡务公司在选矿方面也基本实现了机械化。在冶炼环节，个旧锡务公司起初并未尽用新法，“惟锡务公司设有新式炼厂，但开炉较难，惟处理多量时用之，否则仍用土法”④。该公司初购置德国产煤气炼炉3座、熔锡倒焰炉6座建成制炼厂，但因无

---

① 苏汝江：《云南个旧锡业调查》，清华大学国情普查研究所，1942年，第27页。

② 杨寿川：《云南矿业开发史》，社会科学文献出版社2014年版，第425页。

③ 苏汝江：《云南个旧锡业调查》，清华大学国情普查研究所，1942年，第34～35页。

④ 钟纬、黄强：《云南个旧锡山报告书》（下），见云南省社会科学院历史研究所编《云南现代史料丛刊》（第7辑），1986年，第175页。

法做到从锡中剔出铅质而达不到较佳的冶炼效果。1915 年，聘用德国人可奈克为工程师，经其“多方改良”，效果良好，所炼大锡可以“屏弃杂质”，“一般商民，又多有托公司代炼者”。① 1931 年，对炼锡设备再行改进，聘请英国人亚启更为工程师，拆改炼锡炉，燃料改用柴油，收到良好效果。1933 年，试用反射炉炼锡获得成功，冶炼效果进一步提升。同年，不断改进的制炼厂从锡务公司分出，另组成为“云南炼锡公司”，其“专营收买净砂炼成九九以上之纯锡”，可无需掺以马来锡在香港精炼，“直接销售国外”。② 1940 年 9 月，云南炼锡公司并入新成立的云南锡业股份有限公司。是时，其资产折合国币 1000 万元，可见其虽存在的时间不长，但获得较为显著的经济效益。

云南锡业股份有限公司是国民政府对云南锡业实行统制的产物，是由国民政府资源委员会、云南省政府、中国银行三方合资创办的，是一家包括个旧锡务公司、云南炼锡公司和云南锡矿工程处的综合性冶金企业。公司资本 5000 万元，省政府出资 2000 万元，以原个旧锡务公司和云南炼锡公司资产折充，资源委员会和中国银行各出资 1500 万元。③ 公司总部设在昆明，综理财务、会计、规章、人事及器材的供应运输；厂矿管理处设在个旧，管理厂矿及工程技术事宜。

云南锡业股份有限公司成立后，在采用新法生产上多有建树。公司用低温熔析理论创造冶炼新法，提纯、生产纯度 99.75% 以上的精锡；其研究成功的调温结晶放液、油浴熔锡除铅、加硫除铜三项成果，获得英国 10 年专利权；发明用硫和硫化矿物去铜方法也获得专利；公司采矿引进美国方框采矿法，获得成功；选矿采用钢骨水泥摇床面，产净砂品位达 72.5%

---

① 钟纬、黄强：《云南个旧锡山报告书》（下），见云南省社会科学院历史研究所编《云南现代史料丛刊》（第 7 辑），1986 年，第 180 页。

② 曹立瀛、王乃樑：《云南个旧之锡矿》，转引自杨寿川《云南矿业开发史》，社会科学文献出版社 2014 年版，第 426 页。

③ 郑友揆、程麟荪、张传洪：《旧中国的资源委员会（1932—1949）——史实与评价》，上海社会科学院出版社 1991 年版，第 262 页；杨寿川：《云南矿业开发史》，社会科学文献出版社 2014 年版，第 432 页。

含锡量，所研制的漆面摇床获得成功而取代了进口；自制温砂式磁力选矿机，首次在世界锡业中使用磁力选矿技术。凡此种种，在生产技术进步的同时，公司产量逐年增加。1941 年，公司生产锡原矿 3.6 万吨、精锡矿 510 吨、炼锡 443 吨，1945 年分别增加为 4.24 万吨、1011 吨、930 吨。①

根据相关统计，1921—1938 年间，个旧锡务公司/云南炼锡公司产锡量占个旧锡矿总产量的比重，1931 年最高，为 14.72%，1938 年最低，为 4.15%，平均为 8.44%。② 由此可见，云南锡业生产的机械化率还是比较低的，绝大部分矿厂仍为土法生产。锡业是云南机械化程度最高的矿业生产部门，由此从一个侧面反映出近代云南矿业开发的机械化程度是非常低的。

第二节　对外贸易与近代云南手工业的发展

一、传统行业的延续与变化

传统手工业主要服务于农业经济发展的需要，是自给自足的自然经济的组成部分。第一次鸦片战争后，随着西方先进生产力渐次登陆，中国传统经济受其冲击开始发生变化。但是，地处边疆内陆的云南，受到这一冲击和影响不仅晚于东部特别是沿海地区，而且受到冲击的幅度显然也要弱得多。因此，在进入近代相当长的时间内，云南经济基本上还在原来的道路上前行，手工业的发展在这一点上表现得尤为明显。

与中国传统农业经济和地区环境相联系，正如本书第一章所述，近代前夕，云南已发展起包括纺织业、皮革业、冠帽业、建筑业、陶瓷业、五金业、造纸业、玉器琥珀器业、骨角业、编制业、刺绣业、染色业、漆业、制烟丝业、爆竹业、珐琅及翠花业、食品业等门类较为齐全的手工

---

① 杨寿川：《云南矿业开发史》，社会科学文献出版社 2014 年版，第 432 页。

② 杨寿川：《云南矿业开发史》，社会科学文献出版社 2014 年版，第 427～428 页。

业。而至清末，这些手工业种类不仅还在延续，而且还有所扩展，从而形成金属制品手工业、纺织和食品手工业、日用品手工业三大门类20多个种类的传统手工业发展局面。

云南矿产资源丰富，特别是有色金属矿，不仅种类多，而且储量丰富，因而，云南金属制品手工业的发展不仅历史悠久，而且技术精湛，富有特色。其中，不少的铁制品、铜制品、锡制品和金银首饰都非常富有地方特色，为人所称道。

自从铁制品出现以来，铁器与人类生产和生活的关系日益密切，在近代云南，大凡农具、工具和生活用具，无不有以铁制造者。锄、镰、斧、刀等各类农具，锤、凿、钉等各种工具，菜刀、剪刀、火钳、锅铲、门锁等各式生活用具，皆铁器生产的主要内容。如宣威县，“营业家数甚多，虹桥铺人尤专其业……制菜刀、铲、勺、镰、锄等类。销本境及迤南、江外等地”。寻甸县，“城内、双箐、龙院村等地制造各种农器、家具。月出器具百余件，每件值洋五角；出大锅、火盆六七十口，价值不一”。缅宁县手工铁制品主要有“铁锅、铁罐、铁铲、犁头、锄头、镰刀、泥笔、铁勺、铁钩、斧头、凿子、铁钉、铁铃、铁筷、铁貓、铁叉、铁链”等。①其中的铸铁锅，还成为一时之名品，远销省外，“云南铸锅技术甚精，锅之销行颇远，有时可达四川之盐场。平奕（富源）所出者可达广西百色”②。

近代云南铜制品种类多样，精品不少，而其中的斑铜、乌铜走金、乌铜走银等制作技术则别具特色。斑铜是以云南特有的高品位铜材为原料，经制或浇铸成形后，再以磨光、着色等特殊工艺处理而成的一种工艺美术品，其特点是色彩瑰丽，紫红中微透黄金交错的斑花。乌铜走金和乌铜走银的制作则是先在乌铜表面刻出特定的书法和山水花鸟纹样，然后置于火上，熔金粉或银粉填而“走”之，填满冷却后，打磨平滑，在乌墨色的底

① 《续云南通志长编》（下册），1986年，第514、519、525页。

② 李珪主编：《云南近代经济史》，云南民族出版社1995年版，第66~67页。

面上呈现金、银字样或纹样，其填以金者称“乌铜走金”，填以银者谓“乌铜走银”，其制品以质地坚实、色彩鲜明、工艺精湛、格调庄重典雅为最大特点。但以上两种铜作技艺，因工艺复杂、制作成本高，其制品用途不广，主要用于装饰和宗教、祭祀仪器等，与此有所不同是，白铜制作的器物不仅用途相对较广，如生活用品铜盘、手拱炉、水烟筒，宗教和祭祀用品佛像、钟鼎，文化用品纸镇、墨盒等，而且也一样不乏精品，如“江南宝号”所产白铜面盆以色泽光洁、经久耐用而最称名贵，时人多以此物为嫁女必备之物。①

云南产锡，“有个旧、宣威、泸西等县，而以个旧独著盛名”②，自战国时期开始进行开采以来，历经秦汉迄于元明清，均有人在这里从事生产。③在锡矿开采冶炼的基础上，云南锡制品日益发展，至清末时已成为云南输出省外的重要手工业品。其品种有飞禽走兽、花鸟虫鱼等各种玩物，餐、茶、酒等各种食器，香炉、烛台、供盘等各种祭器，但以玩物为最多。

金银饰品往往是婚嫁喜庆馈赠之佳品，特别是在云南这样一个少数民族众多的地方，不仅在节日里“穿金戴银”之风尤甚，即便是在平时，也是其他地方所难比的。光绪、宣统年间，昆明有银器业 192 户，大理 16 户，河西、通海、腾冲、丽江、石屏、建水、泸西、弥勒等地，都有银匠作坊。④而昆明、大理、鹤庆等地所产以品质高、工艺精、样式多著名。除单独打造外，金银还往往与各种玉材结合制成更加美观、更受欢迎的饰品，如戒指、耳坠、项链等。

纺织和食品手工业关乎衣、食，是传统手工业非常重要的组成部分。近代云南纺织手工业，按其使用原料的不同，大致包括棉纺织业、丝织业、麻织业、毛织业等；食品手工业则包括烟、酒、糖、茶、油，以及各种副食品、调味品等的加工与制作。

---

① 李珪主编：《云南近代经济史》，云南民族出版社 1995 年版，第 67 ~ 68 页。
② 《新纂云南通志》卷一四六《矿业考二》。
③ 杨寿川：《近代滇锡出口述略》，载《思想战线》1990 年第 4 期。
④ 李珪主编：《云南近代经济史》，云南民族出版社 1995 年版，第 68 页。

传统上，棉纺织业分为纺和织两大部分，即以棉花纺成纱，再将纱织成布，纺和织是紧密结合的。但是，近代以后，洋纱以其价廉质优的优势很快占领了中国市场，人们纷纷采用洋纱织布，纺与织开始分离。全国如此，云南自不例外。在蒙自开埠以前就已经有洋纱输入云南，而在蒙自、思茅、腾越等地相继开放后，洋纱为云南进口最大宗的商品，日益深刻地改变着云南棉纺织业的面貌。洋纱“价廉质优，妇女们都采用洋纱织布，从此手摇纺线、捻线业衰落”①。而与此同时，由于广泛采用洋纱，在很大程度上促进了近代云南织布业的进步与发展，如大理“昔用土纱，清光绪间，川人来榆，改用洋纱，众效之，出品日见进步，匀净远胜往昔，布幅亦加宽”；马关“初时自纺自织，以供本地衣着。现改用洋纱织造，织机逐年增加，出品等第亦颇整齐。分头、二、三庄，头庄宽一尺、长二丈四尺，二庄宽九寸、长二丈二尺，三庄宽八寸、长二丈。年约出一十二万匹，值国币一十五万元，推销越边各地”。②

云南本地产丝不多，但是或利用本地所产，或采办川丝，在一些地方长期存在着手工丝织业。而在民国时期，由于政府大力推广蚕桑业，在一定程度上促进了云南丝织业的发展，如漾濞县，黄丝“全县皆有，栽桑系夏府提倡，养蚕始于田自方，抽丝起于王朝富，及今黄丝日多。现仿川丝制造，出品几及川丝，年约出二千斤，每斤大洋七元”③。但是，民国时期云南蚕桑业推广也只是昙花一现，与之相应，云南丝织业并没有出现真正意义上的繁荣。

近代云南很多地方都有麻类作物的种植，其中，大麻“寻甸产麻为出口大宗”，亚麻“在滇一年可栽两回，子入药，称火麻仁，泸西尤多”，苎麻“滇各处产之，临江出口为大宗”。④ 因此，不少地方存在手工麻织业，并且除了本地区自用外，往往还能向外输出，如腾冲县“明光、大塘等地

---

① 《通海县手工业志》，第48页，转引自李珪主编《云南近代经济史》，云南民族出版社1995年版，第70页。

② 《续云南通志长编》（下册），1986年，第518、523页。

③ 《续云南通志长编》（下册），1986年，第521页。

④ 《新纂云南通志》卷六二《物产考五》。

土人自种苎麻、大麻，妇女纺绩成粗、细麻线。年出货千余驮，每驮价三四百元。多数运销缅甸”。麻工为牟定县“西北区夷民祖传职业，妇女早晚纺绩，不分季节，手法精巧，出量渐增。日产约可值滇币百元以上”。永仁县“第四区产麻，工人绩之以土制木机制造，年出十万页（一尺五为一页），值银一千元”。中甸县“大小中甸、北地、哈巴产麻，收获后，无论男女均能纺织。麻绳不可胜用”。①

滇西北的丽江、迪庆和滇东北的昭通、东川等地，以其环境之故，畜牧业向来发达，像“丽江、昭通之羊皮、会泽之毛毡，久已驰名各省”，因此，这些地方的毛纺织业具有较好的发展基础，而在近代则有了进一步的发展。如丽江大研镇就有400户、900人以手捻纺毛织造营生；昭通用羊毛织布，每匹长二丈八尺，宽一尺，有单线、双线之分，双线一种可与舶来品抗衡而值较廉一半。② 此外，腾冲、宣威等地毛纺织业在近代也有一定的发展，如腾冲所产毛毡“年出二三百驮，多运销缅甸，每驮价一百九十元”；宣威所产羊毛褥“年出百余打，销行全国”。③

食品手工业为传统时代人们日常生活所必需，所涉范围非常广泛，但就近代的云南而言，其制茶业尤为可书。

传统上，云南茶叶的制作与加工分为拣茶、杀青、揉茶、压制、包装等几个步骤。拣茶以分开茶叶的等级，如尖子、白芽、粗梭、细梭、老茶叶等；杀青以其方式的不同而有不同的称谓，用锅加热炒干者为“炒青”，置于太阳之下晒干者为“晒青”，以土火坑烘干者为“烘青”。而以炒青法最为普遍：将铁锅置于火上加热，加入鲜茶四五斤，以竹铲搅拌，10分钟左右取出，置于竹罩上，乘热用力揉搓，尽使其成条状毛茶。由此制成散茶，或再取毛茶蒸后压制饼形、砖形、方形等，包装后出售。④

---

① 《续云南通志长编》（下册），1986年，第512、517、520、523页。

② 李珪主编：《云南近代经济史》，云南民族出版社1995年版，第281页。

③ 《续云南通志长编》（下册），1986年，第512、515页。

④ 李珪主编：《云南近代经济史》，云南民族出版社1995年版，第75页；杨志玲：《近代云南茶业经济研究》，人民出版社2009年版，第83页。

1908 年，永昌祥商号在下关开办了第一个茶厂，从双江、缅宁（临沧）、顺宁（凤庆）、勐库等地购毛茶经顺宁、蒙化（巍山）驮运到下关加工，但制茶的整个过程全靠手工完成。① 20 世纪 30 年代末 40 年代初，先是勐海、凤庆两地引进或自制茶叶加工机器，后有顺宁、佛海、宜良等茶厂的机械化生产，但各地大大小小的茶叶生产者、茶厂绝大多数仍然是手工制作。②

在国门已开的背景下，手工制作是不利于云南茶业发展的，“就滇茶之环境与品质论，实具有攫取国际市场，而与印度、锡兰、日本、爪哇等产角逐于世界市场之可能性。惜乎地处边陲，交通梗阻，农民墨守成规，举凡栽培、制造、包装诸要端，均粗拙简陋，罔知改良。致发展无期，不为世人所注意”③。

其他日用手工业较为重要者则有皮革业、服装鞋帽业、编制业等。

皮革业可分为制革业和皮制品业。土法制革也就是一般所说的熟皮，即将牛、羊、马等兽皮，通过浸泡、削铲、脱毛、脱脂、烟熏、鞣制、晒晾整形等环节，从而把生皮变成熟皮。由于原料主要来自农村，不仅在城市有以此营生者，而且也是农村重要副业之一。随着越来越多的制革作坊和制革厂的设立，皮革生产数量日见增加，大量的皮革不仅在本地销售，还成为云南对外出口的重要商品，以 1927—1931 年为例，在蒙自、思茅、腾越三关所有出口的商品中，皮革仅次于大锡、经丝，而居于第三位。④皮革制品涉及面较广，用于生产和生活者均有，如腾冲，“土人向能制革……产品有皮包、皮鞋、皮鞍（摹仿西式），皮箱（仿广造）及一切革制品”；在缅宁，革制器就有“皮鞋、皮带、皮包、皮箱”等。⑤

服装鞋帽的制作，可以说是无地不有，且从业者也往往较多。如昆明

① 李珪主编：《云南近代经济史》，云南民族出版社 1995 年版，第 75 页。

② 杨志玲：《近代云南茶业经济研究》，人民出版社 2009 年版，第 84～85 页。

③ 《续云南通志长编》（下册），1986 年，第 606 页。

④ 《续云南通志长编》（下册），1986 年，第 578 页。

⑤ 《续云南通志长编》（下册），1986 年，第 512、525 页。

就曾有从事帽业者130家，制作成衣者272家，经营织毛衣业者8家；腾冲“城保妇女向习裁缝，在城市设肆者，近多大理、鹤庆人”；梁河“大厂、遮岛、合群等处妇女向习裁缝。在市面设肆者，多系鹤庆、蒙化人”；个旧成衣工“全县约五十家左右。营此业者，以江西人、四川人为最多”。①

编织所用材料就地取材，因地而异，有竹、藤、棕丝、草等。在竹子生长较为普遍的地方，编制竹器就比较盛行。如宣威县“鲍屯、龙场等处业此者多，四乡亦向有之，以竹制为筛、簸等件，巧者亦式样翻新。年出万余件，销行全县内外”；牟定县竹工“曹家河、杨柳箐及散居各区村者业此。祖传世业，颇能应时势之需要，增加产量，销行邻县”；缅宁县竹制器有“竹椅、竹帘、藤竹凳、竹笼、竹箩、竹几”等；贡山所属“产竹甚多，夷人尽能制造竹器，如居家日用簸箕、筛、箩、筐、篮等物均系自编。又俅江产有一种竹子，节长三四尺，名过江竹，竹皮柔软异常，曲子常以之造成竹盒竹筐，运销怒沧两江，光华夺目，工艺亦佳，他属不能及”；麻栗坡“产竹最富，凡一切家用竹器，如垫席、筛、簸、皮箩、提篮、背篮、农具各类，均系自造，并不仰给他郡，且可销售邻封各县。竹麻为麻栗坡出产大宗，每年运销文、西、马三县约计五六万斤。竹麻草鞋惟麻栗坡编织最良，年计出销二十余万双。油篾帽亦为麻栗坡、大坪等处出产大宗，年计出销四五十万顶，颇著名”。车里县“惟竹子随地皆是，而居民家内什物十分之六七属竹制，故竹工较多，亦以竹工为较有特色”。② 藤器编织，腾冲早在古代即负盛名，③ 近代腾冲的藤条多来自缅甸，编制技术也学习缅甸，“小西人到缅甸学习，现已逐渐推广，编椅子每把一至二十元，藤箩每个五角至一元”。元江县“距县城三百余里之上下六村产藤，有粗细二种，该地即出善制藤工，能制卧席、靠枕、桌几、

① 《续云南通志长编》（下册），1986年，第511、512、516、526页。

② 《续云南通志长编》（下册），1986年，第515、517、525、528、529、532页。

③ 李珪主编：《云南近代经济史》，云南民族出版社1995年版，第82页。

凳兀等类”。[①] 棕丝编织，宣威县松坡等地以棕树之纤维制作蓑衣，“年出百余驮，销近省各县”；梁河出产棕盖，“友义乡、大厂镇人以棕制成长方形，用以包货及盖马驮，历久不浸雨水。年出百驮，每驮四十余元”。牟定县“石者河、河节冲等地以家植棕树多少为凭，每年立夏后数日制造，约可值滇币百元以上。农人购作蓑衣，谓之棕箪，缝工式样改良，经久耐用”。[②] 草织以制蒲席者为多，如邓川县“东湖浜多水淹田，附近村民植以水蒲，长成后，刈而干之，以麻线网于木架，一人抬梳，一人编线，加以整理”从而制成蒲席，“为农暇早晚之副业。每张价洋三角，粗劣盖驮者每张一角五。年有一万张销于境外”。沾益县“城附近各家男妇用蒲草织席，精者每床价七八角，次者四五角不等”。弥渡县“高旗营、高孟营田地土质适种席草者较多，故专织花席为业。每年织数颇称大宗，为邻封各县所无之工艺。近年仙石营、仙鹤营、观音山、马房、瓦仓等村均推广种植，年产约三万余张……销出蒙化、祥云、凤仪及当地应用”。[③]

二、新行业的出现与发展

在传统行业发展与变化的同时，诸如火柴、肥皂、针织、瓷器等以前不曾有过的新行业和品种出现了。他们起初都是手工操作，随后逐步走向半机械化。

近代云南火柴制造工业主要有民生火柴厂、大有庆丽日火柴厂、瑞和火柴厂、利华火柴厂、锡庆火柴厂、大云南火柴厂等数家企业，它们均曾使用手工生产，有的甚至一直都是使用手工生产。在1937年之前，云南火柴企业均为私营性质。1937年，云南地方响应中央颁布的《火柴产销联营章程》，由建设厅召集昆明市各火柴厂商，成立昆明市火柴产销联营社。1938年，省政府会议决议，火柴试行专卖，由财政厅主持，设立云南火柴专卖处，分别将各厂商接收调整，并于专卖处下设五制造厂：第一、二两

① 《续云南通志长编》（下册），1986年，第513、528页。
② 《续云南通志长编》（下册），1986年，第515、516、517页。
③ 《续云南通志长编》（下册），1986年，第519、521、524页。

厂设在昆明市拓东路，第三厂设在大理，第四厂设在昭通，第五厂设在腾冲。“第一、二厂之出品，销售于昆明市及省垣各地。下关分处销售第三厂出品于迤西中部各县。腾冲分处销售第五厂出品于迤西边区各县，迤东各县则销售第四厂之出品。”① 各厂尽管有齐梗机、排板机、折板机、调磷机等机器设备，也采用了机器生产，但整个生产程序从齐梗、排梗、沾油、沾珠、干燥、拨架、装盒、刷边、打包，到最后的成品，多系女工手工完成。

近代云南的肥皂制造企业，见诸记载的似仅有均益洋碱公司一家。均益洋碱公司成立于1926年，工厂设在昆明金马村，营业部设在金碧路。从公司机器设备（枧化釜四台、脚踏打印机七台、手搬打印机一台、蒸汽锅炉一台、汽油发动抽水机一台、人力摇动抽水机三台等）和生产程序看，生产过程多需手工操作。其产品数量，1927年为32300箱，1928年为39000箱，此后直至1944年，产量一直维持在30000～55000箱之间，最高的1932年为55000箱，1943年最低，为32200箱。而其产品之销售范围，已包括云南省内各县及贵州省兴义、安顺、贵阳等地，不能说不广泛。② 由此可见，市场需求不够强劲应该是该厂出品数量增长缓慢的重要原因。

针织业是民国以后出现的新兴行业，主要集中在昆明和大理两地。昆明针织业始于民国初年，为广东商人传入，初不过一二家。1915年后逐渐增加，到1921年时有18家，资本3270元。1927年后，社会资本一时活跃，人民风尚转变，针织品销路大增。1934年，昆明共有织户90家，针织机600部，从业者2000余人，均为手工操作。产品主要为衣服、袜子、帕子、围巾等，销路迤南蒙自、个旧占四成，迤西占两成，迤东占一成半，贵州盘县、兴义占两成，其余销昆明城乡。民国后，大理当地天主教会法国传教士从法国运进两台手摇针织编结横机，天主教徒陈松鹤首先学

① 《续云南通志长编》（下册），1986年，第429页。

② 《续云南通志长编》（下册），1986年，第412～413页。

会编织工艺，并于1920年在大理开设作坊，有织袜机、横机各十多台，开大理针织业之先河。之后又有相继经营针织业者，但因资金和设备少，产品单调，受外来产品的冲击，发展比较缓慢。①

“云南旧有窑瓷业，因无具体调查，不知其详”②，但近代以来云南瓷业的发展显然是源于对内地产品质地上的技术引进③，不同于旧式瓷业。民国初年，永胜人袁从义等筹资兴办的“集玉公司”是云南一家较早的近代瓷业企业。该公司请来江西景德镇技师指导，制造土五彩，产品以碗为大宗，销行滇西各地。1930年，腾冲源兴瓷业有限公司，抓紧对景德镇瓷器绿皮釉的研究试制，仿制出江西绿皮碗，质地与釉面均不亚于景德镇瓷，因而远销缅甸。④抗日战争爆发后，又有长城窑业厂、滇胜兴业社、云南瓷业公司、机器造瓷厂、光大瓷业公司曲靖分厂相继建立，或为中央筹设，或为地方兴办，或为中央与地方实业界合办，或为内迁工厂，一时之间，云南瓷业顿呈繁荣之势。⑤但是，其中除机器造瓷厂、光大瓷业公司曲靖分厂的生产较多地使用了机器外，其他各厂均以手工生产为主。

三、对外贸易与近代云南手工业发展的关系

由于机器工业长期发展缓慢，手工业是作为近代中国工业的重要组成部分而长期存在的。在近代，手工业发展的主要表现，一是传统手工业生产规模的扩大，二是新兴行业的出现与发展及其走向“半工业化”。⑥从以上叙述不难看出，近代云南手工业的发展，当然也是如此。手工业的发展

---

① 李珪主编：《云南近代经济史》，云南民族出版社1995年版，第282~283页。

② 张肖梅：《云南经济》，中国国民经济研究所，1942年，第O84页。

③ 陈征平：《云南工业史》，云南大学出版社2007年版，第485页。

④ 李珪主编：《云南近代经济史》，云南民族出版社1995年版，第288~289页。

⑤ 张肖梅：《云南经济》，中国国民经济研究所，1942年，第O84~85页；《续云南通志长编》（下册），1986年，第418~419页；陈征平：《云南工业史》，云南大学出版社2007年版，第484~486页。

⑥ 彭南生：《半工业化：近代中国乡村手工业的发展与社会变迁》，中华书局2007年版，第125~132页。

与对外贸易关系密切。对外贸易与近代云南手工业发展的关系，主要体现在以下三个方面。

其一，手工业产品是近代云南出口商品的重要组成部分。相关研究指出：乡村工业在中国近代经济结构中的地位与作用非常突出，以棉织业为例，1913 年中国棉织业所使用的原料中，机器织布业所消费的数量为 0.15 亿磅，手工织布业所使用的棉纱达 5.43 亿磅，在消费比例中所占比重分别是 2.69% 和 97.31%，经过二十余年的发展，机器织布业获得了较大进步，但手工织布业所使用的棉纱仍接近 7.54 亿磅，占总消费量的 78.46%，机器织布业消费的棉纱近 2.07 亿磅，只占总量的 21.54%；[①] 乡村手工业在近代对外贸易中始终占据重要地位，即使在乡村工业衰退的 20 世纪 30 年代初期，经过 1929—1933 年世界资本主义经济危机打击的乡村手工业品出口，在对外贸易中的重要性也并未动摇，在对外输出品中占有较高的份额，如 1934 年农村手工业品占对外输出品的 23%，1935 年为 26%，1936 年为 28%。[②] 这还只是就乡村手工业而言，如果再加上城市手工业，手工业品在近代中国对外贸易中的地位必然更加突出。由于现代工业起步晚，发展缓慢，近代中国对外商品输出，长期主要是由农产品与土特产品、手工业品构成的。当然，由于中国地域广阔，区域差异很大，现代工业的发展参差不齐，一般说来，现代工业越落后的地区则在这一方面表现得越明显。云南又是中国现代工业起步最晚、发展最缓慢的地区之一，因此，手工业品在出口贸易中的地位当更加突出。如前文所述，大锡是近代云南最重要的输出商品，但其绝大部分锡厂为土法生产，属于手工生产的范畴。仅此一项便足以反映出手工业在云南对外贸易中地位之重要，何况除大锡外，云南出口之货“黄丝次之；牛、羊皮又次之。他若茶、药材、猪鬃、

---

① 方显廷、吴知：《中国之乡村工业》，载《经济统计季刊》第 2 卷第 3 期，1933 年 9 月；彭南生：《半工业化：近代中国乡村手工业的发展与社会变迁》，中华书局 2007 年版，第 128 页。

② 彭南生：《半工业化：近代中国乡村手工业的发展与社会变迁》，中华书局 2007 年版，第 129 页。

火腿及零星土杂货，亦为主要之交易品”① 之中，黄丝、牛羊皮等为手工制品，黄丝主要来自四川，牛羊皮原料主要来自云南各地农村，其正如海关贸易报告所指出的那样，“云南所制皮革，尚欠精良，但历年昆明出口之羊皮及猾皮为数甚多”②，云南“各关进出口货物虽有多种，而实际能左右进出口货物总价额者，在进口不过棉纱、棉花、煤油、烟草、纸烟、洋布类数种；在出口不过锡块、黄丝、牛羊皮三种”③，牛羊皮是近代云南仅次于锡、丝的重要出口商品（参表7.4），则进一步说明了手工业在云南出口贸易中起着支撑性的作用。

表7.4　皮革出口占近代云南出口货值百分比（1910—1937）

年份	比值	年份	比值	年份	比值	年份	比值
1910	1.56	1917	2.39	1924	2.69	1931	5.19
1911	1.13	1918	3.19	1925	5.83	1932	1.36
1912	1.27	1919	8.08	1926	7.02	1933	2.52
1913	2.01	1920	4.86	1927	5.30	1934	3.45
1914	1.41	1921	5.40	1928	9.70	1935	1.89
1915	1.37	1922	1.80	1929	9.13	1936	3.66
1916	3.48	1923	3.08	1930	6.46	1937	3.59

资料来源：吴兴南《云南对外贸易——从传统到近代化的历程》，云南民族出版社1997年版，第246~247页。

其二，对外贸易是促成近代云南手工业变迁的重要因素。近代云南手工业变迁主要体现为生产规模的扩大、生产环节的变化，以及生产工具的改良与生产工艺的改进等几个方面，而这些变化与对外贸易的发展密切

① 《新纂云南通志》卷一四四《商业考二》。

② 《海关十年报告1922—1931》，见中国第二历史档案馆、中国海关总署办公厅编《中国旧海关史料（1859—1948）》（第157册），京华出版社2001年版，第551页。

③ 云南省公署枢要处第四课编：《云南对外贸易近况》，1926年，第75页。

相关。

生产的扩大是市场扩大的结果，对外贸易的发展为手工业品提供了广阔的国际市场，促进了云南手工业生产规模的扩大，如过去猪鬃或被弃之于地，或仅有少量制作鞋刷等生活用品。随着对外贸易的发展，猪鬃成为重要出口商品，云南“出口货品以锡块为大宗，经丝、皮革次之，猪鬃及其他金属品又次之”①，各地洗鬃业大为发展，洗鬃作坊和猪鬃加工厂从无到有，发展较快。更为重要的是，经营对外贸易的各地商人为了达到“以商养工，以工扩商”，工、商互促，长远发展的目的，纷纷投资于工业领域，“对出口的各种土特产、矿产品进行简单分类、包装、加工”，② 如前述永昌祥商号先后在国内外开办了10个丝厂，并创办了昆明茶厂、下关茶厂、猪鬃厂等，有职工3000余人，锡庆祥商号先后在昆明等地开办大小工厂10余家，③ 全面抗战期间，庆正裕商号开设的猪鬃厂有工人300余人，每年洗制猪鬃七八百担，④ 因此而兴起了不少的厂矿企业，这些企业或全部为手工生产，或仅有部分环节使用机器，成为近代云南手工业生产的重要组成部分。

生产环节与生产工序的变化最为典型的例子是棉纺织业由过去的纺纱织布向买纱织布的转变。云南环境不适宜棉花种植，在大量洋纱进入云南以前，云南棉纺所用棉花主要进口自缅甸，各地将棉花纺成棉纱，再进一步将纱织成布，由于技术、染色和习惯等方面的差异，各地“土布”往往各具特色，一些地方甚至以此称最一方。但随着通商口岸的开放和对外贸易的发展，大量洋纱源源不断地进入云南。洋纱系机器织成，质优价廉，各地织者开始省略纺纱环节，径用洋纱织布日见普遍，如腾冲“纺织：城乡均有，土人向能纺线织大小布……原料因近年洋纱充斥，无论白布花布手巾袜子俱用洋纱。白布每年可出四五万匹，每匹价三四元。花布年出千

---

① 《续云南通志长编》（下册），1986年，第578页。

② 罗群、罗敏：《话说滇商》，中华工商联合出版社2008年版，第157页。

③ 薛祖军：《喜洲商帮》，云南人民出版社2013年版，第228、230页。

④ 赵启燕：《鹤庆商帮》，云南人民出版社2013年版，第63页。

余匹，每匹价一元余。手巾年出数千打，每打一二元。袜子年出千余打，每打价五六元”。宣威“织布：风行全境，男女工约数千人，购法国纱用旧式木机织造。年出四十余万匹，每匹（宽尺余、长两丈六尺）值银一元九角，销于本境及水城、威宁”。梁河“纺织：乡镇土人向能纺织，现聘请四川匠人教织花布、手巾，原料皆为洋纱。年出布二三千匹，花布数百匹，每匹价三四元。手巾二三百打，每打价一二元”。永仁“土布：仁和镇前产棉花，故土布出产甚多。自洋纱输入，棉花已无人种，织布人亦减少。现买洋纱以木机制之，年约出三千余件，值银六千元”，等等①。因为洋纱质优价廉，因此，这一生产环节的改变，不只是生产工序的变化，伴随而来的往往还有产品质量的提高、生产数量的增加以及销售市场的扩大，如大理县织布“昔用土纱，清光绪间，川人来榆，改用洋纱，众效之，出品日见进步，匀净远胜往昔，布幅亦加宽。年约出百万匹，销行各县，每匹价银二元”。马关县“马白、仁和、八寨等地，初时自纺自织，以供本地衣着。现改用洋纱织造，织机逐年增加，出品等第亦颇整齐。分头、二、三庄，头庄宽一尺、长二丈四尺，二庄宽九寸、长二丈二尺，三庄宽八寸、长二丈。年约出一十二万匹，值国币一十五万元，推销越边各地”②。

近代中国对外贸易，从总体上看，出口以原料和初加工品为主，进口则以机制品为主。从国外进口的商品往往与国内同类商品形成竞争关系，由于进口货为机器生产，质优价廉，易于形成竞争优势，对国内相关行业产生巨大冲击，云南当然也不例外。这种冲击的结果，往往表现为截然相反的两个方面。一方面是受外国商品的冲击，国内同类商品市场日蹙，随之而来的则是一些行业、企业衰落、倒闭；另一方面则是受进口商品的冲击后，“穷则思变”，改进生产工具与生产工艺，不仅没有因为进口商品的竞争而衰落，而是获得进一步的发展，甚至替代同类进口商品。就云南的

① 《续云南通志长编》（下册），1986年，第511、515、516、520页。

② 《续云南通志长编》（下册），1986年，第518、523页。

情形看，仍以棉纺织业表现最为突出。前者如屏边县“西区、南区皆产棉花，乡间妇女，多能织造。现洋纱、洋布充斥，土布除少数农家自织穿用外，已无销路，故织者日见减少”，曲溪县“在前清时所有江岸两旁之家，妇人均从事纺织……所出土布，极为坚固，蚊帐亦著名，可销行外县。近因洋纱洋布盛行，而纺织事业遂置之不讲”，或因生产工具落后，“惟系旧式织机”，或生产工艺不精，“无甚改良”，因之而陷于衰落；① 后者如楚雄县，既因采用洋纱而节省生产环节，又改进生产工具和生产工艺，获得长足发展，尤为典型：楚雄县手工业以布为突出，其品类繁多，如小改良布，系清光绪十六年夏知府提倡工业，发给纺车，令民间妇女自纺自织，现多自购洋纱制造，每日约出四十余件，每件价约一元；细大改良布，系光绪二十七年黄知县开办纺织局，乃用洋纱织细大改良布，每日出二十余件，每件价二元；粗大改良布，乃民国八年十二月一日改办平民工厂所织，日出二十余件，每件价一元八角；粗大合面布，系民国二十年九月二十六日成立织布业工会后所织，日出十余件，每件价约三元；粗小合面布，日出十余件，每件价二三元；粗广布，日出六七件，每件价约三元；细广布，日出六七件，每件价约三元。②

总之，进口商品对国内同类商品既是冲击也是机遇，但凡将冲击转化为机遇者则必然获得新生与发展。对此，不妨再以玉溪、通海、河西纺织业为例稍作说明。玉溪、通海、河西织布业向来发达，“土布著名者，以河西、新兴（玉溪——笔者注）为最，农家妇女织布者占十分之五六”③，但洋纱、洋布的进口不但没有对其造成不利影响，而恰恰为其进一步的发展创造了条件。一方面，大量洋纱的进口为扩大生产提供了便利。据载，民国初年，玉溪县进口洋纱生产土布100万匹，这是以前“自纺自织”很难达到的产量。另一方面，为与进口洋布争胜，提高质量、扩大生产，生产工具的改进被提上了重要议事日程。据载，织机由丢梭改为拉梭这一重

---

① 《续云南通志长编》（下册），1986年，第524、527页。

② 《续云南通志长编》（下册），1986年，第522页。

③ 《新纂云南通志》卷一四二《工业考》。

要改进就是通海县城人戴礼周于1920年聘请的四川技师胡义成改成的。由丢梭改为拉梭，功效提高了2～3倍，并且摆脱了布幅宽度的限制，可仿制进口宽布。洋纱的充裕和工具的改进，使玉溪、通海、河西织布业获得长足发展，1920年“通海县年产大小土布80万匹”，1935年昆明“‘大道生布庄’以订立加工合同，以纱易布的方式，在玉溪开办8个分厂（供纱换布点），有城乡织户6000余家为其织布，年产土布120万匹”，河西土布、通海线毯更是闻名全省①。

其三，从以上论述看，我们认为对外贸易与近代云南手工业的发展，不是传统上被认为的简单的“冲击—瓦解”的关系。冲击—瓦解只是一个方面，在受到冲击而使一些行业、企业瓦解的同时，也有一些行业、企业以此为获得新生的条件，积极利用对外贸易带来的“不利”条件，变压力为动力，不仅没有衰落，而且获得新生，有了更大的发展。从这个意义上讲，对外贸易与近代云南手工业的发展，从趋势看，应该是良性互动的关系，正是在这一互动中，二者均获得了发展。

第三节　对外贸易与近代云南机器工业的发展

相对于手工业，机器工业也就是一般所说的现代工业，包括重工业和轻工业两大类。而一般认为，1884年云贵总督岑毓英创设的云南机器局是云南现代工业的发端，至1949年底云南解放，云南近现代工业大体经历了兴起期（1884—1936年）、鼎盛期（1937—1945年）和衰退期（1946—1949年）三个时期。因此，以下论述大致按照先重工业、后轻工业的顺序简要叙述各个部门在不同阶段的发展与变化。在此基础上归纳近代云南机器工业发展的总体特征，分析对外贸易与近代云南机器工业发展的关系，进而说明近代云南机器工业发展的动力所在及其对外贸易在其中所起的作用。

---

① 李珪主编：《云南近代经济史》，云南民族出版社1995年版，第279页。

一、近代云南机器工业发展历程

（一）军事工业

为了镇压回民起义，同治七年（1868），“滇督刘岳昭、巡抚岑毓英利用粤省等给的饷银和派来的工匠，开始设局仿造洋炮”。同治十年（1871），岑毓英延聘法国人“在昆明筹办兵工厂”。但到同治十一年（1872），“回民起义失败，镇压军务完结，局务也跟着结束”。[①] 同治十三年（1874），云贵总督刘长佑、云南巡抚岑毓英在昆明创设军火局，“制造明火枪炮、叉杆、刀矛等，以济军用”[②]。但是，当时尚无机器设备，还是手工土法制造。光绪十年（1884），总督岑毓英由广东、上海、福建等地雇募工匠，创办云南机器局，专门进行武器弹药的生产。[③] 机器局的创办标志着近代云南军事工业的产生，云南机器工业也由此发端。到光绪三十四年（1908），机器局才具备了一定的规模，“自是器具略具，厂房闳阔，月出笔码可十二三万，并能搭造军刀、军械等件”[④]。

1912 年以后，云南机器局先后改名为云南陆军兵工厂和云南兵工厂，在多次扩大投资的基础上，生产能力大为提高。1926 年时，其生产能力达月产七五炮弹 60 发、瓦斯弹 200 发、三七炮弹 66 法、六八五步枪弹 10 万发、机枪弹 6 万发。抗战爆发后，云南先后派出两个军开赴抗日前线，这两个军除枪炮等主要武器装备为历年购自法国、德国、比利时、捷克斯洛伐克等国外，弹药及其他军械多为云南兵工厂历年所制造。[⑤] 但是，正当云南兵工厂鼎盛发展之时，1945 年 10 月蒋介石武力改组云南省政府，将其撤销，结束了它 60 余年的历史。

---

① 云南省国防科学技术工业办公室军事工业史办公室：《云南近代兵工史简编 1856—1949》，内部刊行，1991 年，转引自陈征平《云南工业史》，云南大学出版社 2007 年版，第 425 页。

② 《新纂云南通志》卷一三〇《军制考四》。

③ 《新纂云南通志》卷一三〇《军制考四》。

④ 《新纂云南通志》卷一三〇《军制考四》。

⑤ 陈征平：《云南工业史》，云南大学出版社 2007 年版，第 428 ~ 429 页。

除云南机器局外，云南地方政府虽先后开办过几家军工企业，但规模非常有限，生产能力较低，有的甚至只是涉及军工，兼造军用器材而已。抗战爆发以后，沿海及内地大批企业迁移到西南后方，其中的一些兵工厂陆续迁至云南，主要有兵工署第二十一兵工厂安宁分厂、兵工署第二十二兵工厂、兵工署第二十三兵工厂昆明分厂、兵工署第五十一兵工厂、兵工署第五十二兵工厂、兵工署第五十三兵工厂。①

需要说明的是，上述第五十三兵工厂为第二十二兵工厂和第五十一兵工厂合并而成。第二十二兵工厂和第五十一兵工厂在以上兵工厂当中原本设备最新，生产能力最强，两厂合并为第五十三兵工厂后，占地面积达4830亩，拥有进口机器设备近千台，员工及士兵夫役2400余人，是民国政府在云南兴办的规模最大的兵工厂。全面抗战期间，累计生产轻机枪15000余挺、望远镜13000余架、迫击炮瞄准镜3700余架、指南针27000具，并为中国远征军修理了近千门火炮、27000余（挺）支机枪、步枪及数以万计的光学器材、军用杂件。

以上兵工厂的迁入和设立，使云南成为当时中国军工企业较为集中的地区之一。由于中央政府在云南兴办的军工企业在技术、设备、管理等方面所具有的优势，不仅起到了引领云南地方工业发展的作用，还为本地培养了一批专业人才，有利于云南地方经济社会的发展。然而，抗战胜利后，大批的内迁企业，或迁回原地，或撤销，或合并，或拆分，近代云南军工企业发展的盛景已不复再见，不可避免地走向了衰落。

（二）矿冶工业

云南矿产蕴藏丰富，矿产开发和矿物冶炼的历史悠久，近代以来，弃用土法采用机器采矿、冶炼者日见增多。近代，云南矿冶企业已较多地采用了机器生产，其中规模较大的主要有：个旧锡务公司及云南炼锡公司、云南锡业公司、云南矿业公司、东川矿业公司、滇北矿务局、电气制铜

---

① 云南省国防科学技术工业办公室军事工业史办公室：《云南近代兵工史简编1856—1949》，内部刊行，1991年，转引自陈征平《云南工业史》，云南大学出版社2007年版，第431～434页。

厂、宝华锑矿公司、云南明兴矿业公司、个旧钨锑分公司、平彝钨锑公司、文山钨矿公司、银铅锌矿厂管理处、昆华煤铁特种股份有限公司、昆明电冶厂、中国电力制钢厂、云南钢铁厂、宣明煤矿公司、明良煤矿公司、滇西企业局等。①

从时间上看，如表7.5，除极少数矿冶企业在民国以前就已采用机器生产以外，如个旧锡务公司、宝华锑矿公司等，绝大多数是进入民国以后才成立或采用机器生产的。从企业性质看，由于矿产的开采与冶炼需要的投入较大、收益周期较长，民营资本一般难有实力进行投资，因此，商办者较少，而以官办或采用官商合办的形式为主。

表7.5　20世纪前半期云南历年政府创办的主要矿业企业一览表

厂别	创办年份及性质	资本总额	官股额所占百分比	商股额所占百分比
个旧锡务公司	1909年，官商合办	176.95万元	57%	43%
云南炼锡公司	1932年，官商合办	50万元	74%	26%
云南矿业公司	1937年，官商合办	16277.59万元	99.81%	0.19%
东川矿业公司	1913年，官商合办	75万元	13%	87%
滇北矿务局	1939年，地方官办	2100万元	100%	
宝华锑矿公司	1908年，官商合办	34.87万元	97%	3%
个旧钨锑公司	1936年，官商合办	632.04万元	97%	3%
云南明兴矿业公司	1918年，中美合资	100万元	50%	50%
滇西企业局	1933年，地方官办	2500万元	60%	40%
平彝钨锑公司	民国初年，商办；1938年起，地方官办	692.5614万元（1938年，投资数）	100%	
文山钨锑公司	1943年，地方官办	215万元	100%	
银铅锌矿厂管理处	1942年，地方官办	2250.79万元	100%	

① 《续云南通志长编》（下册），1986年，第440页。

（续表）

厂别	创办年份及性质	资本总额	官股额所占百分比	商股额所占百分比
昆华煤铁特种股份有限公司	1939年，官商合办	1500万元	50%	50%
中国电力制钢厂	1938年，中央与地方合资	60万元	100%	
云南钢铁厂	1939年，中央与地方合资	2000万元	100%	
昆明炼铜厂	1939年，中央政府独资	130万元	100%	
宣明煤矿公司	1939年，中央与地方合资	700万元	100%	
明良煤矿公司	1904—1939年为商办，后为官商合办	不明		

资料来源：云南省志编纂委员会办公室《续云南通志长编》（下册），1986年，第440～510页；陈征平《云南工业史》，云南大学出版社2007年版，第394～396页。

而在民国时期之中，如表7.6，全面抗战时期云南各地纷纷新成立或改组了不少的企业，掀起了近代云南矿冶业发展新高潮。其中，有些企业是在沿海和内地企业因抗战内迁云南，以及在大后方建设过程中成立的，这些企业或同大多数其他内迁企业一样，在抗战胜利以后纷纷迁回原地，或因大后方建设的结束而撤销不少，近代云南矿冶业的发展也因此一时陷于停滞。

表7.6 全面抗战时期云南新兴矿业团体一览表

机关或公司名称	主管机构或公司性质	成立或改组时间	业务概况
滇西企业局	云南省企业局	1939年（改组）	采取元永井盐及一平浪附近煤矿
云南矿业公司	云南省企业局	1937年	开采蒙自、个旧锡矿，开办开远水电厂

（续表）

机关或公司名称	主管机构或公司性质	成立或改组时间	业务概况
云南钨锑公司	云南省企业局	1937 年	办理全省钨锑统计及运销等
鲁甸矿务局	云南省企业局	1939 年	开采鲁甸县各地矿产
资源委员会昆明分会	经济部	1937 年	开采制炼云南省各类矿产并制造用具
易门矿务局	资源委员会	1939 年	开采易门、峨山等县铁矿及安宁铅矿
宣明煤矿公司	云南省政府、资委会合办	1940 年	开采宣威、嵩明两县煤矿
采金局金矿探勘队	经济部	1940 年	调查及试探云南各地金矿金砂
叙昆铁路沿线矿产探勘队		1940 年	调查探勘铁路两旁 50 千米内矿产
地质调查所昆明分所	经济部	1937 年	调查云南地质矿产
资委会锡矿工程处	资委会	1937 年	开采个旧老厂、秧草塘一带锡矿
明良煤矿公司	云南省政府与资委会合办	1939 年（改组）	开采宜良、嵩明两县大煤山一带煤矿
昆华煤铁特种公司	兵工署及云南省	1939 年	开采泸西、路南、弥勒煤及易门、禄丰铁矿
永胜瓷业公司	民营	1938 年	开采永胜瓷土自制各种瓷器
西南矿业公司	官商合办	1938 年	探采蒙自、金平一带金矿
长城窑业公司	民营	1939 年	开采昆明西山耐火土自制耐火砖器具等
滇北矿务局	云南省政府官办	1939 年	采冶会泽、巧家、永胜等县铜、铅、锌、硫黄等矿
光大瓷业公司	民营	1939 年	采制曲靖县瓷土瓷器

资料来源：云南省志编纂委员会办公室《续云南通志长编》（下册），1986 年，第 507～508 页。

（三）机械制造业

此处所谓机械制造业特指除军工品之外专门从事各种机械设备生产的行业和部门。机械制造业是生产机器的制造行业，机械制造业的生产可以为整个国民经济提供技术装备，是国民经济各相关产业部门发展的基础，“在平时，固为一国生产事业维持正常所必需，而战时扩充生产能力，更赖机械工业为其基础”，因此，“世界各国，对于该业之建立，莫不殚精竭虑，全力以赴。我国沪、杭、津、汉、广州等地，机械工业早有兴办”，但云南因风气不开，其机械制造业不仅起步晚，而且发展落后，全面抗战爆发前“仅模范工艺厂略具规模”，全面抗战期间获得前所未有的发展，“抗战后，多数工厂迁滇，本省机械工业之发展有如雨后春笋”①，“自抗战军兴以后，各种工厂渐渐内移，而云南远居西南后方，少能受军事上之直接威胁，宜于建设各种有关国防之大工业，故近年滇省在大工业上的发展极为迅速”②。

云南模范工艺厂是云南五金器具制造厂的前身，由清末所设劝工总局发展而来：本省在前清光绪末年，曾有劝工总局之设立，其目的在训练各县贫家子弟，授以工艺技能，俾克自谋生活，为含有教育及慈善性质之机关。内设机械、木器、藤器、陶瓷、丝织、编织、漆刊及电镀、铜器、铁器、锡器等科。光复后，自 1914 年改称模范工艺厂，直隶省长公署。1921 年后，改隶实业司、实业厅、建设厅，先后添置少数机器，成立简单之机械厂，制造小型机器及农具等物。添设化学工业科、毛织科、织袜制棉科。附设男子简易工厂，教授简易各种手工艺。1928 年奉令将省立女子工厂归入办理后，除教育贫民子女授以各项工艺外，并能自行生产。③

可见，云南机械制造业虽说是发端于云南模范工艺厂，但云南模范工艺厂还不能算作专门的机械制造企业，其产品不仅包括数种机器，如喷水机、弹力机、绞肉机、吸水机、蒸汽发动机、电力发动机等，还包括雕漆

---

① 《续云南通志长编》（下册），1986 年，第 371 页。

② 张肖梅：《云南经济》，中国国民经济研究所，1942 年，第 030 页。

③ 《续云南通志长编》（下册），1986 年，第 371 页。

桌椅、家具、藤帘、藤桌、藤椅等木器，以及风扇、毛毯、花布等生活用品，并且在这各种产品当中，“畅销以木器为最，机械次之”①。1934 年，“经省务会议决议，将模范工艺厂改隶于经济委员会，扩充为五金器具制造厂”，增加资本，添购机器，扩建厂房，并在原来的基础上进一步扩展业务，“复添设搪瓷、铝器之制造”，从而使云南模范工艺厂在演变为云南五金器具制造厂之后真正成为一家以机械制造为主的企业，“除制造各种新式木器外，专造工具、机器”。②

除云南五金器具制造厂之外，云南主要的机械制造企业还有：华安工厂，1920 年创办，生产各种铁器、抽水机、切面机、印刷机、压榨机、煤烟引擎、织布机、碾米机等；华兴工厂，1920 年创办，修配五金各种零件，制造铜铁栏杆及五金等器具；振亚机械厂，1930 年创办，生产工程用具、农具、石印机、洋枧机、火柴机、碾米机等；昆华工业学校实习工厂，1930 年创办，“利用实习余暇，从事生产，代客制造修配机器零件，并自制各项纺织机械配件及普通农产机器以应市”；市立民生工厂，1933 年创办，生产柴油机、碾米机、榨油机、切面机及各种木器；永协隆机器厂，1933 年创办，生产水龙机、煤油机、榨油机、洋枧机、蒸汽机、洋炬机、柴油机、织布机、煤球机、洋烛机、碾米机等；云南电气制铜厂，1936 年创办，业务主要为电解精铜、机制各种铜铁铝质器具，以及铜铁机械与电镀物品等；③ 等等。这些工厂多为个人经营，规模有限，资本较少，资本额满国币一万元者寥寥无几，这也正如张肖梅所说的那样，“但在工业术语上，所谓机械工业实即重工业之义，而云南原有之本业，其规模之小，资本之薄，远不能以重工业相称，充其量亦不过小规模之机器厂而

---

① 《续云南通志长编》（下册），1986 年，第 372 页。

② 《续云南通志长编》（下册），1986 年，第 372 页。

③ 《续云南通志长编》（下册），1986 年，第 371～386 页；《续云南通志长编》（中册），1986 年，第 848 页；张肖梅：《云南经济》，中国国民经济研究所，1942 年，第 030 页；陈征平：《云南工业史》，云南大学出版社 2007 年版，第 437～439 页。

已”①，说明全面抗战爆发之前云南机械制造业的发展是相当落后的。

全面抗战期间，从沿海或内地迁入云南或新开办的机械制造企业主要有：中央机器厂，成立于1938年，主要产品为蒸汽锅机，煤气机，水轮机，发电机，包括各式车床、刨床、钻床、铣床在内的工作母机，大型梳棉机，作业机器，以及包括分厘卡、钻铣刀在内的精密工具等；德和机器厂，成立于1939年，主要产品为五尺、十尺车床、落地钻床、牛头刨床、九尺龙门刨床、万能铣床、空气压缩锤等；西南联合大学机械实习厂，1939年成立，业务方面，除供给学生实习外，兼营机器制造及修配工作，主要产品为各种机器配件、车床、手摇钻床、老虎钳、大小铜铁铸件等；中央机电制造厂，成立于1941年，主要产品为离心抽水机；中南钢铁厂，成立于1943年，主要业务为制造机器及门锁、铰链、插销、风钩等五金零件；裕云机器厂，成立于1944年，产品包括纺纱机、梳棉机、清棉机、并条机、垃圾机、打包机，以及各种纺织机零配件等；② 等等。这6家企业当中，有3家为中央或地方政府兴办，2家为私营，反映出全面抗战期间云南机械制造企业的资金来源与之前相比发生了一定程度的变化。政府的投资在很大程度上保证了企业资金来源的充分，如裕云机器厂，资本“原为国币六千五百万元，后以扩充业务，第一次增资三千五百万元，第二次增资五千万元，总额现为国币一亿五千万元”③，而资金的充分，使得云南机械制造业与之前相比，从总体上看，无论是在生产规模、技术装备，还是生产能力、产品销路方面，都有了较大的改观。

全面抗战中后期，战争波及云南，对云南工业企业的正常运转造成了一定影响，或原料供应受限，或厂房毁损，或减产、停产，或销路受阻，不一而足，机械制造业当然也不例外，如中央机器厂，在1940年“秋间昆明局势一度紧张，滇越铁路交通阻断，而滇缅路又未开放，外购器材，无法内运，对该厂制造工作，妨碍颇大……三十年（1941）初，承滇局一

---

① 张肖梅：《云南经济》，中国国民经济研究所，1942年，第O30~41页。

② 《续云南通志长编》（下册），1986年，第374~386页。

③ 《续云南通志长编》（下册），1986年，第374页。

度紧张之后，竭力加紧生产工作。年内敌机复时袭昆郊，据统计，三十年空袭警报达五十四次，该厂且经四度遭炸。是年八月十二日一次，损失特重，厂房仓库等全毁至十所，半毁者亦四所，机件亦稍有毁坏，综计损失不下二百八十余万元。一时厂内工作遂告停顿，整理修葺，并迁移疏散，旷时月余”。抗战结束后，云南机械制造企业有的虽然还在继续经营，但受政府投资重心的转移，有企业或停工，或紧缩，或解散，或迁走，云南机械制造业发展的春天顿失。①

（四）电力工业

近代云南电力工业肇始于石龙坝水电站与耀龙电灯公司的创立，耀龙电灯公司作为中国的第一个水力发电企业，于1910年出现在祖国边疆的昆明。它的第一座水力发电厂于1912年在离螳螂川自滇池出口处的“海口”以西的石龙坝建成。②

耀龙电灯公司“当时所设发电机之电量，共为四百六十基罗瓦特，足敷安设十六支烛光电灯二万六千余罩。因工程费巨，共用款六十余万元，除实收股额不敷外，尚负债四十余万元”，但随着电灯与电动力需求量的增加，“以近年市内人户增加，各项电力发动工厂相继成立，需用电力颇巨”，公司收入开始好转，“十二年统计营业收支，除偿还前欠四十余万元外，微有赢余”，而以“电量分配渐有供不逮求之势”，急需扩大生产，“乃于是年提经股东会议议决：添招新股，增加股额为一百万元，由政府负责添募新股现金十四万元，改订章程。于十六年（1927）照《公司条例》呈经核准立案”，实现供电约“电灯用户五千数百户，马力用户七十余户”，其营业额，以1935年为例，“共售电一百九十八万五千六百九十度，值国币一十八万五千六百五十七元”。③

耀龙电灯公司，虽经先后添置发电机，“惟发电机容量仅达二千四百

---

① 李珪主编：《云南近代经济史》，云南民族出版社1995年版，第496~497页。

② 毕斤斗：《石龙坝水力发电站建站前后的回忆》，见《云南文史资料选辑》（第16辑），云南人民出版社1982年版，第140页。

③ 《续云南通志长编》（下册），1986年，第339~340页。

四十瓩，仍不足以应付当时之照明需要，而工商企业工业之用电更无从获得”，于是，“经济委员会自行创立一千二百五十瓩之蒸汽发电厂于云南纺织厂之旁，建厂装机，于民国二十六年（1937）七月完成，开始发电，名曰昆明电厂”。而与此同时，由于“抗战以来，工厂相继迁滇，电力需要激增，而原耀龙公司之负荷更重，照明与动力愈感不足”。在此种情况下，“为谋供求相济，耀龙公司遂于二十七年（1938）六月一日，与昆明电厂合并改组，更名为耀龙公司”。合并改组后的耀龙公司，资本逐年增加，至1946年时，资本规模已达国币6000万元；供电能力逐年增加，1939年发电约1100万度，仅仅6年之后的1946年，发电量就翻了一番，实现发电约2200万度。①

除耀龙公司外，近代云南电力工业企业还有河口汉光电灯公司、蒙自大光电灯公司、云南矿业公司开远水电厂、开远通明电灯公司、昭通民众实业公司电力厂、昆明纺织动力厂、下关玉龙水力发电厂、腾冲叠水河水力发电厂工程处、昆湖电厂等数家。② 如果将近代云南电力企业的发展划分为不同的时期来看的话，全面抗战爆发之前，尽管“有耀龙、开远、蒙自、河口、昭通等厂”，但“其中规模较大者仅耀龙一家，全省发电量亦不过五千基罗瓦特左右，耀龙即占百分之九十以上，而耀龙之电力，原即不够供给”，全面抗战爆发之后，电力需求增加，经国民政府中央资源委员会和云南地方政府的积极筹措，先后创办开远、昆湖、玉龙等发电厂，从而使云南电力工业与其他工业部门一样在全面抗战期间获得了较大发展。③

（五）化学工业

近代云南化学工业，有的原属传统行业，有的则为近代以来才兴起的新行业。但不论是传统行业，还是新兴行业，只要其生产过程以机器代替了手工工具，均属于机器工业的范畴。

---

① 《续云南通志长编》（下册），1986年，第340～341、345页。

② 《续云南通志长编》（下册），1986年，第351～371页。

③ 张肖梅：《云南经济》，中国国民经济研究所，1942年，第049～50页。

近代云南化学工业涉及面较广，包括工业品和日用品在内，大致可以划分为炼油、橡胶、水泥、酒精、化工材料、制革、肥皂、电池和火柴、瓷器和玻璃、药品、造纸 11 个类别。而各个类别已基本都能满足市场所需，生产多个品种和较多的数量，反映出一种门类日趋完备的发展趋势。①

从发展阶段看，近代云南化学工业在全面抗战爆发前以原属传统行业者为多，新兴行业多半是在全面抗战期间创办的；全面抗战爆发后创立的这些企业，基本为官办或官商合办，私营者极少，因而资本往往都比较雄厚。即以《续云南通志长编》所载 22 家企业来说，除均益洋碱公司、云南制革厂、云南火柴厂总管理处 3 家建立于全面抗战爆发前外，其余的 19 家——大成实业公司、云南酒精厂、草坝酒精厂、云南恒通化学工业公司、光华化学工业公司、利滇化工厂、安达炼油厂、昆明化工材料厂、大利实业公司造酸厂、昆明制酸厂、振昆烧碱公司、云丰造纸公司、光大瓷业公司曲靖分厂、昆明永生玻璃厂、华新水泥公司昆明水泥厂、新华化学制药公司、昆明磷厂、工光企业公司、元丰油漆厂均成立于全面抗战期间；全面抗战爆发前成立的 3 家企业，资本额最多者有国币 450 万元，最少者只有国币 5 万元，而全面抗战期间成立的 19 家企业，其资本动辄上千万元，甚至几千万元，哪怕是资本最少的振昆烧碱公司也有 300 万元。②抗战时西南大后方建设对云南化学工业的推动作用，由此可见一斑。

（六）纺织工业

近代云南第一家较具规模的机器纺织企业为云南纺织股份有限公司。关于该公司创办的原因，史载 1934 年，“政府鉴于本省纺织工业不足，外来棉纱匹头充斥，因计划办理纺纱厂与织布厂”③，反映出云南地方当局在纺织品领域以当地所产代替进口的努力。除此之外，正如前述，云南地方政府曾一度大力推广植棉业，而棉花是重要的纺织原料，因此，该公司的

① 陈征平：《云南工业史》，云南大学出版社 2007 年版，第 471 ~ 372 页。
② 《续云南通志长编》（下册），1986 年，第 391 ~ 440 页。
③ 《续云南通志长编》（下册），1986 年，第 372 页。

设立，还有“利用禁种鸦片之土地改植棉花可为原料”这样一个背景。①

云南纺织股份有限公司包括纺纱厂和织布厂，其资本构成为官商合股，先是“拨国币六十万元，后增为二千万元，由云南省经济委员会统筹办理”。在经过两年的筹备后，纺纱厂和织布厂“两厂二十六年（1937）五月底相继完成，各项机械均已装置完善，同年八月开工生产纱布”。② 其生产能力，“纺纱部每日棉纱产量（十支及二十支）约标准包 8 包，原料取自汉口、缅甸及本省产棉区剑川、宾川一带；织布部，专织平纹及斜纹布，平均每日可出 60 匹”；产品销路，“细纱几全为本厂织布厂自用，粗纱及布，则销至本省三迤各地，约至迤东昭通、曲靖者为最多，居五成，本市占一成，迤西下关、大理，迤南玉溪、通海等地约占二成”。③

除云南纺织公司外，近代云南较具规模的机器纺织企业还有 3 家，即裕滇纺织公司、振昆实业公司和中原纺纱厂。

裕滇纺织公司成立于 1940 年，为云南省经济委员会与中国、交通两行合资经营，所出产品为五华牌十支、十六支、二十支、三十二支各支棉纱。④

振昆实业公司系由振昆织染厂扩充组织而成，“振昆织染厂成立于民国二十八年四月，以制造漂染各种精细棉布为主业，年产大观楼牌各色棉布约二万匹。三十三年增资为国币一千万元，添置机器，扩充设备，组织振昆实业公司”。相对而言，振昆实业公司是一家比较综合的机器纺织企业，“所属生产部门，有振昆织染厂、湖滨漂印厂、捷足袜厂及新生活内衣厂等四单位”，除经营织布、染色、漂白及印花业务外，公司主要业务为制造日用衣被物品。其生产布品有大观楼牌原白细布及其染色布、重磅帆布、四十磅卡机布三种，而所出日用衣被物品包括衣被、毛巾、棉袜三大类十多种物品，几乎全为人们日常生活所必需的物品。其中，衣被类有

① 云南省档案馆编：《云南档案史料》第 1 期，1983 年 5 月，第 76 页。
② 《续云南通志长编》（下册），1986 年，第 372 页。
③ 张肖梅：《云南经济》，中国国民经济研究所，1942 年，第 014 页。
④ 《续云南通志长编》（下册），1986 年，第 374 页。

棉被、棉褥、被套、被单、棉枕、枕胎、蚊帐、衬衫、汗衫、内裤、门帘、台布、帆布旅行袋十三种；毛巾类有翠湖春巾、翠湖秋巾、胜利毛巾、振昆浴巾、振昆头巾五种；棉袜类则有健康袜四种。[①]

中原纺纱厂，成立于1943年11月，原名中原企业公司纺纱厂，资本总额1000万元。“原料仰给陕棉”，其产品虽“行销昆明市邻近各县，颇为通畅”，但因开工不足，“目前仅能开工一百六十八锭”，电力供给时有间断，生产能力较低，“月产总额仅六十余股”。[②]

除此之外，大华企业公司虽非专门的纺织企业，但设有纺织厂，“机纺粗细棉纱，电织毛巾布匹”[③]。

与其他机器工业相比，近代云南机器纺织企业的分布非常集中，以上四家企业均在昆明。这样的分布格局，与云南落后的交通共同作用，其结果是近代云南机器纺织业对全省的辐射与影响相对有限，远远不能满足广阔的市场需求，[④] 何况，从总体上看，这些机器纺织企业的生产能力都还不太高。

（七）食品加工工业

食品加工领域涉及面广，但在近代云南大多还都是手工生产，有些只是在某些工序上使用了机器设备，真正使用机器生产者则非常少。而部分或全部使用机器设备又较具一定规模的企业主要分布在以下不同的行业。

罐头食品是因“欧风东渐”才在中国出现的新事物，而近代云南的罐头食品则始于对火腿的加工。宣威人浦在廷以为“家乡盛产火腿，且质地优良，味道鲜美；但由于支头过大，携带不便，又不卫生，还没有把销路打开，只能在本地区自产自销”，由此想到，“如果将火腿制成罐头，不但

---

① 《续云南通志长编》（下册），1986年，第375～376页。

② 《续云南通志长编》（下册），1986年，第376页。

③ 《续云南通志长编》（下册），1986年，第438页。

④ 陈征平认为：云南近代机器纺织业，“尽管企业数量不多，但于当时也在一定程度上满足了市场的需求，并发挥了对洋货进口替代的一定效果”。陈征平：《云南工业史》，云南大学出版社2007年版，第494页。

能保持火腿味道鲜美的优点，而且方便携带和食用，这样就能打开销路”，于是筹集资金，一方面派人到广州学习制造罐头的技艺，一方面到香港购买生产罐头的机器，于1909年成立宣威火腿罐头有限公司。“产品投入市场后，即因携带方便，应用广泛，更因质量优良，风味独特（色、香、味俱佳）而畅销全国，远销东南亚，大有供不应求之势，使宣腿一时名扬中外，成为云南三大名产之一。”在浦在廷公司的示范效应的带动下，“宣威境内先后出现了上百家火腿商号，较大的有‘利源通’‘秉诚公’‘聚盛祥’等等，每年销往省内外的火腿约30万公斤，火腿市场一时群雄并起，‘义信成’‘裕丰和’‘中常公司’等后来居上，与浦在廷的‘大有恒’四足并立，日产上千罐，每年约30万罐销往东南亚地区并进入欧美市场”。①

但是，总体而言，以上几家罐头公司的规模都不大，而且除制罐密封使用机器以外，其余工序都是手工操作。1948年初由德和祥商号改组成立的德和罐头股份有限公司，起初也是如此，“全部生产工艺流程中除制罐一项使用机器外，其余各道工序都是手工操作，生产效率既低，又难保证优良质量，特别是造成了大量浪费”。后来，“经过若干努力改用机器切片以代替人工切片，节约了大量劳力，划一了片型规格”，从而使德和罐头公司成为近代云南火腿罐头制造领域制造技艺最为先进的一家企业，“1948年春，第一批长方形的‘云腿’罐头问世。色香味醇、开罐方便，使它逐渐畅销国内外，很快便打开了销路，营业蒸蒸日上。到1949年，‘德和’除了在昆明崇仁街1号设有营业部外，还在香港甘诺道32号、广州中兴路151号先后设立了办事处”。②

与以上罐头公司形成鲜明对比的是，于1939年成立的罐头食品工业合作社，不仅机械化程度较高，有切铁、制罐、封口、炼乳、蒸气等机器用

---

① 蒲元华：《浦在廷与宣威火腿》，宁少逸、浦恩宇：《宣威火腿罐头的创始人浦在廷》，浦婵珠：《浦在廷对民族工商业的开拓和对民主革命的支持》，均见《云南文史资料选辑》（第49辑），云南人民出版社1996年版。

② 程茂绩：《昆明德和罐头早期历程》，樊心鹄：《回忆德和祥》，均见《云南文史资料选辑》（第49辑），云南人民出版社1996年版。

以生产，而且产品也较多样，出品主要为炼乳、五香牛肉和鲜味鱼等罐头。然而，其生产数量因受原料供应的限制，波动较大，“每月多至七千听，少至二千听不等，因鲜奶产量四季不同之故也”①。

近代云南制糖行业使用机器生产者，见诸记载的只有云南制糖厂：“初，本省土法所制白糖，品质不佳，不能与外货抗衡，且附产品之糖蜜，不予利用，废弃可惜。省企业局有鉴于斯，设立云南制糖厂，用新法机制白糖，谋与外货竞争，以挽利权外溢。出品精良，甚博好评。附产糖蜜，则以制酒精，销路亦佳。”由此可见，该糖厂不仅利用机器制糖，而且以附产品糖蜜制酒精，实现对原料的高效利用，形成较为合理的生产链。从制造程序看，该糖厂已经形成一套完整而成熟的制糖工艺，“先将红糖加水加热溶化，澄清后，滤过骨灰，以去色及杂质，而后导入煎糖器中，加热煎浓，放入结晶桶冷却并结晶。再经离心机分去糖蜜，即得白糖”。产品分为数种，有“一号、二号、三号白糖，冰砂晶糖，盒装方糖，纸包方糖，副牌方糖等”；生产量，从 1943 年 3 月起到 1945 年 6 月止，共计生产 424301 公斤；销售情况，“在三十二年系委托金碧路振华公司总经销及各大商号分销，并与战地服务团、励新合作社订约，供应其所需。至三十三年，则因调整营业，将总经销处及各代销商号承销办法取消，自行在金碧路 439 号设立营业处批发及零售，以迄于今。所有产品，大部分俱仍售给美军”。② 由此看来，尽管可以说该厂已为云南新式糖业的生产奠定了基本的近代化基础，但生产能力毕竟有限，销售面也不广，这也正说明了近代云南糖业生产的落后。

近代云南机制面粉加工，有嘉农面粉厂和滇新企业公司两家企业。③

嘉农面粉厂本隶属于大成实业公司，“民国二十八年一月，董澄农、

---

① 《续云南通志长编》（下册），1986 年，第 435 页。

② 《续云南通志长编》（下册），1986 年，第 396 ~ 398 页。

③ 陈征平以为近代云南面粉机器加工企业只有嘉农面粉厂，并由此认为嘉农面粉厂利润水平不高，“以致之后始终没有出现另外的同类企业的兴建”（《云南工业史》，云南大学出版社 2007 年版，第 522 页）。此论不确。

施嘉干二君倡议筹设该公司，先后在昆明市及近郊夏窑二处，举办嘉农面粉厂、利工电石厂、农村纺织厂、联谊钢铁厂、新成炼油厂及大昌营造厂”，后因大成实业公司改组，又隶属于两合公司，“因（大成实业公司——笔者注）所办事业，均属有关地方生产，经云南省财政厅赞助，加入股本三分之一，为有限责任股东（现已交由企业局接管）；施、董二君各占股份三分之一，为无限责任股东：组成两合公司”。①

嘉农面粉厂厂址所在地夏窑距昆明市西站七千米，工厂“自购地修筑便道八百余公尺与滇缅公路相衔接，汽车已直接运输”，交通便利，因而，就近从昆明附近及宜良、曲靖、杨林等地采购的麦子，尽用汽车运集昆明。盖因原料供应充分，市场需求较旺，1941 年全年共计生产青龙面粉、红龙面粉、蓝龙面粉、四号面粉 50517 袋，1944 年共计生产 79161 袋，三年间增长约 56.7%。② 这说明，近代云南机制面粉业应该还是有着较好的发展前景的。

滇新企业公司面粉厂创办于 1944 年，产品有头等粉绿飞马牌、二等粉红飞马牌、三等粉蓝飞马牌等，“产量每日夜约二百数十袋，供销本市及盟军所需”。工厂“营业甚旺”，“惟以产量有限，不获普遍供应”，反映出近代云南机制面粉应该是有着一定的市场需求的。滇新企业公司，本为施次鲁、周润苍等人为供应昆明各项主要衣食用品之需求起见而发起创立的一家综合性企业，但以其“首先开设面粉厂于黑林铺海源支路班庄村”，或可以说明正是市场的需求，从而使得在嘉农面粉厂之后又有滇新企业公司面粉厂的出现。③

近代云南茶叶加工使用机器者并不是很多，其中较为重要的有云南中国茶叶贸易公司和思普企业局制茶厂。云南中国茶叶贸易公司成立于 1938 年，“该公司成立之初，就昆明威远街开始工作，选定顺宁、佛海、宜良

---

① 《续云南通志长编》（下册），1986 年，第 391 页。

② 《续云南通志长编》（下册），1986 年，第 391～393 页。

③ 《续云南通志长编》（下册），1986 年，第 435 页。

三县，筹设茶厂，以现代机制方法制造内外销各种茶叶”①。各茶厂主要机器设备有揉茶机、烘茶机、筛分机、切茶机、拣茶机、发动机等，基本可以实现整个加工过程的机械化。但是，以各种茶叶的出厂成本和平均销售价格来看，其利润水平大多都比较低。② 近代云南茶叶加工采用机器的不多，或许与此不无关系。思普企业局制茶厂成立于1940年，因为思普企业局的业务主要在茶叶品种的改良和种植上，所以茶厂机器设备相对简单，数量不多，有“英制揉捻机大小各一部、烘茶机一部、切茶机一部、分筛机一部”③ 等。

二、近代云南机器工业发展的特征

（一）起步晚，发展缓慢

中国最早的近代企业是军事工业，为1861年曾国藩在安徽安庆创办的军械所。如前所述，云南近代企业亦发端于军事工业，却是20余年以后的事。不仅如此，即便是在西部，云南近代企业也是起步比较晚的。西部较早的军工企业有创办于1869年的西安机器局、1871年的兰州机器局、1877年的四川机器局，而云南机器局创立于1884年，相对较晚。此外，像耀龙电灯公司为全国最早的水电企业之一只是极少数，绝大多数工业门类的起步晚于东、中部地区，甚至西部的陕西、四川等省区，而且企业数量也相对较少。全面抗战期间，云南经济获得前所未有的发展机遇，随着大量厂矿企业的内迁，云南机器工业快速发展，但在抗战结束后，云南依然没有摆脱工业落后基本面貌，从一个侧面反映出云南机器工业不仅起步晚，而且发展缓慢。

全面抗战期间，蒋君章在论及西南工业时指出：“西南是一个工业落后区域，除少数大都市如成都、重庆、万县、昆明、南宁、苍梧以外，简

① 《续云南通志长编》（下册），1986年，第431页。

② 参《续云南通志长编》（下册，1986年）第434页之“各种茶叶产量及价格表”与“各类茶叶运销情况表”。

③ 《续云南通志长编》（下册），1986年，第435页。

直没有新式工业，旧式手工业虽然有相当的发达，但是品质低劣，产量很少，因此平时工业制造品，都仰给于外省或外国，及至战时，交通困难，来路断绝，遂至求过于供，而若干原料向以出口为尾闾者，则感供过于求之困难，经济上自然的趋势和政府提倡工业奖励建国的政策相互影响之下，遂使西南工业有长足的进展。”① 此论虽然所论区域为整个西南地区，但如前述，也讲出了近代云南工业发展的大致轨迹。但是，全面抗战爆发以前“简直没有新式工业”，基本全是手工业，即便在全面抗战期间，云南工业尽管有了长足的进展，出现不少的机器工业，然而，整个工业的主体应该还是手工业，1948 年的调查就印证了这一点。

1948 年，经济部全国经济调查委员会完成《全国主要都市工业调查初步报告提要》一书，在书中调查的南京、上海、北京、天津、青岛、重庆、沈阳、西安、汉口、广州、台湾、兰州、汕头、福州、昆明、贵阳、长沙（包括衡阳）、南昌（包括九江）等地当中，昆明的工厂数量仅比兰州多，为 66 家，而合于工厂法者仅有 30 家，36 家不合于工厂法，② 说明即使是在这 66 家“新式工业”当中，也还不都是完全的机械化的生产并具一定的规模，何况，更多的还不是“新式工业”。昆明如此，其他地区“新式工业”之少则不难想象。这也就充分说明了，云南机器工业在经过了 60 余年的发展后，从总体上看仍然是非常落后的。

（二）阶段性特征突出

近代云南机器工业的发展大致可以划分为起步期、徘徊期、发展期三个阶段。

所谓起步期指的是机器工业从无到有、初步发展的阶段，其始于 19 世纪 80 年代，标志性事件是云南机器局的创办，此后，云南机器工业缓慢发展，辛亥革命之后特别是“一战”期间，由于欧洲主要帝国主义国家忙于“一战”，中国民族资本主义空前发展，云南各界也掀起了一股投资办厂的

---

① 蒋君章：《西南经济地理》，商务印书馆 1945 年版，第 261 页。

② 谭熙鸿、吴宗汾主编：《全国主要都市工业调查初步报告提要》，经济部全国调查委员会，1948 年，第 26 页。

热潮，“投资范围和发展速度均超过清末最后的七八年”。以昆明为例，1912—1923 年间兴办包括机械碾压、火柴、印刷、卷烟、纺织、造纸、玻璃等在内的 12 个行业 45 家工厂，这些工厂都不同程度地配以铜铁机械和木制机械，这样的规模是以前未曾有过的；而就全省看，云南机器工业“1903 年前仅有军用、采矿各一家，后者虽属官督商办，实为政府包办，经营不善，经济效益很低。1904 至 1923 年的这 20 年间，各类工业先后建立，加上上述的两类，共 18 个业别，官商厂家 70 余个”。① 由此可见，在云南机器工业的起步阶段，其发展的阶段性特征就已非常明显。

在此之后，直至全面抗战爆发之前，云南相继为唐继尧、龙云统治，为扩张势力，云南政府四处出兵，连年征战，使得经济发展缺少稳定的社会环境。云南机器工业的发展受此影响，虽然没有停下发展的脚步，但除了在规模上有所拓展外，发展速度明显放缓，新企业、新行业数量有限，机械化生产程度较低，大多“都还不是近代企业，只是工场手工业或正在由工场手工业向近代企业的过渡”。这一时期的云南机器工业的发展，总体来看，“是曲折起伏的，是两头高、中间低的一个马鞍形”，延续了几年第一次世界大战期间的发展后即限于停滞达 10 年之久，在全面抗战爆发前夕才有了较快的发展。

全面抗战八年是近代云南机器工业发展的黄金时期。全面抗战爆发后，随着国民政府西迁，云南作为抗战大后方的重要组成部分，经济建设受到国家和地方的高度重视，大量工矿企业内迁云南，不仅扩大了云南工业的规模，也极大地提升了云南工业的水平，与此同时，还兴办了不少的工业企业。这些企业与之前的云南工业企业相比，其资金往往更为雄厚，机械化程度高，使云南机械工业空前发展，我国沪、杭、津、汉、广州等地，机械工业早有兴办，云南仅模范工艺厂略具规模。全面抗战爆发后，多数工厂迁滇，云南省机械工业之发展有如雨后春笋，汽车修理厂尤遍于

① 谢本书主编：《云南近代史》，云南人民出版社 1993 年版，第 162 ~ 166 页。

各处①。而相关数据则更能说明问题，在全面抗战爆发前，云南“能称得上是近代企业的也只有锡务公司、炼锡公司和耀龙电灯公司等几家，产业工人仅有2000人左右，而在1942年，云南厂矿已经增加到106个（其中资本在2万元以上者有41个），产业工人人数为18094人，在川、滇、黔、桂四省中居第二位”②。据统计，到1945年，全省注册的工厂数为226家，是1937年（42家）的5.38倍；全省工业资本按全面抗战爆发前币值计算为617515万元，是1937年的8123倍；工人219万多人，是1937年的419倍。全面抗战期间，云南工业年平均发展速度126.8%，比1937年前提高了22.6%。③ 这都说明云南近代工业在全面抗战期间发展到了一个顶峰。遗憾的是，抗战胜利后，促使云南经济发展的时局因素发生重大变化，随着政府投资的弱化和工矿企业的回迁，以及随之而来的战争，云南机器工业与其他经济部门一样，从发展走向了萧条。

（三）矿业主导

云南是有色金属的王国。据张肖梅《云南经济》一书统计，这些矿产包括金、银、锡、铜、铅、锌、铁等十多种金属矿，还有岩盐、煤、硫黄等十几种非金属矿。丰富的矿产使矿业开发成为政府财政的重要来源的同时，也吸引了众多的百姓投身矿业，以矿业为生。在云南矿业中有云南本地人，也有相当数量的外省人。凡云南一开矿，“川、湖、两粤力作功苦之人皆来此以求生活”④。还有江西来的，尤其以抚州为多；在蒙自，还有来自山西、陕西来的矿工。⑤ 他们投身矿业，是因为投资少见利快，还极富投机性，故趋之若鹜。加之中法战争以后，洋货的大量倾销造成许多农民和手工业者大量破产，迫使他们中的不少人也加入了开矿行列，而这种

---

① 《续云南通志长编》（下册），1986年，第371页。

② 孙健：《中国经济史——近代部分（1840—1949年）》，中国人民大学出版社1989年版，第634页。

③ 孙代兴、吴宝璋：《团结抗战：抗日战争中的云南》，云南人民出版社1995年版，第179页。

④ 《续云南通志稿》卷四五《食货志·矿务》。

⑤ 《续蒙自县志》卷二《物产》，清宣统年间稿本。

态势进一步促进了矿业的发展。

中法战争后，法、英等资本主义国家的魔爪不断伸向云南的各个领域，云南丰富的矿藏成为它们觊觎的重要目标。1902 年，法、英两国胁迫清政府签订了《云南隆兴矿务公司承办七属矿务章程》，企图把云南全省的矿产攫为己有。但由于云南各界人民以各种形式进行抗争，最终使法、英阴谋成为泡影。在这场斗争中，爱国的绅商士民纷纷解囊，集资办矿，个旧锡务公司、宝华公司得以迅速成立。而在辛亥革命后建立的云南都督府以及后来的云南地方政府，也都积极提倡和大力促进矿业的发展，兴办各种矿业企业，开采和加工各种矿产品，锡、铜、铅、煤、铁、钨等无不涉及，加快了矿业的发展。

于是，云南近代矿业基于历史的、现实的、主观的、客观的各种因素，迅猛发展，地位独特。就资本而言，鲜有其他工业部门可与其相比。单个企业，如个旧锡务公司资本高达 176 万元①，这在当时，不仅在云南首屈一指，就是在全国也为数不多。单就整个锡业来看，如把众多中小型矿厂资本累加起来，数额可能相当可观。如再加上铜业、铅业等资本，矿业的资本应该会更大，而从事矿业的工人，为数庞大。仅个旧锡山，综计各厂工人不下十五六万人②，其中个旧锡务公司就有矿工三千多人③。从总量上估计，云南矿业工人约占云南近代工业工人总数的 80% 以上。因此，就矿业资本、机器价值、出口值、所占工人等论，云南矿业在云南近代工业中占有绝对的优势。④

如前所述，以锡业来看，尽管其生产的机械化程度并不是很高，但因政府投资的倾斜，“近代以来，在直接的矿产开采中能使用各种机器设备

---

① 《续云南通志长编》（下册），1986 年，第 440 页。

② 云南省社会科学院历史研究所编：《云南现代史料丛刊》（第 6 辑），1986 年，第 221 页。

③ 张肖梅：《云南经济》，中国国民经济研究所，1942 年，第 D31 页。

④ 蔡泽军：《云南近代工业特点述论》，载《云南教育学院学报》1990 年第 1 期。

者，也基本集中于官营企业”①，与其他工业部门相比，矿业生产的机械化程度又相对是比较高的。

需要说明的是，如果说清代云南矿业的代表是铜矿的话，那么，近代特别是民国年间云南矿业的代表是锡矿。个旧锡矿的开采，是云南最早也是在最大规模上使用机器生产的矿业部门，在云南近代工业发展史上有着突出的地位。在近代，大锡的出口在云南出口总值中常占80%以上的份额，是云南财政收入的主要来源之一。以锡矿为代表的矿业在近代云南经济发展中具有举足轻重的作用。从这个意义上说，云南近代机器工业是以矿业为主导的。

（四）地域分布相对集中

近代云南的机械工业，从无到有，渐次发展，但与手工业相比，因其对环境的要求相对较高，并受一定的环境的影响和制约，空间不均衡性更为突出：一方面是分布得更为集中，像电力业中的大光、通明、耀龙三个电灯公司分别集中于蒙自、开远和昆明；印刷造纸、卷烟、火柴、化工木材、机械五金等业主要集中在昆明，其他地方少见；纺织、制革业资本在千元以上的企业，主要分布在昆明和邻近的周边地区；矿业中的几个著名的公司，像云南炼锡公司、云南矿业公司、滇北矿务局、宣明煤矿公司、宝华锑矿公司等，集中在昆明、蒙自、开远、个旧、东川等地。这种情况就表明，云南近代机器工业大致以昆明为中心，辅之蒙自、开远、路南等以及东川、个旧等几个重要矿区，以滇越铁路相联结，而呈点、线分布的空间格局，显得极不均衡（参表7.7）。另一方面，也正是这种极不均衡的空间分布，使得近代云南机械工业的发展水平在空间上的不均衡性显得非常突出：相对而言，昆明的发展水平最高，如前述，1923年全省共有近代企业70余个，其中昆明独占45个；其次则为滇越铁路沿线城市和几个重要矿区；除此之外的大多数地区，要不几乎没有“新式工业”，要不虽然有几家零星的“新式工业”企业，但也只是采用简单的机器操作，最多也只是停留在半机械化的水平。

---

① 陈征平：《云南工业史》，云南大学出版社2007年版，第406页。

表 7.7　1884—1910 年云南近代工业企业创办情况

业别	厂名	厂址	创设时间	资金	经营状况
军工	云南机器局	昆明	1884		官办
采矿	云南矿务公司	昆明	1887		官督商办
	蒙自官商公司	蒙自、个旧	1904	250 万元	官商合办，1909 年改为个旧锡务公司
	福寿公司	云南囊充等地	1906	12 万两	商办，开采铜、铅
	宝华公司	昆明	1908	4 万～34 万元	官办，1909 年改为官商合办，在文山、开远开采锑出口
玻璃	开成玻璃公司	昆明	1904		商办
造币	度支部 云南造币分厂	昆明	1905		官办，铸铜银币
火柴		嵩明	1905	5 万两	商办
		建水	1905		商办，1910 年因火被毁
	裕通火柴公司	昆明	1908	3 万元	商办
	松茂火柴公司	昆明、昭通	1909	1 万元	商办
	协和火柴厂 （云兴火柴公司）	昆明	1909	0.5 万元	商办
	云祥火柴公司	东川	1909	1.2 万元	商办
	德昌火柴公司	东川	1909	0.6 万元	商办
	（云昌火柴公司） 隆昌火柴公司	昆明	1910		商办
帽鞋	华盛店	昆明	1906	1 万元	商办，生产皮鞋、皮包等
	昆明市幼孩工厂	昆明	1909	0.9 万元	官办，生产鞋帽、布匹、线带等
制革	光华公司	昆明	1907	3 万两	商办
	云南陆军制革厂	昆明	1908		官办，产品军用

（续表）

业别	厂名	厂址	创设时间	资金	经营状况
纺织	呈贡纺织公司	呈贡	1909	0.1万元	商办
卷烟	荣兴烟草公司	昆明	1909	0.6万元	商办
	六合兴旺有限公司	昆明	1910	0.025万元	商办
食品	宣威火腿股份有限公司	宣威	1909	2万元	商办
	民新罐头公司	昆明	1910	1万元	商办
	云丰机器面粉有限公司	昆明	1910	10万元	商办
电力	耀龙电灯公司	昆明	1909	25万~75万元	商办
印刷	云南官印局	昆明	1910		官办，石印、铅印
制茶	云霁茶庄	1910		2万元	商办
机具	广同昌铜铁机器公司	昆明	1910	0.6万元	商办，生产铁门、栏杆、机器具

资料来源：谢本书主编《云南近代史》，云南人民出版社1993年版，第160~162页；陈征平《云南工业史》，云南大学出版社2007年版，第385页。

三、对外贸易与近代云南机器工业发展的关系

经济的现代化主要包括市场化和工业化两个方面，而这两个方面又是互为条件与相互促进的。一般情况下，对外贸易的发展和国际市场的拓展往往促进工业的发展，工业的发展又可为对外贸易的发展提供有利条件。在近代云南对外贸易和云南机器工业的发展上，即可以初步看出这一关系。

首先，口岸开放以及随之而来的对外贸易的发展，既是云南近代工业发展的时代背景，更是促使云南近代工业发展与变化的重要原因。《续云南通志长编》在叙述云南工业发展历程时说："清宣统间，滇越铁道筑成，以丛山僻远之省，一变而为国际交通路线，匪但两粤、江、浙各省之物

品，由香港而海防，海防而昆明，数程可达，即欧美之舶来品，无不纷至沓来，炫耀夺目，陈列于市肆矣。欲返于古代之质朴，纯以农立国，其势有所不能也。清季设劝业道，于农工商有所倡导。民国以来，工业日有进步。……轻重工业，需要日亟，本省由萌芽渐著成效。"① 在滇越铁路未通之前，经红河由香港而海防，由海防而昆明一线的就已经发展起来，滇越铁路通车后在很大程度上代替红河而成为滇港交通之枢纽，所以，此处关于近代滇港贸易之肇始的叙述显然是不准确的，但对外贸易的发展改变社会面貌，促成了一个新时代的到来，近代工业由此产生、发展的认识又不可谓不深刻。更为重要的是，中国近代工业的发展所需的材料、机器等在很长时间内都需依赖进口，这就使得工业的发展在很大程度上都仰赖进口贸易的发展，像云南这样一个工业起步晚、基础薄弱的省份尤其如此，表7.8有关云南几个主要的机械制造企业原料来源的情况就充分地说明了这一点。而随着机械工业的发展，包括机器及配件在内的属于生产资料、生产工具类的货物的进口便随之增加（参表7.9）则进一步说明了近代云南机器工业的发展是以对外贸易的发展为其重要条件的。

表7.8　20世纪30年代云南主要机械制造企业原料来源情况一览

企业名称	原材料购买来源
华安工厂	主要原材料为各种圆铁、扁铁、方铁、角铁、铁板、杂铁、生铁、铸铜、锡块及硬钢等，除铸铜、锡块为本省产外，其余均购自香港、海防等处
德昌工厂	主要原料：法国铁板，年需1吨；法国角铁，年需半吨；本省土铁年需1吨
永协隆机器厂	所用原料主要是钢材等，多数从安南和香港两地购来
市立民生工厂	原料以本省出产为多
振亚机械厂	主要原料为法国洋铁、钢铁、铅皮，德国洋铁及本省生铁、铜、木料等

① 《续云南通志长编》（下册），1986年，第339页。

（续表）

企业名称	原材料购买来源
云南电器制铜厂	原料以铜铁需要最多，铜概系向本生产铜各地购用，铁亦尽量采用土产，唯钢及其他药料等，则多向外购买
五金器具制造厂	所需原材料五金科以钢铁为主，其次为铜铝等金属，钢是外国货，大半由德国输入，铁及其他金属为本省产品

资料来源：陈征平《云南工业史》，云南大学出版社 2007 年版，第 445 页。

从总体上看，近代云南工业生产以锡业为代表的矿业机械化程度最高，而锡矿的采掘最终是为了将绝大多数生产出的锡块出口到国际市场上，因此，生产规模和生产质量则成为影响云南大锡在国际市场上获利的重要因素。前文所述云南锡业生产走过的机械化历程充分说明了云南机器工业的发展，对外贸易的拉动作用是不容忽视的。与其他产业相比，以锡为代表的云南矿业与国际市场的结合更紧密，其机械化发展的拉力因之更为强劲，最终使其成为近代云南机械化生产程度最高的工业部门。

表 7.9　1933—1937 年云南机械工具、机车车辆进口货值变化一览

单位：金单位

品名	货值				
	1933 年	1934 年	1935 年	1936 年	1937 年
农业机器及配件	212			27923	681
发电机器及配件	1685	5584	788	1077	2129
电动机器及配件	6074	7715	6726	4995	1899
变压机器及配件	9826	6869	2990	15899	
未列名电器机器	551	4953	5691	46649	91047
抽水机及配件	287	8156	4970	6166	1430
缝纫机等及配件	4169	10522	18672	17452	19002

（续表）

品名	货值				
	1933 年	1934 年	1935 年	1936 年	1937 年
纺织机及配件	1516	152	668	31165	192369
印刷机器及配件	1106	14609	310	143	62
未列名办公用机	2585	1242	2389	215	58
发动机及配件	23920	4812	17605	2050	4577
打字机及配件	1205	784	1155	659	671
烟机及配件	1502	516			
未列名机器及配件	30895	30141	42112	41573	37443
锉刀	3088	4628	3336	3892	3449
其他手工器具	19826	21339	21383	24672	16492
机械工具	6126	157	2418	4175	1368
制造机械工具	27	4	1208	1772	4456
救火机车及附件	373	913	484	12912	990
铁道机车等	1524	1	80	14	80860
铁道用客货车	190	1627	2166	751	6897
铁道用材料	28892	17199	21224	51630	33525
马达拖动车等	23301	19445	103060	58796	131213
脚踏车	1286	3125	14383	5366	6324
脚踏车零件及附件	3604	620	1227	1056	1151
未列名车辆及附件	5021	4060	4772	26575	6684
汽车	10438	30531	17064	20541	13771
汽车零件及附件	6609	8154	13678	27578	24465
合计	152598	207858	310544	441677	683014

资料来源：钟崇敏《云南之贸易》，手稿油印本，1939 年，第 147 ~ 148、150 ~ 152 页。

如果说这属于直接的拉动的话，对外贸易还间接地推动着云南工业的机械化发展。云南近代工业之创设及力图提高生产的机械化程度，其中原因之一是有识之士认识到不如此则无以抗衡外国商品的倾销，只能任由利益外流。如，昆明立六合兴旺公司成立时，在说明其创立缘由时就说："合同人李松茂、刘澄齐、李寅生、李润之、吴大宝、张崇礼等，为振兴商务、自保利权，特集议提倡本省名烟，整理实业，缘择于省城东院街当铺巷李姓宅内，构股合办创设有限公司。"① 也正是在此认识之下，社会各界人士为"力挽利权"纷纷投资实业。从这个意义上讲，中国近代工业的发展是面对外国的冲击中国社会做出本能性反应的结果之一，云南当然也不例外。

需要说明的是，我们不应仅仅看到对外贸易对云南工业机械化发展推动的一面，还应看到对其阻滞和摧毁的一面。这种阻滞和摧毁表现在两个方面。一是一些本可以从手工生产逐渐向机器生产的企业，在资本积累阶段就因其产品无法与"洋货"抗衡难以实现向机器生产的转变，甚至倒闭，云兴火柴公司即属此例。成立于1910年的云兴火柴公司制造的三尾鱼牌磺磷火柴，日产火柴10余听，虽系手工操作，"但是不能满足社会需要，一时形成供不应求，滇越铁路通车之后外国火柴源源而来，机器生产优于手工生产，又兼之昆明原料缺乏，须从上海运来，途长费昂，故成本过高，无法与外国火柴抗衡，这样经营不到二年的云兴火柴公司终于在资本主义商品倾销政策下1912年歇业夭折了"②。二是一些资本不够雄厚的部分采用机器生产的企业受外国商品的挤压，或机器使用率增长缓慢，很多的商办企业便是如此；或因外国商品的输入使其生产工序发生部分改变从而赢得了一定市场，由此制约了机器使用率的进一步提高，多数的棉纺企业即属此类。

其次，云南本地近代工业产品与进口机制品形成竞争关系，随着云南

---

① 昆明市志编纂委员会编：《昆明市志长编》卷七，1984年，第166页。
② 昆明市志编纂委员会编：《昆明市志长编》卷七，1984年，第165～166页。

近代工业的发展，国货替代进口现象出现，并逐渐增强，在一定程度上改变着云南对外贸易的结构。以火柴为例，清宣统以前云南所用火柴“迤东方面是从四川输入，迤南方面是从广西、广东、香港输入，迤西方面是从缅甸进口，除我国产品外，有日本、瑞典火柴在本省销售”①，而当本省火柴工业发展起来后，这种状况在很大程度上得到改变，已不再舍近求远，进口日本、瑞典的火柴了。② 在20世纪二三十年代以前，进口的商品主要是日用消费品，生产设备、生产原料市场容量很小。近代工业兴起以后，生产设备、生产原料需求增加，其在进口中所占比例明显上升，而日用消费品的进口则随着国内进口替代生产特别是云南本地生产能力的提高而逐渐减少。③ 换句话说，近代云南进出口商品结构的变化从一个侧面反映着云南农、工、商诸领域的发展与变化，是近代云南三关腹地供需结构变化的直接产物，其中，应该说以近代工业的发展所起的作用更大。

再次，若从口岸—腹地互动的角度对对外贸易与机器工业发展的关系得出一个定性评价的话，笔者认为：从总体上看，近代云南对外贸易的发展没有对云南机器工业的发展形成强劲的拉力，机器工业发展也没有对近代云南出口贸易形成强有力的支撑；而三关贸易地位的不同又是与其各自腹地经济发展水平相适应的，近代工业发展的区域差异就充分地反映了这一点，说明口岸与腹地相互塑造是其各自特征形成的重要原因。

从本书第一章所述口岸开放后云南对外贸易的发展情形看，云南对外贸易发展的相对地位并不是很高，而从本章前述内容看，云南机器工业发展的步伐是比较缓慢的，这说明二者的互相促进作用不是非常明显，此处无须赘述。

如果说口岸对腹地的经济变迁起着拉动的作用，而腹地的经济发展水

① 昆明市志编纂委员会编：《昆明市志长编》卷七，1984年，第44～45页。

② 吴兴南：《云南对外贸易——从传统到近代化的历程》，云南民族出版社1997年版，第179页。

③ 吴兴南：《云南对外贸易——从传统到近代化的历程》，云南民族出版社1997年版，第430页。

平和经济结构又制约着口岸贸易的发展的话，那么，口岸贸易量的数额和贸易结构的合理程度则在很大程度上影响着腹地经济发展的量和质，腹地供需量和供需结构又反过来影响着口岸贸易量和贸易结构的形成。笔者的研究成果已经充分说明腹地特征对近代云南三关贸易地位的形成所起的作用①，三关腹地当中，以蒙自关腹地经济实力最强，其贸易地位也最高，而其中近代云南工业就主要分布在蒙自的腹地范围内，尤其是主要集中在昆明地区，由此反映出三关与其腹地近代工业发展的良性互动程度能够从三关腹地近代工业发展的基本情形得到一定程度的解释。

① 张永帅：《腹地特征与近代云南三关的贸易地位》，载《西南边疆民族研究》2016年第2期。

第八章　对外贸易与近代云南交通变迁

第一节　对外贸易与近代云南马帮运输

一、历史悠久的云南马帮运输①

尽管我们难以说清云南马帮的历史始于何时，但在云南，马曾长期作为长途运输的工具却是由其特殊的地理环境所决定的。日本东亚同文书院的调查认为："昔李白《蜀道难》谓'蜀道之难，难于上青天'，倘谪仙在世，至于云南，或掷笔长叹而弗能述云南道路之险哉。"艰险的地形状况，决定了在现代交通出现之前"云南的交通只得以马、骡、驴及苦力为依赖，除此而外，别无他法"，② 但在这当中，人的力气与赖力毕竟有限，苦力不可能作为运输特别是长途运输的主要方式；驴的力气也小，往往只能用它在平坝地区作短途运输；只有马、骡，以速度快、力气大、赖力强、善于攀爬陡峭的山路，从而成为在云南复杂与艰险的地形环境下承担长途运输的不二之选。那么，在古代的云南，当一定规模的长途贸易的需要开始出现，从而需要一定数量的骡马结队从事长途的货物运输时，云南马帮也就由此产生了。

张骞出使西域，在大夏国见蜀布、邛竹杖，"从东南身毒国，可数千

---

① 详参张永帅：《曾经的马帮》，载《云南经济日报》2014 年 3 月 27 日。

② 东亚同文会编：《支那省别全志》第 3 卷《云南省》，台湾南天书局 1988 年版，第 236 页。

里，得蜀贾人市”[1]；王莽时期，从云南走出的朱提银被定为“国币”流通全国；据考古发掘，曾在腾冲城里发现汉五铢钱数千枚……凡此种种，均属长途规模贸易，由此不难推断，早在两汉时期：不知在那青石板上留下了多少的马蹄印，行进在南方陆路丝绸之路上的马帮早已成为云南对外交往的使者；不知道蹚过多少条的河，翻过多少座的山，马帮早已经扮演着沟通云南与内地、中原与云南的角色。在这地处边疆的云南，之所以有着悠久的对外贸易的历史，与马帮的运输密不可分；在这地处边疆的云南，如果没有马帮，怎能发挥其作为南方陆路丝绸之路节点的作用？

魏晋南北朝时期，中原战乱纷争，云南地方也不安宁，交通阻塞，商路不通，商人安全难有保障，贸易不振，马帮运输一时陷于衰落的境地。

到了唐宋，南诏、大理统治时期，云南的贸易得到了恢复和前所未有的发展。大理、喜洲、昆明、保山等城市成为重要的商品集散地，像“三月街”这样的专业性大集市已经形成并日趋繁荣，通过永昌（今保山）、银生（今景谷至西双版纳一带）的海外贸易也空前活跃。“冬时欲归来，高黎共上雪。秋夏欲归来，无那穹赕热。春时欲归来，囊中络赗绝。”这是樊绰《云南志》所载的《河赕贾客谣》，描述了唐代西洱河地区白族先民商客进行贸易的艰难。这些白族先民商人赶着马，翻越高黎贡山，日复一日地行进在洱海地区与外地往来的贸易通道上，也正是像这样的一批批商客才推动了唐宋时期云南贸易的繁荣，贸易的繁荣提高了对运输的需求，从而促使马帮运输的恢复与发展，而马帮的恢复与壮大则进一步促进了贸易的繁荣。

明清两代是云南马帮运输大发展的时期。明清时期，大量汉族移民进入云南，或为军屯的一员，或为商屯而来，或从事于工商业，或营生于矿冶业，随之而来的是云南商品经济的空前发展，一队队的骡马则运来输往，活跃在茶马古道之上，将茶叶与食盐运到藏区，驮回西藏地区的土特

① 〔汉〕司马迁：《史记》卷一一六《西南夷列传》，中华书局 1959 年版，第 2995 页。

产；行进在滇缅贸易通途之上，输往缅甸所需的丝绸和其他云南土产，运入云南所需的棉花和各种缅甸土产……贸易的繁荣和马帮运输的发展，从而出现了专事马帮运输营生的地域人群和民族，如许多的回族人，“皆以赶马、贩油、盐米为业”，“资生每仗骡马”，以赶马来维持生计。

二、对外贸易与近代云南马帮运输的兴衰

尽管云南马帮与其长途贸易相伴而生、而发展，但在近代以前，由于受到各种条件的制约，贸易发展毕竟有限，使得马帮的数量和规模也都相对较小。进入近代，特别是 1889 年蒙自、1897 年思茅、1902 年腾越开关以后，伴随对外贸易的快速发展、全省统一市场的形成（详见本书第九章），云南马帮运输也迎来了其发展的巅峰。

在近代，随着贸易规模的不断扩大，云南马帮运输规模迅速扩大。活跃在昆明、保山、腾越、八莫一线的骡马常有四五千匹之多；[①] 经思茅深入缅甸、泰国、老挝等地的马帮，每年有 3000 余匹；在耿马、镇康一线的对外通道上，一年之中有 2000～4000 匹骡马忙于运输货物；滇藏之间，即便是在冬季，也有千余匹骡马，开春后则可达 3000 余匹；[②] 在滇越铁路通车之前，蒙自关往来货物全借马帮运输。全面抗战期间，云南人民为支援抗战，用于对外运输的骡马可能多达 50 多万匹。与此同时，云南各地商人纷纷出资组建马帮，从事贸易，从而形成了凤仪帮、蒙化帮、云龙帮、鹤庆帮、喜洲帮、丽江帮、中甸帮、保山帮、腾冲帮、临安帮、迤萨帮、阿迷（开远）帮、石屏帮、沙甸帮、顺宁帮、景东帮、思茅帮、磨黑帮、寻甸帮、玉溪帮、通海帮、峨山帮、鲁甸帮、宣威帮、曲靖帮、会泽帮、昭通帮、开化（文山）帮、广南帮等 20 余个地域性大马帮。[③] 这些大马帮的

---

① 解乐三：《云南马帮运输概况》，见《云南文史资料选辑》（第 9 辑），1965 年，第 187 页。

② 刘瑞斋：《思茅商务盛衰概况》，见《云南文史资料选辑》（第 16 辑），云南人民出版社 1980 年版，第 286 页。

③ 王明达、张锡禄：《马帮文化》，云南人民出版社 2008 年版，第 81 页。

驮马往往多达数百甚至上千匹，专事长途贸易，此外，那些主要从事短途运输的小马帮更是不计其数。

由于特殊的地理环境，长期以来，马帮都是云南最为重要的长途运输工具。但是，近代以后，随着铁路、公路等现代交通工具的出现和推广，马帮运输逐渐衰落。例如，滇越铁路通车以前，蒙自与蛮耗间的货物几乎全部依赖马帮运输，蒙自“初时有驮马四五百匹，极盛时达五六千匹。蒙自县城、新安所、冷泉、水田、摇头、蛮耗等地虽有200余家马店，也不敷驻足”。蒙自到蛮耗之间，1906年全年往返驮马达295300匹次，货运量达17718吨；1909年，受滇越铁路河口至碧色寨段通车的影响，减至69974匹次，货运量减少到4198.44吨。于是，不少的马帮解散，赶马人失业，马帮曾经的辉煌似乎要成为历史，而难以再现。但是，在近代，云南虽先后出现了公路、铁路等现代化的交通运输工具，但工程进展缓慢，数量非常有限，滇越铁路等现代化交通工具的发展对马帮运输的影响主要集中于蒙自贸易方面，因此，总体说来，马帮一直发挥着运输主力的作用。如图8.1，1890—1909年间云南对外贸易的增长几乎与运货骡马数量的增长同步，则很好地说明了这一点。

贸易的发展受交通的制约，在雨季，交通不良，贸易自然大受影响，对此，思茅关贸易报告明确地说：“盖本处节交夏令，淫雨淋漓，瘴毒蛮烟，行人受恐，路滑泥沟，骡马行艰，是以来往货物咸期停息矣。”“每当暑热天时，雨水淋淋，商务几全停滞。”腾越关贸易报告也说：“观本口现在之景况，实因道途迢远，山路崎岖，盘运艰难为费过巨，以致懋迁一道未能兴也勃焉，且至雨水时生意绝迹。”“当雨水天时，商务萧条，固为常年所有之事。”“论本口商务之态，每值年终，常居优胜，盖自十月以至五月，概为贸易期，而此期间，尤以年底为适中之候。”由此可见，雨水的季节性特征是造成贸易冬春畅旺、夏秋萎缩的重要原因。与降水分为干、雨二季一致，贸易有旺、淡二季之分。雨季即夏秋，为贸易淡季，冬春则为贸易旺季。如表8.1，马匹数量的季节变化与对外贸易季节性变化是相对应的，这说明骡马运输受气候变化影响明显是造成对外贸易季节性变化的重要原因。

单位：贸易值：海关千两　骡马：百匹

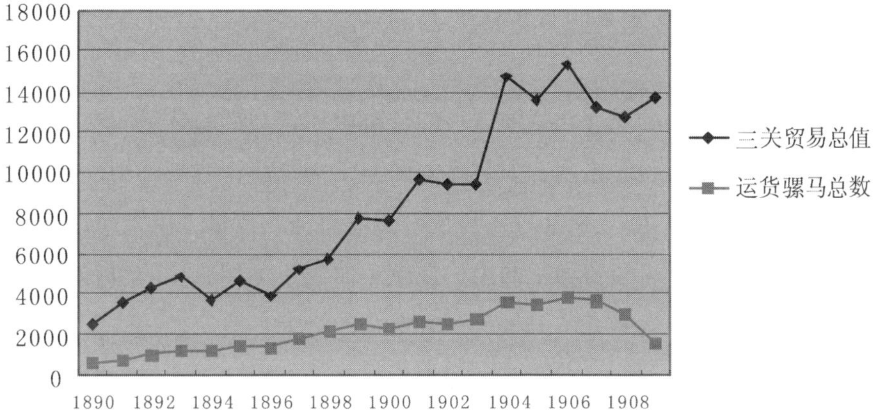

图 8.1　1890—1909 年三关贸易总值与运货骡马数增长趋势图

资料来源：据《中国旧海关史料（1859—1948）》（京华出版社 2001 年版）历年统计数据绘制。

表 8.1　蒙自、思茅、腾越三关各季运货骡马数量

单位：匹

	第一季度	第二季度	第三季度	第四季度
蒙自	40013	36183	25429	39022
思茅	8048	7902	797	3026
腾越	26244	18934	8910	22267
平均	24768	21006	11712	21438

资料来源：据《中国旧海关史料（1859—1948）》（京华出版社 2001 年版）历年统计数据整理。

说明：蒙自系 1890—1919 年共计 30 年的平均数，思茅系 1898—1919 年共计 22 年的平均数，腾越系 1903—1919 年共计 17 年的平均数。

也正是这充盈于各条道路之上的大小马帮，支撑起了近代云南对外贸易的快速发展，推动近代的云南经济走向繁荣。古老的云南马帮，在其悠长历史的尾页，不仅再现辉煌，而且臻于巅峰，从而成为塑造近代云南对外贸易特质的重要原因之一。

作为传统的运输工具，增加马匹数量、扩大马帮规模、改良马种以增强负重能力、加强马帮的管理水平是提高骡马运输能力和运量的主要手段。

随着对外贸易的发展对运输需求的日益增加，马帮的数量和规模快速增加，地域性马帮纷纷出现。如前述，据不完全统计，清末民初，云南各地著名的大马帮就达20余个。各马帮纷纷增加马匹数量，扩大马帮规模，与此相应，一批专事经营马帮的大户便应运而生了。如凤仪的包有才，拥有一百多匹骡马，专雇有“马锅头”和赶马人。也有不少“马锅头”或养马户，自己饲有四五匹、七八匹至几十匹骡马，每到运输旺季，全村跑运输的人往往拼伙组成大马帮专门承揽长途大宗运输。① 由于马帮运输往往有利可图，在不少地方，人们纷纷投身此业，有的村庄甚至出现“有田的卖田买马赶，无田的租田种卖粮食买马赶”的景象。②

马帮对骡马的大量需求，促进了养马业的迅速发展。1919—1941年，云南马的饲养从307000匹增加到468081匹，增长了52%。当时，大理、蒙化、石屏、临安、保山、云龙、丽江、鹤庆、永胜、宁蒗、中甸、昭通、鲁甸、寻甸、沙甸等地都有较大的牧场，专门饲养良马以供给马帮之用。③ 为提高马的负重和运输能力，改良和选育马种也被提上议事日程。以鹤庆马为例，已形成从选种选配到饲育的一套成熟方法，选配的种马一般要求前胸宽、蹄坚实、毛色好、结构紧凑，即“前夹一筒盐，后夹一铜钱”；对繁殖的母马，在配种产驹季节，加喂米酒、红糖、面糊、麻油、鸡、鸽、鱼、虾之类的营养品进行催情、催膘，所谓“骒马怀孕”则应做到“不惊不打，进门莫追，出门莫撵”，还需到临产前不除厩肥，不喂冷水，以防流产。对成马各部位的选择则是：头部应该是头直稍小、清秀；

---

① 王明达、张锡禄：《马帮文化》，云南人民出版社2008年版，第83～84页。

② 刘绍川：《寻甸县两个回族村社会经济调查》，见《中国少数民族社会历史调查资料丛刊》修订编辑委员会编《云南回族社会历史调查》（一），民族出版社2009年版，第33页。

③ 王明达、张锡禄：《马帮文化》，云南人民出版社2008年版，第92页。

耳微短而尖；眼稍小而有神；嘴稍大；颈部短而稍薄，水平颈，颈肩有一定界线；躯干部要耆甲低；背腰短而平直，前胸较窄，胸深而不广，肋骨弓张；腹部要大小适中；尾短稍斜；后躯发育良好；四肢要结实，肌腱发育良好，后肢呈外弧姿势，膝短而距毛多，蹄大小适中、坚实。[①] 如此选育出来的骡马，则往往具有适应性较强、饲养简单、行动灵活、善走山路、负重能力强、役使性能好、遗传性稳定的特点。[②]

“每一支马帮在旅途中行进着，在生活上和管理上是非常繁杂的。”为确保马帮运输的顺利进行，马帮往往都有一套严密的组织和管理体制。一个马帮由大锅头、二锅头、管事和赶马人组成。大锅头是整个马帮的首领，二锅头是马帮的二号人物，大锅头不在时则由他领导马帮，“一个马锅头所懂得的知识和经验，足够用三四年时光细心地学习，虚怀地体味”，“他们懂得任何一条路的捷径，懂得看路上的一根树枝和看火塘边的锅叉便知道别一帮人马行进的方向。他们懂得骡马的性情与疾病，懂得向骡马们谈话的特殊语言，懂得出门人应有的忌讳”。[③] 除此之外，他们还应该做到熟悉各地商情，在各地有较广的人脉网络，团结本帮人员，对人、马能够做到合理安排，分配得当，使人尽其才，畜尽其力。在近代的云南，各大马帮也大多能在管理上下功夫，他们重视信誉，“组织严密，行动统一，对货物保护很好，如有损失遗坏，照价赔偿，而且能按期运达，中途绝不耽误（有严重的匪情除外）”[④]。

也正是通过以上措施，近代云南马帮的运输规模得以扩大，运输能力不断提高。不少的研究表明，云南马帮在近代有了前所未有的发展，论者

---

① 杨聪：《大理经济发展史稿》，云南民族出版社 1986 年版，第 86～87 页。

② 《大理州地方畜禽品种志·鹤庆马》，转引自王明达、张锡禄《马帮文化》，云南人民出版社 2008 年版，第 92 页。

③ 马子华：《滇南散记》，云南人民出版社 2002 年版，第 13、14 页。该书初版由云南丛书社于 1946 年出版。

④ 施次鲁：《福春恒的兴起发展及其没落》，见《云南文史资料选辑》（第 9 辑），1965 年，第 22 页。

大多肯定马帮在对外贸易发展中所起的促进作用。[①] 如图 8.1，显而易见，近代云南对外贸易的发展与骡马数量之间确实存在着一增俱增、一减俱减的相互依存关系。[②] 云南及其附近的川、黔周边地区，山高谷深，在铁路、公路修筑之前，长距离运输几乎全赖骡马驮运。从这个意义上说，是马帮保证了近代云南对外贸易对运输的需求。

三、全面抗战时期的云南马帮驿运[③]与对外贸易

（一）以补机械之不足

全面抗战爆发后，中国已有的铁路、公路等现代交通工具既十分有限，又缺乏燃料，加之随着东中部大片国土的沦丧，交通运输重心西移至现代交通基础薄弱的西南、西北地区，于是，有限的现代交通愈来愈不适应战争对运输的需求。形势所逼，在中国有着悠久历史的传统驿运开始受到政府的重视。

1938 年 10 月，行政院鉴于战时运输繁重，召开全国水陆交通会议，决定“利用全国人力兽力之运输，以补机械之不足”。1939 年 1 月，交通部在重庆设立驿运管理所，统一组织和管理后方各省间的驿运工作。1940 年 7 月，受滇缅公路一度关停的影响，国民政府进一步强调驿运的重要性，蒋介石强调：驿站运输不仅可以补机械运输的不足，并可收到和汽车运输同等的效力，而且还要简便、易行、节省经费，所以驿运制度是抗战期中最可靠的运输办法。因此，我们要尽量利用中国旧有的工具和方法，发动人力与兽力的运输，尤其在四川、贵州、云南、广西、湖南、湖北、陕西、甘肃等省，无论有无公路通达之处，都要提倡。在此背景下，军事委

① 参董孟雄、陈庆德《近代云南马帮初探》（载《经济问题探索》1988 年第 6 期），董孟雄、郭亚非《近代云南的交通运输与商品经济》（载《云南社会科学》1990 年第 1 期），陆韧《云南对外交通史》（云南民族出版社 1997 年版），王志芬《普洱茶的兴盛与近代云南马帮》（载《农业考古》2003 年第 4 期）等。

② 需要说明的是，1909 年三关贸易总值比 1908 年有较大增长，而运货骡马数量急剧下降，这是因为滇越铁路的部分修通在一定程度上替代了对骡马的需求所致。

③ 详参张永帅：《抗战时期的云南马帮驿运》，载《团结报》2017 年 4 月 20 日。

员会在重庆召开全国驿运会议，决定成立交通部驿运总管理处，确定全国驿运的总方针是“首先着重国际干线与后方军运线路之打通”，规定凡沟通国际省际的驿运线路，称为驿运干线，由中央主办；各省境内的驿运路线，称为驿运支线，由各省筹办。

全国驿运会议后，后方各省驿运快速发展。全面抗战期间，全国计有川陕、川黔、甘新、新疆、陕甘、叙昆、黔桂、川鄂、川康及川滇水陆联运 10 条驿运干线，总长 9000 千米左右；支线包括川、滇、粤、桂、湘、赣、浙、闽、皖、豫、康、青 12 省内运输线，主线总长 21000 多千米，辅线 63000 千米。活跃在各地驿路上的人夫、马帮与驼队……在四年多时间里，运输包括石油、棉花在内的军用物资和盐粮货品 534 万吨，折合 64000 万吨千米，从货运量看，并不十分逊色于铁路、公路和水运，而且节约了大量的动力燃料及车辆，为抗日战争的胜利作出了重要贡献。

全面抗战时期，云南马帮驿运受到政府重视，是中国战时驿运发展的重点省份。川滇叙昆驿运是全面抗战时期最早开发出来的驿运路线，全国“驮运由是肇端，驿运亦即由此发轫”。国民政府迁都重庆后，昆明成为国内运输的枢纽，与昆明连接的驿运干线和省内支线，大大小小的云南各民族马帮活跃其间，运入输出，同样为抗日战争的胜利作出了不小的贡献。

（二）整修驿路

全面抗战时期的云南马帮驿运，使用的是明清以来的驿路。由于近代以来马帮运输趋于衰落，驿路大多失修，为了更好地进行马帮驿运，全面抗战期间，政府对云南驿路运输线作了整修。1938 年初，全国经济委员会派工程师罗世英，会同川滇代表浦光宗、陈志民及军委会运输联合办事专员刘吉甫，勘测自四川叙府（今宜宾）经庆符、高县、筠连，云南盐津、大关、昭通、鲁甸、会泽至昆明的驿道。11 月，交通部派工程师朱者赤督修该线的改善工程。1939 年 1 月，交通部驿运管理所成立，派遣叙昆驿运干线昆明站站长马廷璧等人徒步逐站踏勘了叙昆全线。

此外，在驿运过程中，也借用了公路开展运输。滇缅公路上，川滇、滇黔公路上，省内干线上，甚至各县道之间，每天都有规模不等的马帮通过。与明清时期的驿路运输相比，这是全面抗战时期云南驿运的一个重要特点。

（三）叙昆道上

叙昆驿运干线，开辟于1939年，起自四川叙府（今宜宾），终于云南昆明，西与滇缅公路，南与滇越铁路，东与川江航运相连，全程600多千米。此线本是云南与四川传统的马帮交通线，全线原设有叙府、筠连、横江、滩头、普洱渡、吉利铺、盐津、豆沙关、大关、岩洞、五马海、昭通、桃园、江底、迤车汛、红石崖、会泽、鹧鸡、羊街、嵩明、兔耳关、昆明22站，各地均设有食宿设备。开辟驿运干线后，除各小站外，又于横江、盐津、昭通、会泽、昆明建立了5个大站作为中转，还在叙府和昆明两地设立了驿运办事处。

1939年4月中旬，首批120余吨军、商货物从昆明出发运往叙府（今宜宾），途中虽曾发生部分承运人弃货的现象，但有关人员在沿途群众的帮助下很快将弃货查清，最终将货物运到了目的地。有了第一次物资运输的经验，叙昆之间很快实现了大宗货物的驮马对运，叙昆驿运日渐繁荣。尽管一匹马的运量仅有几十至一百千克，人背得更少，仅30千克，但政府组织了驮马800余匹、背夫800多人，日夜兼程往返，一时之间，叙昆道上，人、马络绎不绝，还是运输了大量的货物。大量进口物资通过叙昆驿运干线抵达叙府后转川江航运至重庆，为解抗战物资匮乏之急，稳定后方经济起到了积极作用，有力地支持了中国的抗日战争。

叙昆驿运仅仅开通三个月，就取得了骄人的成绩，这引起了国民政府重庆驿运总处的注意。1939年7月，国民政府重庆驿运总处副处长王炳南前来昆明视察，充分肯定了叙昆干线驿运成绩，他说："重庆市场上已有云南茶叶，还有缅甸进口的匹头、棉纱、军工物资铜饼等都是由昆明启运而到四川的。这对抗日战争大后方起着很大的作用。"王炳南电告重庆驿运总处，对云南省驿运处和昆明站给予传令嘉奖。

（四）滇缅路上

全面抗战期间，云南驿运的另一重要干线是滇缅干线，全线长605千米，基本上沿滇缅公路运行。

1942 年春，日军由缅甸进犯滇西，为阻止敌人东进，中国军队炸毁惠通桥，滇缅公路沿线陷入一片混乱。然而，此时滞留在保山 15000 吨、下关 5000 吨的战略物资急待抢运出，而滇缅公路上汽车运力严重不足，往往是有车无油，迫切需要由马帮驿运将这批货物抢运到昆明。

为此，云南省政府和滇缅公路局召开紧急会议，部署物资的抢运，准备组织骡马运输这批物资。省政府任命马廷璧为下关驿运处主任，在下关、保山各建驿站，与当地兵工署共同负责运输。驿运站派人在蒙化（今巍山）、永平、漾濞等县马帮较多的地方召集马帮，组织运输。为抗日大义所感召，当地很快就召集了蒙化驮马 700 匹、永平驮马 500 匹。马帮投入了运输后，原计划保山 15000 吨存货，月运 3000 吨，用 5 个月运完，结果在 4 个月内即全部运完；下关存货 5000 吨，由昆明组织马车 1000 辆，只用了 72 天就运完。20000 吨货物，比原计划提前了一个月全部运完。

除此次运输外，实际上，沿滇缅路一直有马帮向内地运输着从畹町进口的货物，以及从内地经畹町向缅甸出口的货物。据不完全统计，全面抗战期间，滇缅驿运干线上有驮马 3700 匹、马车 1000 辆，运输由畹町进口的物资合计 20000 多吨，其中主要为兵工物资，有 20002 吨，其他如棉纱、小百货等 90 多吨；运输由畹町出口的桐油、猪鬃、黄丝、药材等物资 173 吨。滇缅公路上的马帮驿运，大大缓解了汽车运力的不足，为抗日战争的胜利起到了非常积极的作用。

（五）运盐驿路的开辟

除驿运干线外，全面抗战期间，国民政府还开辟了一些以运输食盐为主的短途驿运线。当时开辟的运盐驿路线，主要有两条，一是乔（剑川乔后盐井）关（下关）驿线，一是黑（禄丰黑井盐矿）沙（沙矣旧驿）驿线。

剑川乔后盐井食盐长期被当地盐霸垄断，盐霸们偷税私运至腾冲进而出口至缅甸，牟取暴利，以致大理、下关、凤仪、弥渡、丽江等地百姓吃盐困难。百姓们不得不舍近求远去楚雄永元井和一平浪买盐，不仅路途遥远，而且花费高昂，民怨沸腾。1942 年，为了解决乔后盐务积弊，云南省盐务局要求下关驿运处与大理盐场洽商开辟乔关驿线，由下关驿运处承担乔后所产食盐，禁止私人运盐。1942 年底，乔关驿线开辟，从乔后盐井到下关全长 95 千米，有驮马 50 匹、力夫 50 人。乔关驿线开辟后，仅仅两个月内就运送食盐 100 万斤，到抗战结束时，两年半累计运盐 200 万斤，解决了大理、丽江等地百姓的吃盐问题。

黑井盐盐质优良，驰名中外的宣威火腿就是用黑井盐腌制的。但是，盐霸长期控制盐矿，将盐私运耿马、腾冲及缅甸高价销售，造成滇东缺盐，许多人患上甲状腺肿大病，怨声载道。对此，省政府要求驿运处开辟黑井至沙矣旧驿线，赶运黑井盐，以解决滇东百姓的吃盐问题。1944 年秋，黑沙驿线开通，即从黑井运出食盐 100 万斤，“黑井盐源源运到滇东区，昭通、东川、鲁甸、彝良等县民众喜吃黑井盐”。黑沙驿线全长 30 千米，有驮马 150 匹、力夫 100 人，至抗战结束时，累计运盐 250 万斤，滇东缺盐问题基本得到解决。

盐是生活必需品，全面抗战期间，运盐驿路的开辟及对食盐的运输，为缓解云南缺盐地区的食盐困难、保障供给、平抑物价、稳定后方起到了积极作用。

（六）活跃在滇藏印商路上的云南马帮

云南与西藏之间，很早就有驿路。明中叶以后，滇茶进入西藏，自此以后茶马贸易日益繁荣，滇藏驿路上，马帮日见增多。但是，马帮常走的思茅、勐海、普洱—下关—丽江—中甸—德钦—毕透—崩刀—单刀山—拉萨一线，道路非常艰险，一路“高坡峻岭，鸟道羊肠，几非人迹所到”，德钦以北，又必须翻越高寒的雪山，云南马帮很难适应。于是这条线路上逐渐形成了滇、藏马帮对接运输的现象。一般由滇帮把茶叶等物运到丽江，在那里与藏帮交易，换取药材、皮毛及藏帮从印度噶伦堡运来的各种工业日用品，藏帮换取茶叶后，每年端阳节气候转暖时，从丽江出发，中秋前后才能运抵拉萨。由于这条传统的滇藏茶马贸易线路途艰险，耗时太长，云南商人试图借助缅甸、印度的现代化交通工具，开辟一条经缅甸、印度而至中国西藏的商路。民国初年，这条商道被云南商人开辟了出来。它以佛海为起点，经景栋，换汽车运到缅甸洞已，换火车运至仰光后，再装轮船运抵印度加尔各答，又转汽车或火车运至噶伦堡，最后由骡马运到拉萨销售，全程共40天。与原来相比，运输日程大大缩短，所花代价也较低。因此，自这条商路开辟后，传统的滇藏驿路贸易便走向了衰落。

1942年，日军切断了中国云南与越南、缅甸的国际通道，使西南大后方物资奇缺，物价腾贵，生活日用品难以保证。后来虽然开辟了著名的"驼峰"航线，但空运数量毕竟有限，而且主要是运输战略物资，民用物资极少。由此，开辟一条中印陆上国际运输线便成了一时之需。于是，传统的滇藏贸易运输线再度活跃，并在原来的基础上，建立了一条自昆明经丽江到拉萨再至印度噶伦堡的商路。

上述商路贸易的物资全靠民间马帮驮运。从1942年起，由于交通中断，一时之间，此条商路上，民间马帮运输非常活跃，据估计，当时担负云南境内运输的驮马近万匹，往来于丽江至拉萨间的藏族商人的马帮数，也由四五千匹驮马增加到一万多匹，同时还动用了大批的牦牛，双程运量可达1000多吨。云南各主要商号，如"铸记""永昌祥""恒盛公""洪盛祥""协树昌""永茂"等都曾组织马帮走这条商路运输货物。

1942—1945年间，云南民间经营的外来物资，几乎都是通过这条马道由马帮输入的。这对于战时"推广出口国产，换取外汇，购运国外物资，充实国内力量"，满足后方百姓生活需要，支援抗战起到了积极作用。

（七）滇西战场上的马帮运输

在滇西抗战前线，马帮运输同样发挥了重要作用。

在我国抗日部队与日本侵略者隔怒江对峙期间，大理马帮常常被征用驮运军需物资，被征用的"马锅头"和赶马人都有较强的抗日救亡意识，发挥马善走山路、载用灵活的特点，不辞辛劳，日夜兼程，为滇西抗日队伍赶运了大批的弹药和生活必需品。

处于滇西抗战前线的保山县，为了支援抗日前线，1942年就设立了保山军运代办所，在板桥、辛街、施甸等16处设立分所，负责征集夫马，运输军需物资。1944 年 4 月，在滇西战场上，为了支援抗日部队渡江反攻，保山各乡镇都组织了担架队和骡马运输队，往前线运送作战物资。在运输紧张时，全县有 3 万民夫、9000 多匹骡马奔走于运输线上。在反攻阶段，保山县支援前线运输累计征用民夫 421.57 万工日，骡马 157.41 万匹次，骡马死亡数千匹，民夫也有牺牲。不仅保山如此，腾冲、龙陵、梁河、盈江、镇康等县人民也为反攻的胜利在运输线上作出了巨大的牺牲和贡献。有统计称："1942 年至 1945 年 4 月三年多的时间里，镇康共出民夫 14.4 万个，常年有 2000 民夫和 1500 匹骡马从事弹药、军米、副食的转运。"在苍茫的高黎贡山上，在汹涌的怒江畔，在战火纷飞的腾冲、龙陵县城，战士们在流血牺牲，马帮与民夫在挥汗奔波。正所谓"天空机群遮天，沿江卒伍遍地，支前民工，酷似蚁群"，战士们以血和生命的代价取得了滇西反攻的胜利，数以万计的滇西民夫与马帮有力地支持了滇西反攻。

（八）辉煌再现

由于特殊的地理环境，长期以来，马帮都是云南最为重要的长途运输工具。但是，近代以后，随着铁路、公路等现代交通工具的出现和推广，马帮运输逐渐衰落。例如，滇越铁路通车以前，蒙自与蛮耗间的货物几乎全部依赖马帮运输，蒙自"初时有驮马四五百匹，极盛时达五六千匹。蒙自县城、新安所、冷泉、水田、摇头、蛮耗等地虽有 200 余家马店，也不敷驻足"。蒙自到蛮耗之间，1906 年全年往返驮马达 295300 匹次，货运量达 17718 吨；1909 年，受滇越铁路河口至碧色寨段通车的影响，减至 69974 匹次，货运量减少为 4198.44 吨。于是，不少的马帮解散，赶马人失业，马帮曾经的辉煌似乎要成为历史，而难以再现。

谁又能想到，是日本法西斯的侵略，让古老的马帮运输不得不再次走到历史前台，与铁路、公路等现代运输方式一道，承担起抗日运输的重任。全面抗战期间，不包括中（滇藏）印马帮运输线，云南驿路历程全长 2495 千米，合计驿运骡马数量 5300 匹、木船 25 艘、力夫 950 人、马车 1600 辆，用于运输的全部骡马可能高达 50 多万匹。与此同时，云南各地商人纷纷出资组建马帮，从事贸易，从而形成几十个地域性大马帮。这些大马帮的驮马往往多达数百甚至上千匹，专事长途贸易，此外，那些主要从事短途运输的小马帮更是不计其数。云南马帮得到空前繁荣的同时，也为抗日战争的胜利作出了巨大贡献。云南马帮的再次辉煌是与云南马帮积极投身于抗日战争联系在一起的。

活跃在驿运路线的马帮，多为少数民族，“原来滇境背运者多系彝族，马帮多是回族经营，滇西北有藏族马帮”，丽江自古产良马，纳西族马帮有着悠久的历史……抗日战争期间，由于战争对驿路运输的迫切需求，马帮运输再次繁荣。马帮运输的再次繁荣，是云南各族人民为了抵御外辱，同心同德，一致努力的结果。民族团结，众志成城，这或许是云南抗日战争留给后人的历史遗产之一。

第二节　对外贸易与近代云南水运开发

一、红河水道与近代云南对外贸易

红河为中国、越南跨境河流，很早就是中（滇）越交流的重要通道之一，但在近代红河被认为是“省内水运唯一大可注意者”[①]，在一定程度上讲是被法国殖民者“再发现”的结果。

工业革命之后，争夺原料产地和海外市场成为英、法关系的主要内容之一。印度成为英、法在亚洲最早争夺的对象之一，但是在这场争夺中法国明显处于下风，英法七年战争，法国战败，英国独占印度。对此，法国舆论界大多认为“今日幸免于英吉利之觊觎者，仅印度支那耳。然孰敢信英吉利人之终不蓄意此地，若英人之下决心先于法人，则法人惟有永远被排斥而已”[②]，主张“取偿于越，以期失之东隅，收之桑榆”[③]。这在1787

① 东亚同文会编：《支那省别全志》第3卷《云南省》，台湾南天书局1988年版，第452页。

② 邵循正：《中法越南关系始末》，河南教育出版社2000年版，第15页。

③ 邵循正：《中法越南关系始末》，河南教育出版社2000年版，第30页。

年百多禄主教上路易十六的奏议中有直观的反映，他认为："在目下印度政治势力的抗衡上，似大有利于英国人。如果认为恢复'双方势力'的均衡不是一件容易的事，这看法也许是有道理的。"因此，百多禄提出："按着我的意见，在交趾支那建立一个法国的殖民地是达到这个目的最稳妥、最有效的方法。"[①] 这是因为不仅可以由此获得巨大的天然富源，而且如果占领了交趾支那，"在和平的时候，因为我们地位较近中国，我们定然可以吸收它的很多商业"，通过"中国中部的商道将使我们获得那个人们不认识的国家（中国）的（种种）的财富"。[②] 法国实施了这一计划，并以占领中南半岛为建立其"环北部湾"殖民经济圈极为重要的一步。[③]

英国则早在1768年3月，由东印度公司伦敦总管理处委托该公司驻印度代表搜集关于欧洲商品能否经过尼泊尔在中国西藏和中国西部找到销售市场的情报。[④] 英国人很快发现通过缅甸沟通中国西南的重要性，并认为"云南矿藏丰富，人口众多，对制造品有无限购买力"[⑤]，因此，"为了打开缅甸，和通过缅甸打开云南，英国人在此后的数年中，曾在上缅甸作了政治部署并进行了地理探测"[⑥]。英国占领了北古（Pegu），以后又在仰光和毛淡棉等港口发展了英国贸易，英国商人便急于想在中国西南打开通商之路，各地商会纷纷向政府提出备忘录，要求向中国交涉开放思茅，他们认为"从北古到思茅如能获得修筑道路、开辟交通的便利，一定会给贸易

---

① 姚贤镐编：《中国近代对外贸易史资料（1840—1895）》（第2册），中华书局1962年版，第704页。

② 姚贤镐编：《中国近代对外贸易史资料（1840—1895）》（第2册），中华书局1962年版，第704、705页。

③ 韦福安：《近代法国的"环北部湾"战略布局探析》，载《学术论坛》2008年第1期。

④ 姚贤镐编：《中国近代对外贸易史资料（1840—1895）》（第2册），中华书局1962年版，第696页。

⑤ 姚贤镐编：《中国近代对外贸易史资料（1840—1895）》（第2册），中华书局1962年版，第687页。

⑥ 姚贤镐编：《中国近代对外贸易史资料（1840—1895）》（第2册），中华书局1962年版，第688页。

带来很大的利益”①。由此看来，英法对缅甸、越南等国的侵略既是为平衡利益而展开的一场较量，又是以侵略云南，打开中国西南市场为共同目的的。在占领了缅甸、越南之后，云南便成为英、法争夺的直接目标。

法国为了寻找通过越南进入云南的商道，进行了多次的探路考察。一般而言，在各种交通运输方式中，水运是最为经济的。因此，寻找进入云南的水运通道就成为法国殖民者探路考察的重要内容之一。在此之中，法国殖民者首先关注到的是湄公河（澜沧江）的航运价值。1862 年，法国占领越南南圻三省，“遂得控制湄公江之海口，因欲上溯湄江上流之澜沧江”②，1866 年，法国殖民政府任命拉格来为总办、安邺为帮办，率领由植物学家优伯尔等组成的调查团，从西贡出发，沿湄公河上溯，经过柬埔寨、老挝，水陆兼程，于次年抵达思茅。③ 通过这次调查，法国人了解到澜沧江河床落差太大，处处急流险滩，“不适于航行”④。1871 年、1873 年，法国商人堵布益两次经红河的航运，发现红河为滇越之间通航要道，因此，“关于以何道路联络半岛的内部与海岸”，法国开始主张“以东京的江（即红江）的流域为出海口。由此道路，云南的出产可以到达海边，再向法属西贡的海口运输”⑤。但“红河下流位于越南北圻，欲通滇，须并北圻”⑥，1883 年，法国武力占领越南北部，开始操红河航运之权于己之手，而只待云南的开埠了。中法战争之后，根据条约云南开放蒙自、河口等地。如本书第二章所述，早在蒙自开埠前红河就已经成为滇越贸易的主要通道，但因云南没有开放，通过红河的贸易实属走私贸易范畴，受此影响，贸易难以获得大规模发展自是不难想象的。法国政府之所以选择蒙

① 姚贤镐编：《中国近代对外贸易史资料（1840—1895）》（第 2 册），中华书局 1962 年版，第 687 页。

② 《新纂云南通志》卷一六四《外交考一》。

③ 陆韧：《云南对外交通史》，云南民族出版社 1997 年版，第 323 页。

④ 《新纂云南通志》卷一六四《外交考一》。

⑤ 姚贤镐编：《中国近代对外贸易史资料（1840—1895）》（第 2 册），中华书局 1962 年版，第 706 ~ 707 页。

⑥ 《新纂云南通志》卷一六四《外交考一》。

自、蛮耗、河口等地要求中国政府开放，便于利用红河水运是其中主要原因之一。蒙自等地开放后，红河水运的优越性得到充分体现，“经红河水运，由蛮耗直达海防，通海既近，驿程亦短。蛮耗在蒙自城南七八公里，合一三五华里，日程两日。蛮耗至河口，水程百余公里，约两百华里左右。由蛮耗至海防，需时七八日至半月，由海防逆流至蛮耗，需时约一月”①，这是当时云南出海耗时最短、最便捷的道路，从而使红河一度成为滇越贸易必经之道，为滇越铁路通车之前滇越贸易、滇港贸易乃至于云南对外贸易最为重要的交通要道。

在滇越铁路通车前，红河水运和马帮运输以蛮耗为主要连接点，构筑起了一条水陆联运线。从四面八方而来驮着各种货物准备出口的货物汇聚于蛮耗码头装船经红河而出，从海防溯红河而上的各种进口商品在抵达蛮耗码头后由大大小小的马帮运输到各地，马帮、汽船、木船在蒙自—蛮耗一线和红河水道上川流不息地运行着。从表 8. 2 可以清楚地看出，在滇越铁路通车前，红河航运量除个别年份有所波动外，增速一直是比较快的，而这样的增长情形与本书第四章所述的云南对外贸易在同期内的增长基本上是同步的。这充分说明滇越铁路通车之前，经蒙自关的云南对外贸易在很大程度上是由红河水运支撑的。

表 8. 2　1890—1909 年红河航运运量一览表

年份	逆行船		顺行船		总计	
	艘（次）	运量（吨）	艘（次）	运量（吨）	艘（次）	运量（吨）
1890	—	—	—	—	1267	3864
1891	—	—	—	—	—	—
1892	902	2839	980	2827	1882	5666
1893	845	3023	933	2990	1778	6013

① 《新纂云南通志》卷五六《交通考一》。

（续表）

年份	逆行船		顺行船		总计	
	艘（次）	运量（吨）	艘（次）	运量（吨）	艘（次）	运量（吨）
1894	905	2990	894	2896	1799	5886
1895	1065	2793	1033	3604	2098	6397
1896	981	3376	958	3288	1939	6664
1897	2783	6489	2770	6433	5553	12922
1898	4723	11713	4523	11220	9246	22933
1899	5825	14066	5647	13789	11472	27855
1900	4530	12083	4351	11682	8881	23765
1901	5288	14137	5261	14060	10549	28197
1902	3798	10905	3776	10837	7574	21742
1903	4856	13323	4832	13245	9688	26568
1904	7014	18257	7160	18709	14174	36966
1905	5073	15718	5169	15990	10242	31708
1906	7351	23490	7353	23484	14704	46974
1907	9171	28518	9260	28851	18431	57369
1908	5031	11890	5174	12384	10205	24274
1909	1939	6278	1875	6989	3814	13267

资料来源：蒙自县志编纂委员会编《蒙自县志》，中华书局 1995 年版，第 482 ~ 483 页。

一般而言，“所谓良好的水道是指河流本身的长度，河水的深度，河身的少弯曲，河水的平稳，流域的富庶等”①。受河道水文条件和流域自然

① 蒋君章：《西南经济地理纲要》，正中书局 1943 年版，第 180 页。

环境的制约，红河水运存在诸多弊端，显然不能称为“良好的水道”。第一，红河水运具有鲜明的季节性，不能总是畅通无阻，制约着其运输功能的发挥。红河水道的航行情况随江水的季节性变化而变化，夏秋季降水丰富，水位增高，事故往往因此增多，如果降水陡增则会导致河水暴涨，水势汹涌，船行困难以至于停航，如1904年就曾因水位暴涨，水运一度暂停；① 冬春季节降水稀少，水势平稳，船运畅通，如1896年9月以来降水较少，河水平缓，贸易量因此而增多。② 第二，红河水道滩多流急，水势不稳，使红河水运充满危险。“红河滩多水险，航运困难，由老街到蛮耗180华里的航程中，便有大小滩100多处，其中险滩有大滩、莲花滩、新滩、乌龟滩等11处之多”③，驾船稍有不慎便有可能触礁，事实上每年几乎都有一些船只因此而被毁坏（参表8.3）。第三，沿河一带匪患严重，使红河水运每每损失不少。近代的云南匪患严重，“盗匪之盛实为本省一大害”④，而土匪往往以劫财为生，红河上的往来船只成为土匪劫掠的重要目标，致使商家几乎每年都要因此而损失不少财物，严重阻碍贸易发展。如1890年，因匪患严重，蒙自20多天几欲罢市，甚至一度被提议放弃红河水道，仍走百色路线绕道广西贸易⑤。

---

① “Mengtsz Trade Report, for the Year 1904”，见中国第二历史档案馆、中国海关总署办公厅编《中国旧海关史料（1859—1948）》（第40册），京华出版社2001年版，第282页。

② “Mengtsz Trade Report, for the Year 1896”，见中国第二历史档案馆、中国海关总署办公厅编《中国旧海关史料（1859—1948）》（第24册），京华出版社2001年版，第639页。

③ 张肖梅：《云南经济》，中国国民经济研究所，1942年，第G129页。

④ 《中华民国七年蒙自口华洋贸易情形论略》，见中国第二历史档案馆、中国海关总署办公厅编《中国旧海关史料（1859—1948）》（第82册），京华出版社2001年版，第231页。

⑤ “Mengtsz Trade Report, for the Year 1890”，见中国第二历史档案馆、中国海关总署办公厅编《中国旧海关史料（1859—1948）》（第16册），京华出版社2001年版，第595页。

表 8.3　1892—1906 年红河水运船只损坏数量一览表

年份	损坏船数	年份	损坏船数	年份	损坏船数
1892	30	1897	9	1902	66
1893	25	1898	12	1903	17
1894	28	1899	29	1904	41
1895	14	1900	18	1905	26
1896	30	1901	23	1906	31

资料来源：石俊杰《近代云南红河区域经济地理研究》，云南大学 2010 年硕士学位论文。

因此，当滇越铁路通车后，红河水运的大部分运量被滇越铁路代替。滇越铁路越南境内通车就已经对红河水运造成冲击，如表 8.4，在滇越铁路全线通车后，红河水运运量剧减，特别是随着滇越铁路运输能力的提高，红河上的船只在 1924 年后减少为千只以下，运量也不足千吨，在有的年份甚至仅有 500 吨左右。如果说，在滇越铁路通车前红河是滇越贸易乃至云南对外贸易的主要路线的话，那么，在滇越铁路通车后，其地位可谓一落千丈，在交通上只是对滇越铁路起着辅助的作用，“只有在铁路雨期不通之时，其运输才又得再现”①。换句话说，滇越贸易运输方式从以水路为主转变为以铁路为主是造成红河水运衰落的重要原因。

表 8.4　1913—1930 年红河航运运量一览表

年份	艘（次）	运量（吨）	年份	艘（次）	运量（吨）	年份	艘（次）	运量（吨）
1913	2653	3198	1915	2657	3295	1917	2122	2331
1914	3151	4069	1916	1957	2331	1918	1672	1907

① 东亚同文会编：《支那省别全志》第 3 卷《云南省》，台湾南天书局 1988 年版，第 453 页。

（续表）

年份	艘（次）	运量（吨）	年份	艘（次）	运量（吨）	年份	艘（次）	运量（吨）
1919	—	—	1923	2107	2288	1927	476	476
1920	1569	1713	1924	1033	1124	1928	507	507
1921	2637	2338	1925	796	825	1929	754	754
1922	2167	2599	1926	657	671	1930	834	834

资料来源：蒙自县志编纂委员会编《蒙自县志》，中华书局1995年版，第483页。

二、全面抗战时期的云南水运开发与对外贸易

（一）开辟中越红河水陆联运线的努力

滇越铁路建成前，红河是滇越交通的主要路线之一。滇越铁路通车后，红河水运衰落。全面抗战爆发后，随着东部沿海港口的沦陷，外来物资多取道越南海防，通过滇越铁路，经云南转运内地，以海防为枢纽的中越交通一时成了中国国际抗战物资运输的中心。但是，由于大批的货物云集海防，一时之间，海防港码头仓库货物充塞；红河两岸，机器材料堆积如山；驳船停滞江心无法卸货，甚至有载重过重而沉没的。仅有的铁路、公路又无法将云集海防的货物及时运出：滇越铁路每日运量仅300吨，月运量不过万吨，而且受铁路隧道的限制，不能通过水压机等大型兵工设备；越桂公路的运量每日可达200吨，但常常遭到日机的轰炸，难以利用。受此影响，囤积在海防的货物急剧增加，1939年9月统计，海防存货超过30万吨，而且旧的未运出，新的又运到，“囤积于海防之货物，不知凡几，日晒雨淋，将成废物”①。因此，为了缓解交通压力，增加从海防的运华货量，增强抗战能力，不得不在铁路、公路的基础上，多觅运输路线。于

① 云南省档案馆编：《抗战时期的云南社会》，云南人民出版社2005年版，第106页。

是，利用红河水运，水路与陆路结合，开辟中越红河水陆联运便成了“刻不容缓之计”。

1939 年 5 月，国民政府一面加强物资运输统制，优先起运滞留海防的武器弹药、兵工设备、汽油、五金等急需的战备物资，一面拟由西南运输处邀集财政部、交通部、经济部等中央机关和云南省建设厅等单位组队勘查红河航道，以开辟红河水陆联运线。1939 年 6 月 4 日，财政部、交通部、经济部、西南运输处、行政院水陆运输联合委员会、云南省建设厅、滇缅铁路管理局等单位组成的“红河水道查勘队”，由行政院水陆运输联合委员会专员杨毓春率领，从昆明乘车出发，6 月 7 日抵达海防，然后自海防沿江而上经河内、越池、安沛、老街而入国境，经坝洒、田房、南屏、卡房、新街、桥头等地至蛮耗，全程 800 千米，于 7 月 11 日返回昆明。此次航行虽未能由海防直航蛮耗进行详尽的查勘，但也基本上完成了查勘任务，编写出了《红河查勘报告》。报告认为：从海防到蛮耗，可以通航。并指出：如果能用适当的轮船作水运工具，那么，将来货运数量不但可有较大幅度的增加，而且有超越越铁路运量的可能，特别是铁路不能运输的、成件的笨重器材，可改为水运，并可利用回空船运输出口商品，形成完善的国际运输线。各段通航情况具体而言：海防至田房，可通轮船；田房至蛮耗，可用木船接运；蛮耗以上，虽能通行木船，但无利用价值。此外，报告还对航线礁石及排除方法、航道疏浚、纤道及绞关的设置、分段接运、船舶标准、船员及装卸工人雇用、航运设计、码头和仓库设置、造船等事项作了详细的说明。①

1939 年 6 月 12 日，行政院水陆运输联合委员会专门委员卓越、西南运输处工程师卢明轩及两名警察，考察红河水路联运线。从昆明—宜良—弥勒—开远—蒙自沿滇越铁路线至新街、河口回程，经碧色、葡西，沿个碧石铁路至建水，再沿滇越铁路线往通海、玉溪、昆阳而回到昆明，编制

① 云南省档案馆编：《抗战时期的云南社会》，云南人民出版社 2005 年版，第 107 页。

出《视察昆明至河口路线报告》。1939 年 9 月，在对《红河查勘报告》和《视察昆明至河口路线报告》进行了详细研究后，行政院水陆运输联合委员会拟制了《利用红河及建筑轻便铁道运输物资计划》，上呈行政院院长孔祥熙。在计划中，对确定办理机关与推进的原则、分段运输及分期进行的步骤、人事安排、设备的购置与中转站、码头仓库的建设等作了详细说明。1940 年 2 月，西南运输处滇越线联运处副处长邝炎公率领西南运输处专员王湘等一行 20 余人奉命考察滇越水路联运线并筹设沿线站库，从开远出发，经河口、蛮耗、蒙自、建水、玉溪到昆明，历时 20 多天，对沿途运输站的设置作了具体的规划。①

以上多次的考察、踏勘、论证说明为了开辟红河水陆联运线，中国政府是作了充分的准备工作的。红河水路联运线已跃然纸上，就等开工建设了。

但是，一方面，由于法国对日实行绥靖政策②，在日本的压力下，法国政府早在 1937 年 10 月经过内阁会议，通过了限制中国假道越南之运输的决议，仅仅允许中国中央政府一般军用品通过③；另一方面，因为担心红河水陆联运会对滇越铁路形成竞争，法国认为红河水陆联运一旦实现必然会使法国利益受损。所以，法国不顾中法外交关系，对联运线的建设几经阻挠，反复无常，拖延了工程的开工。

因此，我国政府不得不对云南境内的联运线先图建设。1940 年 4 月，红河水陆联运线建设终于迈出了实质性的步伐。首先进行的是造船工作，交通部拨款 10 万元，由西南运输处在河口兴工造船。4 月 10 日，重庆首

---

① 云南省档案馆编：《抗战时期的云南社会》，云南人民出版社 2005 年版，第 107～108 页；夏强疆：《抗战时期中越红河水陆联运线的开辟》，见《云南文史资料选辑》（第 52 辑），云南人民出版社 1998 年版，第 253～254 页。

② 刘卫东：《论抗战前期法国关于中国借道越南运输的政策》，载《近代史研究》2001 年第 2 期。

③ 蒋永敬：《抗战期间中法在越南的关系》，见中华文化复兴运动推行委员会主编《中国近代现代史论集》第 26 编《对日抗战》（上），台湾商务印书馆 1986 年版，第 511 页。

批34名船工抵达河口，第二批80名也已雇妥，将经昆明转赴河口。造船要用的木料、桐油、白布、铁钉、竹青、油灰等，也都已准备好，并建了工厂一间和码头一所。到6月上旬时，已造好的新船14艘加入航行。但是，由于船工多病，材料购置困难，雇用船夫不易，而购置材料、建造货栈、雇用船工船夫需款较大，致使红河水陆联运线建设的进度比较缓慢。①

而正当红河水陆联运线正在建设之时，战争局势发生变化。1940年6月17日，法国政府投降德国，日本乘机迫使法越殖民政府停止中越运输，并派人封锁中越边境，中越运输完全中断。9月，法国与日本签订协定，日军由谅山、海防进入河内，占领越南，我国10多万吨存于海防的货品落入日寇之手。开辟红河水陆联运线，工程才刚刚开始，便化作了泡影。

（二）金沙江水陆联运线的查勘与试航经过

随着我国东部乃至于中部大片国土的沦陷，川、滇、黔、桂等西南省份成了抗战大后方，发展西南交通成为支持抗战的重要举措。于是，铁路、公路、航空、水运、驿运的建设与开发纷纷被提上了议事日程。全面抗战初期，滇缅公路、滇越铁路作为我国最为重要的进出口物资运输线，对打破日本对我国战略物资的封锁发挥了重要作用。但是，由于云南公路建设滞后，汽车数量不足，汽油供不应求，致使从海防和仰光运入云南的物资难以及时运向内地。因此，迫切地需要寻找一条可以打破公路的局限，节省宝贵的油料，用低廉的成本运输抗战物资的运输路线。金沙江“为长江上游之唯一出口”②，人们认为开发金沙江航运可以缩短川滇交通距离，节约运输成本，可以缓解中缅物资运输压力。因此，作为开辟后方水运的重要内容，国民政府试图开通川滇金沙江水陆联运线，为此进行了多次的勘查与试航。

---

① 云南省档案馆编：《抗战时期的云南社会》，云南人民出版社2005年版，第108页；夏强疆：《抗战时期中越红河水陆联运线的开辟》，见《云南文史资料选辑》（第52辑），云南人民出版社1998年版，第256页。

② 张守光：《改进云南水运之意见》，见云南省档案局（馆）编《抗战时期的云南——档案史料汇编》，重庆出版社2015年版，第960页。

为了确保勘查与试航工作的顺利进行，根据“后方重要水道，除略加疏浚可以利用者外，其他滩险较多、通航较难之干流，应由中央水利机关迅即详加测勘，普设水文测站，规划改善，以期增加航运里程”① 的原则，受经济部委派，中央水工试验所派员先后在沿江的巧家、永胜等地设立水文站，“实地测量水位、流速、流量及含沙量，并测量此地气温、气压与相对湿度及蒸发量、雨量、风向、风力、日照等气象”②。

1938 年 1 月，全国经济委员会组织川滇查勘队，从 2 月 10 日到 4 月 3 日，对滇池—螳螂川—普渡河—金沙江一线进行了查勘，认为：普渡河与金沙江交口处至宜宾段 510 千米，有包括特等滩、甲等滩、乙等滩、丙等滩等在内的各种滩险 70 余处，其中，特等滩、甲等滩必须整治，乙等滩、丙等滩除个别地方外，稍加整治就可以通航。③

1938 年 1 月 13 日至 2 月 7 日，西南运输处运输研究委员会委员胡运洲率测量技术人员 1 名，乘车从昆明出发，经会泽，对金沙江蒙姑至宜宾段进行了查勘，编制了《金沙江查勘报告书》及通航方案，认为：可以立即着手办理试航、开始造船、增聘技术人员，分工合作，以尽快实现通航。④

有鉴于“金沙江水道有关川滇交通，且于国际运输攸关重要”，1939 年 4 月初，军事委员会、经济部、交通部聘请国际联盟派驻中国的荷兰籍水利专家蒲德利负责查勘金沙江航行的可能性，并派经济部技士张炯和胡运洲协助蒲德利工作。4 月 22 日，由蒲、张、胡三人组成的查勘队从昆明出发，28 日到达永胜县金江街。4 月 30 日，以金江街为起点开始试航。历

---

① 《西南进出口物资运输总经理处关于改进西南水道推进水陆联运决议案》，见云南省档案局（馆）编《抗战时期的云南——档案史料汇编》，重庆出版社 2015 年版，第 958 页。

② 陆崇仁修，汤祚纂：《巧家县志》卷一《大事记》，1942 年铅印本。

③ 《云南省建设厅王玮关于沿途查勘川滇水道报告川滇水道查勘第一号》，见云南省档案局（馆）编《抗战时期的云南——档案史料汇编》，重庆出版社 2015 年版，第 964 ~ 967 页；云南省档案馆编：《抗战时期的云南社会》，云南人民出版社 2005 年版，第 110 页。

④ 云南省档案馆编：《抗战时期的云南社会》，云南人民出版社 2005 年版，第 110 页。

经艰险，于5天后到达龙街。5月10日再次下水试航，向“决无通航可能”的巧家县属老君滩驶去。因老君滩水性险恶，原来水手自觉不能胜任，船只也小，换船换人后第二天再次下水，船行至滩中，随即触礁覆没。蒲德利、张炯、胡运洲及水手周光福、张景忠、汪世孝、张荫福四人同时落水殒命，仅有一名殷姓水手漂流十余里，挣扎脱险。此次试航，老君滩不能行船已成定论，之后金沙江查勘试航至老君滩，均绕行或盘滩而过。①

1939年12月9日，经济部再次组队对金沙江航道进行查勘和试航，由交通部、西南运输处、经济部水利司、扬子江水利委员会、云南省政府、四川省政府各派1人组成“金沙江查勘试航队”②。1940年2月中旬，试航队分批从昆明出发。3月15日，试航队集结于永胜县金江街，从金江街出发，乘大、小木船各一艘，大、小浮桶筏各一艘，木筏一具顺流航行，后将浮桶筏、木筏交地方政府保管，乘大、小木船继续航行。此次查勘试航历时近三个月，经大小险滩400余处，中间弃船登岸、盘滩3次，行驶1000余千米，终于取得成功，全体队员于6月7日抵达宜宾。③

此次试航的成功，为开辟川滇金沙江水路联运线提供了依据，在此次试航的基础上编制的《金沙江查勘试航报告》认为：开辟金沙江水道的确是可能的，并提出，为适应交通运输之急需，可以根据各段水道情况，对一般险滩加以改造，先行分段通航，辅以短程陆路盘驳接运，可以实现全程通行；目前，可以首先着手做整理险滩及修筑纤道、制造船只及训练水

---

① 张振利：《蒲德利与金沙江查勘试航》，载《云南档案》2012年第9期；李硕：《抗战时期开辟金沙江航道的查勘试航纪实》，载《档案与建设》2014年第8期；云南省档案馆编：《抗战时期的云南社会》，云南人民出版社2005年版，第110～111页。

② 《经济部长翁文灏为检送金沙江查勘详航办法并派员参加致云南省政府咨》，见云南省档案局（馆）编《抗战时期的云南——档案史料汇编》，重庆出版社2015年版，第976～977页。

③ 云南省档案馆编：《抗战时期的云南社会》，云南人民出版社2005年版，第111页；李硕：《抗战时期开辟金沙江航道的查勘试航纪实》，载《档案与建设》2014年第8期。

手等工作，并实测各段水文情况，提出具体的整治规划。① 1940 年 8 月中旬，经济部在四川屏山成立金沙江工程处，颁布了《经济部金沙江工程处组织规程》，拟定了金沙江疏浚计划，计划分期分段进行施工，整治金沙江航道。②

1941 年春，经济部、交通部会同四川、云南、西康等省的代表和水利技术人员，组成新的金沙江试航队，自四川宜宾出发，溯江而上，进行查勘试航工作。③ 1942 年，行政院颁布了《行政院水利委员会金沙江工程处组织规程》，计划从金江街至宜宾 1000 千米的航道分三期整治。1942 年 1 月，民生公司派出轮船自宜宾开往安边，后又渐推至屏山、新市镇，航程约 100 千米，形成了比较稳定的航线。④

为了进一步向上游推进，1942 年 5 月，交通部驿运处督察万琮受命再

---

① 《金沙江查勘试航报告摘要》，见云南省档案局（馆）编《抗战时期的云南——档案史料汇编》，重庆出版社 2015 年版，第 982 ~ 988 页。按方国瑜主编《云南史料丛刊》第四卷收有《金沙江查勘试航报告摘要》一篇，与此“报告”内容一致，署名为“荷兰水程工程师”。这里的“荷兰水程工程师”实际上指的就是蒲德利，但据王玮《金沙江通航计划书》“川滇水道查勘队曾于民国二十七年二月至四月间，查勘其韭菜地至宜宾之一段（韭菜地在老君滩之上游）。当时玮亦奉派参加之一员，江流情形，幸得目睹。其后又有经济部与西南运输处派员合组试航队，自永胜之金江（地名）起，顺江而下，或乘船，或起旱，沿途研究水文，虽队员在老君滩（一名鱼硐滩）遇难，致无正式报告”[云南省档案局（馆）编：《抗战时期的云南——档案史料汇编》，重庆出版社 2015 年版，第 1011 页]、《翁文灏为金沙江试航事致云南省政府函》“经于上年派国联水利专家蒲得（德）利等前往查勘试航，嗣因该员等在老君滩遇险殉职，试航遂告停顿。本年二月间复经本部组织金沙江查勘试航队，并经贵省派员参加。兹据该队本部代表胡品元呈称：查勘试航工作，现已完竣，由队先行拟具报告摘要一份”[云南省档案局（馆）编：《抗战时期的云南——档案史料汇编》，重庆出版社 2015 年版，第 981 ~ 982 页] 等材料所述，此“报告”似不应署名为“荷兰水程工程师”。

② 《经济部关于成立金沙江工程处致云南省政府代电》、《云南省政府检发金沙江宜蒙段通航计划书训令》，见云南省档案局（馆）编《抗战时期的云南——档案史料汇编》，重庆出版社 2015 年版，第 988 ~ 989、992 ~ 1008 页。

③ 张振利：《蒲德利与金沙江查勘试航》，载《云南档案》2012 年第 9 期。

④ 李硕：《抗战时期开辟金沙江航道的查勘试航纪实》，载《档案与建设》2014 年第 8 期。

次试航金沙江。[①] 在经过了较长时间的准备后，万琮于1943年带领船队采取自下而上、先易后难、分段进行的办法，开始试航行程。万琮“在巧家蒙姑制备大木船两只，装载军用铅块六吨，选雇当地水手数十名，待金沙江涨水期间，于6月2日由蒙姑启航，顺利通过三家村、双龙、黄巧家等险滩，行程50公里，于6月3日到达巧家县城”。万琮等人在巧家休整几天后，再次启程，航行了大约40千米，至白鹤滩时，前船闯滩触礁沉没，船上6人全部遇难，万琮在后船，幸免于难。受此事故的影响，万琮决定不再冒险，但凡遇到险滩，一律盘驳通过，一路备尝艰辛，最后总算抵达宜宾。一路下来，“舟楫不时遇险，损失不赀”，说明开辟金沙江航道是得不偿失的，利用价值不大。[②] 后来，民生公司又派出轮船，试航新市以远成功，但是由于险滩太多，未能开通固定航班，只是偶有轮船往返。[③] 一般的木船则可以从确营上航130多千米，到芷蕉滩为止。[④] 因此，到1943年时，金沙江试航与通航尽管取得了一定的成效，但是，并没有达到水路联运、全线通航的目的。

开辟金沙江航线，主要的目的就是发挥水路联运的优势，将由滇缅公路而来的援华物资由云南转运四川等地。但是，随着局势的变化，这一目的渐趋弱化。1942年5月，日军占领怒江西岸，滇缅公路运输被切断。随着中印“驼峰”空中运输线的开辟，金沙江航道的利用价值减小，再加上以前对金沙江航道的试航投入和付出巨大，但收效甚微，人们已不再热衷于对金沙江航道的开发。金沙江上，基本上只有少数几艘轮船在屏山至宜宾间航行，航运价值不大。

---

① 《金沙江宜蒙段分段通航计划书》，见云南省档案局（馆）编《抗战时期的云南——档案史料汇编》，重庆出版社2015年版，第1001～1002页。

② 孙代兴、吴宝璋主编：《云南抗日战争史》（增订版），云南大学出版社2005年版，第194页。

③ 李硕：《抗战时期开辟金沙江航道的查勘试航纪实》，载《档案与建设》2014年第8期。

④ 李占才、张劲：《超载：抗战与交通》，广西师范大学出版社1996年版，第225页。

（三）开辟瑞丽江—伊洛瓦底江航线的设想和试航澜沧江

早在19世纪后半叶，经英国对缅甸的殖民经营，机动轮船就已经成为伊洛瓦底江水运的主力。云南境内的瑞丽江，经畹町、瑞丽流入缅甸，在缅伊尼瓦附近汇入伊洛瓦底江。由于瑞丽江历来就有一定的通航能力，因此，随着日本对我国侵略的加深，我国东中部大片国土沦陷，国民政府为了寻求西南地区开辟国际运输线首先建设滇缅公路外，也曾几乎同时产生了“开辟中缅直航水道”设想，打算利用瑞丽江—伊洛瓦底江航线，开辟一条水上战时国际运输线。

1938年底，林崇墉奉中央赈济委员会之命调查云南边地情况，在军事委员会西南运输处的协助下，他邀请专家学者组成滇西边地考察团，分别对云南边地相关内容进行考察。其中，吴尊爵受聘负责考察农田水利、勘测航路，成员有陈碧笙、吴学云等。1938年11月下旬，吴尊爵等人到达滇西。至12月5日，吴尊爵、陈碧笙、吴学云等先后勘测了芒市河、龙川江、南畹河以及瑞丽江的缅甸南坎以上河段。通过这次考察与勘测，吴尊爵和吴学云各自提出了如何开辟瑞丽江—伊洛瓦底江航线的设想与方案。

吴尊爵认为，滇西运输“甚感困难，如欲开发边地，必须利用水道”，瑞丽江段虽然存在不少礁石、险滩、石门、跌水等，但进行疏浚工程量并不算浩大，所需费用也仅在300万卢比左右，并不难举办；整理芒市河，疏通瑞丽江，可开辟出自海口经仰光直驶芒市或腾冲的国际水陆联运线，成为“开发边地之运输干线”，对于支持抗战的意义重大。

与吴尊爵的认识不同，吴学云认为开辟瑞丽江航运必须基于以内地为核心向外发展的战略，管辖与统制边地，出口商品，才能有助于抗战，有利于边地经济发展。所以他主张，应尽快详细勘测由腾冲至遮放的龙川江的航行情况，来决定瑞丽江开凿该如何进行。为此，他提出：由于芒市河浅滩较多，疏浚困难，如果改为整理龙川江，航行情况应该更好，“既可避免通过保山以至边境之绕山腰易被炸毁之公路线”，使进出口物资安全地经腾冲运输，对我国农矿产品的出口及云南实业的发展都有较大价值。在吴学云看来，龙川江若果通航，可以与其他交通线相配合，有利于管辖与统制边地经济与政治，从根本上有助于抗战。因此，他建议尽快派人对龙川江进行详细勘测，以确定瑞丽江的开凿的具体方案。

吴尊爵与吴学云的意见尽管存在较大差异，但在开辟中缅直航水道是可能的这一点上，应该说是基本一致的。差别主要在该如何具体实施，另外，吴学云的意见更加翔实，说理更加通透。因此，西南运输处副主任龚学遂在吴学云呈报意见书当天，就批示交联运科核办详查，以谋求沟通龙川江—瑞丽江—伊洛瓦底江航运。①

但是，无论哪种意见，工程的难度都是非常大的。而更为主要的是，随着战争形势的变化，即仰光的陷落、日本全面占领缅甸以及日本对我国滇西地区的侵占，开辟中缅直航水道不仅没有必要，而且也没有条件来付诸实施了。

除此之外，全面抗战期间也曾试图开发澜沧江航运。1938 年 1 月，张守光提议整治澜沧江水道，认为："金沙江既通汽船，为便于运输起见，自不能不另寻水道接运出口……是以整治先从沧江、元江入手……此两江工程以元江较为易治，因元江从元江县以下现已通帆船。沧江行经深谷，峡险滩多，水势汹涌，但为利益计，似应先治沧江通航暹罗，则长江货物至元谋后或陆运或水运经缅、暹、越以出海，不必专恃一国也。"② 但未见实施。从 1940 年 5 月起，民生轮船公司成立澜沧江试航队，利用皮筏等水上交通工具，多次对澜沧江河道、水流、通航的可能性等进行详细查勘。但是，由于大部分的试航队员无法适应热带气候，水土不服，多人患病，使试航无法继续进行，勘察工作不得不中止。只是在试航查勘工作基础上形成的《澜沧江考察报告》则为以后的试航提供了依据。7 月，民生公司决定直接采用木船试航，但在试航中木船被急流掀翻，大部分船员遇难，试航又一次被迫停止。③ 而随着越南局势的紧张，开通澜沧江航道通往越

---

① 以上皆据《开辟中缅直航水道的设想》，见云南省档案馆编《抗战时期的云南社会》，云南人民出版社 2005 年版，第 113 ~ 114 页。

② 张守光：《改进云南水运之意见》，见云南省档案局（馆）编《抗战时期的云南——档案史料汇编》，重庆出版社 2015 年版，第 963 页。

③ 李占才、张劲：《超载：抗战与交通》，广西师范大学出版社 1995 年版，第 226 页。

南以之作为战时后方国际通道已无必要和可能了，开发澜沧江航运也便就此搁置了。

（四）全面抗战时期云南水运开发的总成绩及其与对外贸易发展的关系

在西南后方交通建设中，云南的交通建设有其特殊地位。为便于获取外援，全面抗战时期，国民政府将国际交通运输线的建设作为整个交通建设的重中之重。而早在全面抗战爆发之前，国民政府高层就已经认识到了云南在沟通国际交通中的重要地位，1936 年 10 月孔祥熙呈蒋介石的一个计划中关于选择国际交通线的意见就指出：比较“由云南联接仰光海口”与“经川康联接印度铁路直达喀尔喀塔海口”，前者较后者里程短，工程不如后者艰巨，沿途经过地区的民族矛盾也不如后者复杂，强调应该考虑第一个方案。① 而随着南京的沦陷，“那时我们虽远在云南，已感觉到中国的海岸线不久将被日本侵略军完全封锁，以后战争物资必须经由越南进入中国。这样，云南将要从一个边远省份，变成咽喉地区。为了对付日寇的封锁，寻找我们的出路，增强抗战的补给路线，实属当时的当务之急”②。因此，国民政府对云南交通的建设是紧紧围绕着将云南建成抗战物资运输的大通道而展开的。随着战争形势的变化，云南一度成为我国最为重要的国际大通道，云南交通开发的必要性与紧迫性进一步提升，“而开发交通之目的，则仅在于接运国外军需品，亦不足言及云南生产之开发”③，维持国际运输通道的畅通几乎成为是时云南交通建设的唯一目的。

但以上述云南水运开发的情况看，云南水运在“接运国外军需品”，在云南作为西南对外通道方面发挥的作用甚微，特别是在日本占领越南后红河水运因之停顿，从而使得水运在云南对外交通中几无地位可言。

---

① 黄立人、周天豹：《抗战时期国民党政府开发西南的历史评考》，载《历史档案》1986 年第 2 期。

② 缪云台：《联系对外交通及战后建设》，见《云南文史资料选辑》（第 52 辑），云南人民出版社 1998 年版，第 1 页。

③ 刘楠楠选辑：《云南开发之意见史料一组》，载《民国档案》2013 年第 1 期。

全面抗战时期，国民政府采取一系列措施积极发展西南水运事业，成果显著。“战前重庆仅有轮船56艘，2万余吨，到1941年6月止，重庆区（川江流域）有轮船226艘，共64033吨”①，发展迅速；轮船不适合在河面相对较窄、水流湍急的较小河流上航行，这就为木船航运提供了用武之地，“川湘水运段的龚滩至涪陵乌江水面常年有木船300只，一次运输能力达到6000吨”，“川陕水运段的重庆至广元的嘉陵江江面常年有木船500只，数量大时有上千只。1940年前后，重庆到广元的嘉陵江每月单程行船可以达到3000多艘”，全面抗战时期木船航运发展之惊人由此可见一斑。②与此对照，云南水运无论是从航运里程还是船只数量、运输能力方面，均是相形见绌的。不仅如此，在西南地区，与水运素不发达的贵州相比，云南水运也是落后的。全面抗战爆发之前，如果说因红河水运使水运在云南对外贸易上发挥着重要作用，全面抗战初期，在抢运抗战物资以补铁路之不足方面发挥了重要作用的话，那么，在红河水运中断后，云南对外贸易已几无水路可赖，水运在云南对外贸易中的作用已微不足道。

第三节　对外贸易与近代云南铁路

一、滇越铁路与近代云南对外贸易

铁路是现代化运输的重要方式之一，为此，英、法两国均将修筑铁路作为开拓云南市场的重要手段，通过不平等条约，企图将各自殖民地即缅甸、越南的铁路延展进入云南内地，从而扩张其在中国西南的势力。正是在这样的背景下，云南的第一条铁路，也是中国第一条跨国铁路的滇越铁路于20世纪初修筑通车。

---

① 周天豹、凌承学主编：《抗日战争时期西南经济发展概述》，西南师范大学出版社1988年版，第223页。

② 谭刚：《抗战时期大后方交通与西部经济开发》，中国社会科学出版社2013年版，第157页。

法国希望修筑通过越南进入云南的铁路，以便获得与英国竞争的优势。中法战争结束后，法国取得了在中国修筑铁路的权力，“光绪十三年，中法会订《商务专条》第五款内载‘越南之铁路，或已成者，或日后拟添者，彼此议定，可由两国酌商，妥定办法，接至中国界内’等语”①，确定滇越铁路的修筑由法国主持。1901 年，滇越铁路开始动工修筑，历时 10 年，于 1910 年全线贯通，全程 854 千米，越南境内约 389 千米，云南境内 465 千米。滇越铁路全线开行需时 4 天，计第一日自海防至河内，地势平坦，路况较好，只需 3 小时；第二日自河内至老街，早上 7 点开，下午 5 点到；第三日自河口至开远，早上 6 点开，下午 7 点到，所经车站有河口、蚂蟥堡、南溪、马街、老范寨、大周塘、腊哈地、白寨、湾塘、波渡箐、倮姑寨、戈菇、落水洞、芷村、黑龙潭、碧色寨、大庄、大塔、开远 19 个；第四日从开远到昆明，早上 6 点开，下午 5 点到，所经车站有小龙潭、巡检司、大龙潭、拉里黑、西扯邑、热水塘、婆溪、小河口、西洱、糯租、禄丰村、徐家渡、滴水、狗街、羊街、宜良、可保村、前所、水塘、七甸、呈贡、獭米珠、西庄、九门里、索珠营、昆明 26 个。② 以上云南境内所设各站，分为四个等级：一等站 1 处，设在昆明；二等站 1 处，设在开远；三等站 6 处，四等站 24 处；与海关有关系之站两处，一为河口，二为蒙自碧色寨，因其为货物往来集散之地，有海关在此设立。各站建筑物：四等站为月台一，叉道一，避车道一，以及售票房、候车室及办公室等建筑物；三等站为月台一，叉道二，避车道二，货舱一，其余建筑物与四等站同，其中芷村站是三等站中之最重要者，因与红河有相通之关系，往来货物甚多，有机车厂、旋回桥、修理车厂及行车人员宿舍等；二等车站开远，因其居路线之中心点，并且与红河相通，加以当八大河大成河之冲，故筑叉道四，避车道四，旋回桥一，机车房一，能容机车六辆，其余办公室等亦增多；一等站所在云南省城，为全省商业中心，最为重要，车

---

① 《新纂云南通志》卷五七《交通考二》。

② 《续云南通志长编》（中册），1986 年，第 1000 页。

站有叉道六，避车道六，机车房一，货舱一，修理车厂一，其余办公等室也比各站较为宏伟。①

英国则希望通过修筑滇缅铁路“防止云南贸易的利益被法领印度支那夺取，使缅甸成为云南贸易利益的去向；把铁路延伸到丰饶的四川，在这里与川汉铁路衔接，使印度和上海连接一起，将来从开罗经印度直通到极东，夺取西伯利亚的利权”②。为此，英国在缅甸的铁路网布设已为将来延伸至云南做好了准备，与此同时，也曾多次派专家与技术人员进入云南考察，详细论证铁路路线。但是，不论哪条线路，都因地形复杂、工程量巨大、耗资不菲，而且多有难以克服的技术难题，英国修筑滇缅铁路的计划不得不搁置。

制约云南对外贸易发展的重要因素之一便是交通的落后，与马帮和红河水运比较，滇越铁路的优势不言而喻，因此，伴随滇越铁路的修通，一方面过去由马帮和红河运输的商品很快为滇越铁路所替代，铁路成为滇越一线云南对外贸易最重要的运输方式，“自铁路开通以来，凡骡马驮运洋纱、煤油、杂货等件销售于本处者迄今绝少”③；另一方面由于滇越铁路的修成在一定程度上缓解了交通对云南对外贸易发展的阻滞和影响，促进了云南对外贸易的发展，图 8.2 则直观地反映出滇越铁路的修通是近代云南对外贸易发展的重要转折点。

但是，滇越铁路又存在明显的局限，使其作为现代化的运输方式的优势没有得到充分发挥。其一，由于滇越铁路的修筑技术相对落后，运输受自然因素的影响较大，比如在雨季，降水一旦较大很容易造成对铁路的破坏，往往造成较长时间的运输中断（参表 8.5），极不利于此间贸易的进

---

① 苏曾贻：《滇越铁路纪要》，1919 年，第 8 ~ 9 页。

② 东亚同文会编：《支那省别全志》第 3 卷《云南省》，台湾南天书局 1988 年版，第 418 ~ 419 页。

③ 《宣统二年蒙自口华洋贸易情形论略》，见中国第二历史档案馆、中国海关总署办公厅编《中国旧海关史料（1859—1948）》（第 53 册），京华出版社 2001 年版，第 485 页。

行；其二，滇越铁路归法国政府经营，法国意在以滇越铁路为其侵略云南的工具，故任意增加车价运费，强征过境税，“留难本省公物阻其过境”等时有发生，严重影响着滇越铁路的运输效益。

单位：海关两

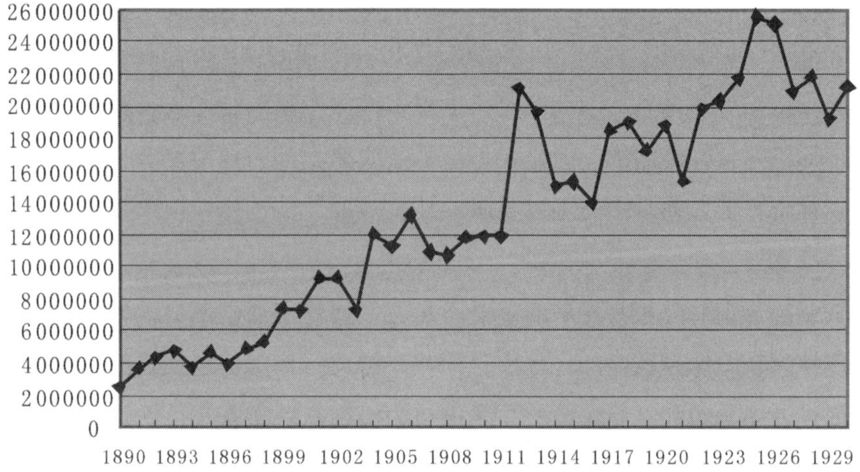

图 8.2　1890—1930 年蒙自净贸易总值变化趋势图

资料来源：据《中国旧海关史料（1859—1948）》（京华出版社 2001 年版）相关数据整理。

表 8.5　1909—1918 年滇越铁路中断运行情况一览

年份	中断情形
1909	自五月十五日开始，大雨时行，地陷山颓，由河口至蒙自一段铁路累遭倾败，至九月中旬尚无火车往来，迨至十月上旬修补完备，复经开车
1911	自五月开始即大雨滂沱，历三月之久，铁路第九十一基罗密达附近桥梁被坠落岩石拆分为两段，蒙自至云南府铁路中断六月有余
1915	七八两月大雨不断，河口至云南府铁路倾塌崩陷不可胜数，输运货物阻塞两月有余
1917	七八月间大雨滂沱，由河口至弥拉地一段铁路崩塌多处，交通阻断，直到九月底才恢复通车

（续表）

年份	中断情形
1918	当五月间，在铁路第三百三十七基罗密达处，有一桥梁被水冲倒，铁路停车即自此始。南溪与红河水势陡涨，泛滥洋溢，沿河两岸之木料建筑物均被冲没，而山上巨石亦相继崩坠。直至年底，铁路虽已修复，火车仍未敢遽通

资料来源：据《中国旧海关史料（1859—1948）》（京华出版社 2001 年版）第 50、56、70、78、82 册整理。

二、个碧石铁路与近代云南对外贸易

除此之外，近代云南还曾有多条其他修筑铁路的计划，尤其值得一提的是省内士绅为对抗法国滇越铁路、英国滇缅铁路计划而倡议的滇蜀、滇桂等铁路修筑计划，但大多因技术难度高、工程量大、资金缺乏而使计划落空，半途而废，修成者唯有地方民营性质的个碧石铁路。

“法自滇越铁路通车后，不时窥伺个厂，意图接修支路”，地方绅商为保矿权和路权，以及个旧至碧色寨间之运输仍须牛马驮运，不利于运输大锡出口，“重以米物薪炭需数甚多，牛马驮运殊感不便”，而倡修个旧至碧色寨铁路。但“因个旧锡、砂两项商人，建水、石屏两属者占十之八九，故两属股东，实为本路股东之主体，为促进建、石实业文化之发展计，该两属股东均愿延长抽收股款日期，多出股本，将铁路展筑至两属县城”，起初计划修筑之个碧铁路由此而成为个碧石铁路。① 1912 年，铁路动工修筑，进展缓慢。1921 年 10 月，个旧至碧色寨段通车，1928 年，鸡街至建水段修筑完成，直至 1935 年冬建水至石屏段才告竣工。完成个旧、碧色寨、石屏全线通车竟前后耗时 20 余年，个碧石铁路修筑之艰难由此可见一斑。

个碧石铁路的修通，个旧大锡可以全程通过铁路运输出口，运输效能明显提升，这是个碧石铁路修通后个旧大锡出口数量快速增长的其中一个

① 《续云南通志长编》（中册），1986 年，第 1018、1015 页。

重要原因。此外，与锡业生产相关的各种货物通过铁路向个旧聚集，“此路之大宗货运为锡片（由个旧到碧色寨）；木炭，煤炭，料，薪柴（由临安及碧色寨至个旧）；粮食，机件，工具，电煤，炸药（由碧色寨至个旧）；大临棉花、茶叶（由石屏到蒙自及个旧）；瓦货（由临安到个旧蒙自石屏）；纱布，油，铁，杂货等（由碧色寨至个旧、临安及石屏等地）”①，使个旧成为滇南除蒙自之外最为重要的货运中心。

个旧大锡是云南最重要的出口商品，个碧石铁路的修通对云南对外贸易发展的意义不言而喻，所谓“个旧本为云南之唯一生命泉源，人民之生计、政府之财政，均与个旧锡矿息息相关；而个碧石铁路，又为个旧之生命线，其地位之重要，当可想见”②。但是，个碧石铁路是寸轨，不能与滇越铁路直接对接，无法实现联运，使其对对外贸易的促进发挥更大的作用受到了一定程度的限制，“闻最初建议修路时，当地绅商，怀排外之心，且恐法人借滇越铁路而入内地，遂决用狭轨以防范之。此种思想，颇不合理，且以其与滇越铁路不能联运，在经济上蒙受莫大之损失”③。

三、全面抗战时期的云南铁路与对外贸易

（一）滇缅铁路的抢筑

滇缅公路建成通车后，成为国外援华物资运输的主要通道。但是，汽车运量毕竟有限，印度洋入港一艘万吨货轮，卸货由仰光上火车到腊戍，就得千辆汽车疲于奔命；而且滇缅公路路面不宽，常常拥挤停滞；再加上每到雨季，路面坍塌，造成运输中断的事情经常发生。很显然，仅靠滇缅公路大量的援华物资是难以得到充分运输的。

因此，为了增进后方运输力量，缓解援华物资运输的紧张，国民政府决定修筑滇缅铁路。1938 年，中、美、英三国会商，签订了一项由美国贷款，中、英两国各自在滇、缅境内修筑滇缅铁路的协定。

---

① 郭垣：《云南省之铁路交通》，载《旅行杂志》1939 年 2 月号。

② 张肖梅：《云南经济》，中国国民经济研究研，1942 年，第 I1 页。

③ 郭垣：《云南省之铁路交通》，载《旅行杂志》1939 年 2 月号。

滇缅铁路路线的选择，曾一度出现北线与南线之争。北线主张由昆明出发，经安宁、禄丰、楚雄、镇南（今南华）、祥云、下关、保山，从腾冲出国，与缅甸铁路干线终点密支那站或八莫连接；南线主张到祥云后，再经弥渡、云县、孟定、南定河口出国，经缅甸滚弄，与缅甸铁路支线腊戍站连接。

由于密支那是上缅甸政治经济中心，因此，从经济、贸易的角度考虑，滇缅铁路走北线更有价值。但是，经实地勘测，北线不仅路线长，而且有横断山脉阻隔，高低相差悬殊，还要在澜沧江和怒江上建筑大桥，工程太大，施工难度大；南线不仅里程较短，而且无须跨越怒江峡谷、澜沧江峡谷等险要地段，施工相对容易，所需费用也较少。当时，国家财政紧张，又迫切地需要在短时间内将铁路修成，因此，最终采用了南线。

滇缅铁路云南段，从昆明至南定河口全长 880 千米，为了与缅甸铁路系统相衔接，轨距设定为 1 米。

1938 年 8 月，在昆明成立滇缅铁路工程处，负责滇缅铁路的勘测与施工。为了加快工程进度，施工过程中，将全线划分为东、西两段，同时施工。自昆明北站经禄丰、楚雄、镇南（今南华）、姚安至祥云清华洞为东段；自清华洞经弥渡、南涧、公郎、云县、头道水，沿南定河至中国边境苏达为西段。1938 年 12 月，滇缅铁路东、西两段同时开工。

修筑滇缅铁路，事关抗战大局，因此，云南当局曾一度动员 30 万民工上路抢筑路基。施工后，进展迅速，到 1939 年时，东段完成工程量的 30%，西段完成工程量的 10%。1940 年，日本侵占越南，滇越铁路运输面临中断，对于修筑滇缅铁路的需求更加迫切，最高统帅部经常过问，希望加快建设进度。但是，滇越铁路运输中断后，滇缅铁路材料供应困难，不得不暂时停工待命。1941 年 3 月，在破除一切困难后，又奉命全线复工，但终因材料供应困难，进展非常缓慢。到 1942 年春，日军占领缅甸，滇西腾冲、龙陵等地沦陷，滇缅铁路被迫全线停工。仅有昆明经石咀至安宁一段通车，通车里程 35.2 千米，是用 1940 年 9 月从滇越铁路河口至碧色寨段拆下来的路轨铺设的。1944 年，因沾益修建机场，又拆除石咀至安宁一段路轨，去铺设曲靖至沾益12千米的铁路。① 如此一来，滇缅铁路只剩昆明至石咀一段通车了。

修筑滇缅铁路，意义重大。但是，与公路相比，修筑铁路除桥梁、隧道结构特殊外，对路面的弧度、坡度及坚实度等要求更加严格，因此，修筑铁路的难度也就更大。所以，尽管云南地方当局动员大量民工全力修筑，但在耗时近两年时，就连路基都还没有全面完成，而滇缅公路仅仅用了不到9个月就建成通车了。到1942年最终停工时，滇缅铁路还是一项远未完成的工程。

（二）叙昆铁路的勘测与修筑

在计划修筑滇缅铁路的同时，修筑川滇铁路也被提了出来。当时计划修筑的川滇铁路，又称叙昆铁路，由昆明往东北，经曲靖、宣威、威宁、昭通、盐津，到达四川的叙府（今宜宾），全长约850千米。

如果叙昆铁路和滇缅铁路均按计划修通，滇缅铁路为对外联系的大动脉，叙昆铁路为向内联系的大动脉，对内与对外的两条大动脉在昆明连接，成为外通印度洋出海口仰光、跨越大西南后方云、贵、川三省的交通大动脉，意义重大。因此，国民政府、云南和四川地方当局对修筑叙昆铁路都很重视，由交通部、云南省政府、四川省政府联合组成川滇铁路公司理事会，成立叙昆铁路工程局，具体负责叙昆铁路的勘测与施工。

叙昆铁路跨越云、贵、川三省，勘测工作于1938年11月开始，至1942年全线勘测完成，约850千米，计划施工里程为864千米。计划轨距为1米，路基宽度定为4.4米，路基高度为高出最高洪水位60厘米。

修筑时，由云、贵、川三省分别负责本省境内的路段。叙昆铁路云南段，在广大民工和技术人员的共同努力下，进展较为顺利。施工不久，昆明至沾益段就全部完成了；沾益至宣威段，桥涵及路基土石方都已经完成，就剩下铺轨了；宣威至贵州威宁段，也已经完成3座隧道及部分的土

---

① 参见《云南省志》卷三四《铁道志》，云南人民出版社1994年版，第130～133页；陆韧：《云南对外交通史》，云南民族出版社1997年版，第404～405页。

石方和桥涵。工程进度比四川、贵州快很多，完成的工程数量也远比四川、贵州多。

叙昆铁路云南段的修筑，正当顺利推进之时，国际形势剧变，日军侵占越南，铁路器材来源中断，工程大受影响。到 1941 年 3 月，昆明至曲靖 160 千米的工程完成，1944 年 6 月，将轨道铺至沾益，从昆明至沾益全长 172 千米。铺轨所用材料，全部是滇越铁路河口至碧色寨拆下来的旧钢轨。①

叙昆铁路四川段，仅叙府（今宜宾）至安边一段，虽然开工，但完成的工程量不多，便停工了；贵州段甚至没有开工。由此，叙昆铁路仅有昆明至沾益一段通车，是云南近代铁路建设史上又一项没有完成的工程。

叙昆铁路虽然通车里程有限，但也在 1943—1945 年累计完成旅客周转量 2.53 亿人/千米，货物周转量 6560 万吨/千米，运送士兵 46 万人次，开行军车 807 列，为大西南后方人员、物资运输与周转作出了贡献。

（三）战时的滇越铁路

全面抗战爆发仅仅一年多时间，北平、天津、上海、南京、广州、武汉等城市就相继沦陷，各沿海主要港口被日军占领，云南成为抗战大后方，滇越铁路为当时我国西南地区最重要的运输通道。

大批内迁企业、工厂、机关、学校的人员、物资经滇越铁路进入西南大后方；大量来自海外和我国东部地区的抗战物资和民用物资绕道滇越铁路由云南运入西南各省和其他内地省份；滇越铁路还承担着抢运积存在海防、河内的各种战略物资和民用物资的任务。一时之间，滇越铁路运输异常繁忙，客、货运输量急剧上升。1938 年、1939 年，滇越铁路的运量达到自通车以来的最高峰。1938 年，货运量近 40 万吨，1939 年又猛增至 50 余万吨，为 1919 年的 3 倍多；1938 年售出客票 4200 多万张，1939 年售出 4500 多万张，比 1927 年增长约 22 倍。

---

① 姜一鹍：《叙昆铁路修筑情况》，见《云南文史资料选辑》（第 52 辑），云南人民出版社 1998 年版，第 315 页。

滇缅公路修通后，尽管也承担相当一部分的运输任务，但运输的主要是国外援华物资，其中大部分又是美国援华物资，再加上汽车的运量毕竟有限，滇缅公路的路况又比较差，对运输多有限制，所以，至1940年日军占领越南，切断滇越铁路运输之前，滇越铁路几乎是当时中国最为重要的国际通道。

日军视滇越铁路为眼中钉、肉中刺，从1938年9月起就恃其空中优势，肆无忌惮地对滇越铁路进行一次又一次的狂轰滥炸，企图切断这条国际运输通道。比如，1939年12月，日军轰炸芷村车站，投下大量炸弹，车站站房、机务段车房、水塔、宿舍全部被炸毁，死伤200多人；1940年，日军轰炸白寨大桥，炸弹正中一列行使中的旅客列车，死伤旅客200多人。由于日军的轰炸，白寨大桥曾被毁，小龙潭大桥钢梁桁架一端倾落在南盘江中，等等，影响铁路运输不小。令人惊奇的是，日军曾对著名的“人”字桥轰炸达几十次之多，但因“人”字桥架设在两座高山夹峙的深涧之中，日军不知投了多少次的炸弹，但均未投中，桥身一直屹立完好。

面对日军的狂轰滥炸，滇越铁路方面和铁路工人临危不惧，不怕牺牲，一面呈请军方加强防空力量，一面坚守岗位，全力以赴，采取一切办法，抢修被毁铁路，基本上做到了随炸随修，保证了列车的基本通行。如小龙潭大桥被炸，钢梁坠入江中，抢修队先以“之”字形便线及便桥临时通车，接着以枕木垛钢塔架逐步将炸毁的钢梁顶起，置于原高度以上，以三孔“工”字便梁替代炸毁部分，实现了正线通车，又在通车条件下进行主梁横梁的修复。

铁轨上、车站中，一个个的弹印和一个个的弹坑，是写在钢铁上的证词，诉说着日军狂轰滥炸的罪恶行径。在日军的狂轰滥炸下，在两年多时间里，铁路运输仍未被完全切断，使滇越铁路一度成为我国西南最为重要的国际运输通道。这是铁路工人用生命书写的传奇。正是这种不折不挠、永不言弃的精神支撑着中华民族的抗日战争，最终迎来了胜利。如果说法国修筑滇越铁路是向云南插进了一根“吸血管”的话，那么，全面抗战期间的滇越铁路，毫无疑问，是由“吸血管”变成“输血管”了。

日军占领越南后，滇越铁路运输被切断。国民政府为了防止日军沿滇越铁路入侵云南，一方面调重兵在蒙自、河口、屏边、金平、文山、马关、麻栗坡、西畴、福宁一带布防；另一方面采取断然措施，成立滇越铁路线区司令部，军事接管滇越铁路滇段，炸毁河口大桥、河口隧道和白寨大桥，仅留下“人”字桥未毁，同时，拆除河口至碧色寨间 177 千米的铁轨，拆下来的铁轨用在了上述滇缅铁路和叙昆铁路部分路段的铺设中。

1943 年 2 月，法国维希政府公然蔑视中国主权，将广州湾“转让”给日本。按照 1903 年中、法两国签订的《滇越铁路章程》，中国在 80 年之后才能与法国商议收回滇越铁路及铁路一切产业。但在这时，面对法国政府的公然挑衅，国民政府毅然决定于 8 月 1 日宣布与法国断绝外交关系，正式接管滇越铁路云南段。抗战胜利后，中、法两国签订《关于中越关系之协定》，规定宣布废除 1903 年的《滇越铁路章程》，法国将滇越铁路交还给中国，这是在承认既成事实的基础上完成的外交程序。

日军占领越南后，滇越铁路运输就无法出入越南了，此时的铁路便失去了作为国际运输通道的功能。在拆除了河口至碧色寨的铁轨后，就只剩下昆明至碧色寨 287 千米的铁路维持通车了。由于路轨器材没有来源，只能使用原有的陈旧设备维持行车，再加上管理混乱，致使运输效率低下，事故不断。仅 1944 年一年内就发生包括脱轨、翻车等严重事故在内的各种事故 122 件。其中，发生在宜良附近七拱坡翻车事故，列车翻车起火，烧死旅客 140 人，烧伤 57 人，为滇越铁路自通车以来最大的一次行车伤亡事故。由于事故不断，货运、客运均受影响，昆明至碧色寨一线运输常常时断时通，运量大不如前。

抗战胜利后，国民政府交通部曾筹备修复滇越铁路河口至碧色寨段，但在略有进展后又停工，直至 1957 年才重新铺轨，恢复了全线通车。

（四）铁路运输与全面抗战时期的云南对外贸易

自滇越铁路建成后，云南曾多次议修铁路，但在全面抗战爆发前，除个碧石铁路之外，都没有真正修成。全面抗战爆发后，由于抗战的需要，又提出滇缅铁路、川滇铁路、石（石屏）佛（佛海）铁路等数条铁路的修筑计划。但是，由于各方面条件的限制，滇缅、滇川铁路仅有极少的一部分通车，石佛铁路只是进行了勘测，没有进行修筑。

全面抗战的爆发，尽管又一次掀起了云南近代史上铁路建设的热潮，但直至抗战结束前，修成通车的铁路还只是计划修筑中很少的一部分，运输效果没有得到真正体现。在云南铁路运输方面，对抗日战争起到较大作用的还是滇越铁路，这充分说明了在战争年代修筑铁路是多么艰难的事情。

由于建成通车的铁路十分有限，滇越铁路又在日军占领越南后被切断，所以，全面抗战期间，作为我们现在一般认为的交通“大动脉”的铁路，从整体上来讲，对云南抗战的贡献并不是很大。当然，云南人民为了早日取得抗日战争的胜利，排除一切困难修筑铁路，保障铁路运输所作出的努力，无论如何都是不应该被忘记的。

在西南后方交通建设中，云南的交通建设有其特殊地位。为便于获取外援，全面抗战时期，国民政府将国际交通运输线的建设作为整个交通建设的重中之重。而早在全面抗战爆发之前，国民政府高层就已经认识到了云南在沟通国际交通中的重要地位，1936 年 10 月孔祥熙呈蒋介石的一个计划中关于选择国际交通线的意见就指出：比较“由云南联接仰光海口”与“经川康联接印度铁路直达喀尔喀塔海口”，前者较后者里程短，工程不如后者艰巨，沿途经过地区的民族矛盾也不如后者复杂，强调应该考虑第一个方案。① 而随着南京的沦陷，“那时我们虽远在云南，已感觉到中国的海岸线不久将被日本侵略军完全封锁，以后战争物资必须经由越南进入中国。这样，云南将要从一个边远省份，变成咽喉地区。为了对付日寇的封锁，寻找我们的出路，增强抗战的补给路线，实属当时的当务之急”②。因此，国民政府对云南交通的建设是紧紧围绕着将云南建成抗战物资运输

① 黄立人、周天豹：《抗战时期国民党政府开发西南的历史评考》，载《历史档案》1986 年第 2 期。

② 缪云台：《联系对外交通及战后建设》，见《云南文史资料选辑》（第 52 辑），云南人民出版社 1998 年版，第 1 页。

的大通道而展开的。随着战争形势的变化，云南一度成为我国最为重要的国际大通道，甚至是唯一重要的国际通道，云南交通开发的必要性与紧迫性进一步提升，“而开发交通之目的，则仅在于接运国外军需品，亦不足言及云南生产之开发”①，维持国际运输通道的畅通几乎成为是时云南交通建设的唯一目的。全面抗战初期，滇越铁路在输送抗战物资方面发挥了重要作用，但随着日本对越南的侵占，滇越铁路运输中断，其他议修铁路仅有极少部分通车，无法发挥明显的运输效果，铁路的对外运输功能几乎丧失殆尽。因此，如果说全面抗战爆发前的云南铁路与对外贸易发展基本上是良性互动的关系的话，即以滇越铁路、个碧石铁路为代表的近代云南铁路是因对外贸易发展的需要而产生，又进一步促进了近代云南对外贸易的发展，那么，当这一进程进入到全面抗战这一特定的时期时，这种良性互动的关系便被打破了，即抗战需要更为发达的交通为支撑，尤其需要铁路这一现代化的交通运输方式，但战争对已有铁路的破坏和新建铁路工程进展缓慢，并没有很好地满足这一需要。换句话说，全面抗战时期，在云南对外贸易的发展方面，铁路所起的作用显然是与全面抗战爆发之前不可同日而语的。

第四节 近代云南公路、航空的发展与对外贸易

一、近代的云南公路与对外贸易

（一）云南公路的起步与对外贸易

公路相对于铁路，具有机动灵活、适应强、适于中短途运输的特点，但是，近代云南的公路建设和铁路一样，进展也极其缓慢。有人认为进展缓慢的原因主要是云南地形复杂，公路修筑困难，汽油稀缺昂贵，汽车难以使用。② 此论甚是。对此，1929 年东亚同文书院调查报告就有记载：在

---

① 刘楠楠选辑：《云南开发之意见史料一组》，见《民国档案》2013 年第 1 期。

② 石俊杰：《近代云南红河区域经济地理研究（1889—1949）》，云南大学 2010 年硕士学位论文。

云南道路上，车辆无法通行，运输仅靠人肩、马背，在稍微平坦一点的地面上，往往看到宽2米左右的石板路，但因为长时间没有进行修路的原因，石块高高露出，在低洼地形成深深的坑，一样使人感到难以行走。在这种情况下，民国以来曾多次提出修筑公路的计划和方案，但都因为工程相当困难，计划每每落空。偶尔真正开始施工，也会遇到资金不足、土匪猖獗等问题，半途而废，中途搁置。①

1913年，滇南绅商倡议修筑公路，但真正得到实践则已是近十年后的事了。1921年，修成昆明至黄土坡马路，1924年从黄土坡延展到碧鸡关，总计16.4千米。1928年，修通昆明至安宁段公路，计34千米。在此之后，公路修筑的步伐才有所加快，如表8.6，1928年，云南公路累计通车里程68.2千米，1929年便增加到了354.3千米，至1936年底共计完成公路里程3712.9千米。

表8.6　云南公路累计通车里程变化表

单位：千米

年份	累计公路里程	年份	累计公路里程
1924	14.9	1931	1439.3
1925	18.9	1932	1888.6
1926	57.5	1933	2568.3
1927	57.5	1934	2787.7
1928	68.2	1935	3279.7
1929	354.3	1936	3712.9
1930	1325.7	1937	4533.5

资料来源：吴兴南《云南对外贸易——从传统到近代化的历程》，云南民族出版社1997年版，第300~301页。

---

① 东亚同文书院第26期学生调查：《第23回支那调查报告书》第51卷《云南交通编》，1929年，第40页。

公路虽在 20 世纪 30 年代修筑不少，但由于汽车数量有限（参表 8.7），效益也很差，公路运输的作用并没有得到真正发挥。[1]

表 8.7　全面抗战爆发前云南省运营汽车数量

单位：辆

时间		官营	商营	合计
1929—1932 年		14		14
1933 年 2 月开放商车		14	16	30
1934 年		14	38	52
1935 年	上半年	19	58	77
	下半年	21	160	181
1936 年至 1937 年 3 月		24	168	192

资料来源：黄恒蛟主编《云南公路运输史》（第 1 册），人民交通出版社 1995 年版，第 106 页。

云南地理环境复杂，交通向来落后，成为制约其对外贸易发展的重要因素，因此，云南对外贸易的发展必有赖于交通条件的改善与运输能力的提高。而在近代，对外贸易的发展则对现代化的交通的需求尤为迫切。在现代化的运输方式之中，“铁路为近代交通之利器，其惟一优点为载重量大而行动速，运费又甚低廉”，但铁路所需投资大、建设周期长；公路的建设费“要比铁路减省五分之四，行车管理又较铁路为便利，速度相去不远，惟运输量则远不如铁路……故汽车能致远不能任重，是其大缺点”。[2]就云南而言，既不适合发展水运，则铁路和公路若能一并发展，并有效衔接，当可极大促进对外贸易的发展。但公路不仅起步晚，而且发展缓慢，在很长时间也没有实现与铁路的对接，所以，直至全面抗战爆发前，公路

① 黄恒蛟主编：《云南公路运输史》（第 1 册），人民交通出版社 1995 年版，第 119 页。

② 蒋君章：《西南经济地理》，商务印书馆 1945 年版，第 324 ~ 331 页。

在云南对外贸易发展中所起的作用都是极为有限的。

（二）滇缅公路、中印公路与抗战物资的输送

全面抗战期间，云南加大公路修筑力度，除按原预定计划继续推进外，“分别修筑大丽段、宣昭段、开砚段、路开段、昆会段、昆宁段、昆兴段等七段干道路线，及昆富段、玉建段、呈通段、开蒙段、弥祥段、镇盐段、安易段、盐舍段、砚广段、师泸段、弥泸段、晋江段、砚昆段、宾鸡段、富罗段、广八段、牟楚段、楚双段、保顺段、保腾段、腾八段、元永段、景蒙段、金永段、丘广段、宁江段、宁车段、宁澜段、砚马段、马麻段、昆易段、昭永段、宾金段、昭鲁段等三十四段支道及县道路线”①，使云南公路通车里程有了较大的增加。而为适应抗战需要，对滇缅公路修筑与整饬，以及史迪威公路即中印公路的修筑，尤为值得一提。

1. 滇缅公路修筑②与抗战物资运输

滇缅公路东起昆明，西迄畹町，原为滇西省道，于1935年12月筑成通车昆明至下关的土路412千米。下关至畹町段，云南省公路总局规划继续修筑，以与缅甸连通。但是，在几经筹划和踏勘后，却因通向缅甸的线路没有确定下来，加之经费缺乏，不得不被搁置。

1937年8月9日至15日，蒋介石在南京召开最高国防会议，与各省军政要员一道共商抗日大计。8月15日，会议结束，蒋介石看望龙云，两人谈话当中，龙云有关修筑滇缅公路的建议得到蒋介石的认同。

关于滇缅公路下关至畹町段线路走向，驻腾冲殖边督办兼第一公路分局局长李曰垓等人曾主张腾永线，即由下关经漾濞、永平、云龙、保山、腾冲，从古永出境入缅甸与密支那或八莫连接；云南省公路总局技监段纬则主张顺镇线，其线路是由祥云经弥渡、蒙化（今巍山）、顺宁（今凤庆）、镇康到达缅甸的滚弄，经滚弄与腊戍连通。双方各持己见，争论不

---

① 《续云南通志长编》（中册），1986年，第968页。

② 详参蒋发源《滇缅公路修筑史料辑录》、张家德、蔡泽军、张愚《滇缅公路的修建和作用》，见《龙陵县文史资料选辑》（第11辑），云南民族出版社2013年版，第129～149页。

休。为了确定最终的线路走向，尽快开始滇缅公路的修筑，1937 年 10 月底，国民政府交通部次长王芄生专程赶赴昆明，与云南省政府商议滇缅路的修筑事宜。

也就在这个时候，时任保山县建设局长的张绳规等人，在权衡腾永线与顺镇线的利弊得失之后，提出了另外一条线路走向的建议，建议由下关经漾濞、云龙、永平、保山（施甸）、龙陵、潞西到畹町，出畹町后进入缅甸，连接缅甸腊戍铁路，直达仰光出海口。与腾永线和顺镇线相比，这条线路具有极大优势：一是路程缩短一倍以上，可以节省修路花费的人力、物力、财力，有利于缩短工期；二是不需穿越高黎贡山和龙江、怒江两江之险，而且怒江上已建有惠通桥，加固后即可通车，可以减小修筑的难度，缩减筑路的成本。因此，此线路得到了国民政府和云南省政府的重视。云南省主席龙云在指令时任保山县参议会议长的张笏在保山进行了调查核实后，于 1937 年 11 月 2 日，果断批准了张绳规建议的路线，决定按此线组织勘测和施工。

路线走向确定后，尚需与缅甸政府达成一致意见，于是，龙云委派云南省政府委员缪云台为中国和云南省政府的代表，赴缅甸仰光与缅甸政府协商修筑滇缅公路具体事宜。经过几次商谈，双方最后决定以一年为期，各自将公路修筑到边界衔接，并商定畹町河至木姐 18 千米也由缅甸修建，中国则负责修筑下关至畹町河段。1938 年 1 月，国民政府又与英国政府商定，以木姐作为滇缅公路的衔接点。至此，滇缅公路全线在中国云南境内和缅甸境内的走向也就完全确定了下来。

线路确定后，紧张的勘测与筑路工作随即展开。1937 年 12 月，部分路段的测量与修筑即已开始。1938 年 1 月，省公路局在保山设立“总工程处”，并先后成立了关漾、漾云、云保、保龙、龙潞、潞畹六个工程分处，分别进行下关至漾濞、漾濞至龙云、龙云至保山、保山至龙陵、龙陵至潞西、潞西至畹町六段公路的测量设计工作，规定各路段的修筑由道路所经各县具体负责。

为了能够早日贯通滇缅公路这一抗日国际大通道，国民政府和云南省政府曾决定限期四个月完工。但这显然是严重脱离实际的，不过，全面抗战进行了仅仅数月，我国东部出海口便大部分沦陷，必须以最快的速度修通滇缅公路。所以，从1937年12月起，由来自滇西28个县和设治局的各族人民组成的筑路大军，尽管语言不同，风俗各异，但在抗日救亡的紧要关头，不分男女与老幼，自带干粮与工具，纷纷赶往工地。尽管工具非常落后，生活极其艰苦，危险与疾疫随时都在发生，但他们不畏艰险，不怕困难，不惧牺牲，集中力量、全力以赴昼夜赶工。不到半年的时间，下关至畹町之间的毛路即大体完成。1938年8月31日，滇缅公路建成通车。从开始勘测、修筑到建成通车，仅仅用了大约九个月的时间。

在这短短的九个月时间内，完成土方1998万立方米，石方187万立方米；除惠通桥、功果桥外，还有洱河桥、漾濞桥、胜备江桥、小老河桥等四座与惠通、功果两桥规模相当的中等桥梁及小桥200多座、涵洞2000孔，铺就泥结碎石路面900多千米。如此重大的工程，全线耗资却只有320万元，而且多为桥梁石砌费用，以全线平均来算，每千米的花费仅为6100元，其费用之低为全国各路绝无仅有。

全面抗战八年间，滇缅公路实现运输大约5年时间。在这5年当中，外国援华物资源源不断地经滇缅公路输入我国，打破了日本对我国进行全面封锁的企图，为赢得中国抗战的最后胜利发挥了十分重要的作用。1938年12月，苏联6000吨援华物资经滇缅公路运入我国，滇缅公路援华物资运输由此开启。据不完全统计，由滇缅公路和中印公路先后共运入我国战略物资49万余吨、汽车1万多辆。其中，油类20余万吨，兵工武器弹药、通讯和交通器材、医疗设备和药品等20余万吨，棉纱、布匹等3万余吨。在被日军切断以前，滇越铁路是外国援华物资运输的主要通道，80%以上的外国援华军用物资是通过滇越铁路运入的。在滇越铁路运输中断后，滇缅公路成为唯一重要的外国援华物资的运输通道，承担了几乎全部援华物资的运输任务。据统计，仅1941年一年之内，通过滇缅公路运入中国的军用物资就达13.2万余吨之多。大批外国援华物资的运入，对物资极度匮乏的中国而言，无异于向正在急需血液的肌体源源不断地输入大量的新鲜血液，而滇缅公路就是那根“输血管”。与此同时，云南对外贸易及西南乃至全国的出口贸易也主要仰赖此路。从这意义上说，滇缅公路不仅是抗战的“生命线”与“输血管”，也是云南乃至全国对外贸易的大通道。

2. 中印公路的修筑与抗战物资的输送①

中国人民的抗日战争艰难地进行到1941年的时候，日军已经切断我国沿海的所有供给线，滇缅公路因此成为我国唯一的一条国际出海通道。从滇缅公路修通的那一刻起，日本就视滇缅公路为眼中钉，在日军侵入缅甸后，即刻对滇缅公路展开了一系列的破坏活动。在1940年10月到1941年2月仅仅四个月的时间内，日军出动飞机就达400余架次，有针对性地对惠通桥、功果桥等滇缅公路上的重要桥梁实施轰炸，致使滇缅公路运输多次陷于停顿。滇缅公路运输一旦中断，中国人民的抗日战争将陷于无比危险的境地。

为了世界反法西斯战争的胜利，中、美、英三国一致认为开辟一条新的国际通道是十分必要的。在日军侵占缅甸后，中国经滇缅公路通过仰光出海就没有可能了。为此，修筑中印公路，以求实现从加尔各答出海，成为中、美、英三国的共识，决定由中国和英国具体负责公路的修筑。

1941年初，经协商，初步拟定的中印公路线为：以西康省西昌（今四川西昌）为起点，经云南中甸至德钦后，分为南、北两线：南线在经云南贡山后，穿过中甸北端当时未定界的葡萄（又名坎迪，现属缅甸），至印度塞地亚，再至印度利多，以利多为终点；北线经西藏察隅，至印度塞地亚后，与南线汇合，也以利多为终点。

线路拟定后，国民政府交通部便很快组成“中印公路勘测队”，从西昌开始勘测。在勘至云南中甸后，分南、北两组进行勘测。北线勘测组在进入西藏后，因受阻而未能进行勘测，对北线的进一步勘测被迫放弃。南线勘测的结果是：全线共1486千米，其中中国境内905千米，缅甸境内

① 详参谢自佳《中印国际公路交通线》、谢福泽《史迪威公路》，见《云南文史资料选辑》（第52辑），云南人民出版社1998年版，第32～37、165～172页。

275 千米，印度境内 306 千米；全线所经环境复杂，不仅要经过冬季雪封期较长的 9 个横断山垭口，而且还有 10 条江面宽阔、水流湍急的大江河需要架桥，致使线路开挖工程面临的困难十分艰巨；何况还有 500 多千米要穿行在渺无人烟的原始森林中，毒蛇猛兽出没，若要施工筑路，是难以保障人力、物力的运输和人、畜的食物供应的。

勘测的结果实际上已经宣告了初拟线路的夭折。1942 年，由中、英、美三国召开的“新德里会议”对中印公路线路重新讨论，正式否定了从西昌至利多的路线方案。

1942 年 2 月 12 日，中、美、英三国代表在新德里召开会议，修筑中印公路为会上商议的主要内容之一。在会上，“所有出席人员均同意目前最迅速之线路为：利多—甘昭关—葡萄—密支那—腾越—龙陵一线”，至龙陵后，与滇缅公路衔接，并决定立即开始勘测施工。后经协商确定：由中国代筑缅境路段，印度进行利多—孟拱及利多—葡萄两线，中印双向接线，赶修至衔接为止，不以国界为限。但是，正当勘测工作进行之时，日军侵占了缅甸，进而占领了滇西怒江以西的腾冲、龙陵等地，中印公路被迫停修。

两年之后，盟军开始反攻，中印公路的修筑再次被提上议事日程。路线基本沿用了新德里会议决定的路线。这个时候，一方面，军事反攻需要交通建设的支撑，另一方面，筑路工作又离不开军事反攻的保障，因而，中印公路的修筑实际上是与对日反攻军事行动融为一体的。

1944 年 1 月起，中国驻印远征军对缅甸境内的日军发起反攻，中国军队的反攻有力地推动着筑路工程的开展，公路开始从利多向密支那推进。与此同时，驻滇远征军也拉开了滇西反攻战的序幕，几个月之后，远征军从惠人桥、双虹桥一带强渡怒江，取得松山战役的胜利，然后沿滇缅公路一线反攻。随着滇西战场反攻的胜利推进，中印公路云南境内的勘察工作渐次展开。1944 年 9 月，远征军收复被日军占领的腾冲城，勘察工作开始向龙陵和保山方向推进；1944 年 11 月，远征军收复龙陵，中印公路保山至密支那段的勘测工作随之基本完成，紧张的筑路工作由此全面展开。仅仅两个月之后，公路便从保山修到了密支那，与利多至密支那的公路形成了对接。1945 年 1 月 20 日，从利多开出的美军卡车 2 辆、救济车 1 辆到达 37 号中缅界桩处，22 日，车辆抵达昆明，中印公路全线试通车成功。其具体线路是由印度的利多出发，经缅甸密支那，从中缅国界 37 号桩进入我国，然后经腾冲、龙陵、保山、下关、楚雄，最后到达昆明。这也就是一般所说的中印公路北线，全长为 1568 千米。

除北线外，中印公路还有一条南线，其线路是由利多出发，到密支那后南行，经八莫、南坎、木姐，然后与我国畹町衔接，沿滇缅公路到达昆明。中印公路南线全长为 1731.7 千米，1945 年 1 月 27 日，中印公路南线全线打通。1 月 28 日，由 120 多辆汽车组成的车队驶抵畹町，举行了“通车典礼”。2 月 3 日，车队抵达昆明。次日上午，在昆明西站举行了盛大的“通车典礼”。同时，蒋介石在重庆发表题为“中印公路开辟的意义”的广播演说，为了表彰当时为中印缅战区司令史迪威的贡献，提议将中印公路命名为“史迪威公路”。

中印公路通车后，大批的军车通过昆明时，从西站到东站还没有一条联络线，车辆穿城而过，交通安全难以得到保障。因而，紧急修筑了一条从黄土坡沿城北郊至东站长 9 千米的公路。作为中印公路的延长线，这 9 千米长的公路也命名“史迪威路”，后来通称为“环城北路”或“环城军用公路”。

中印公路的抢修，从 1944 年下半年开始，到 1945 年 1 月全线打通，用了仅仅半年多的时间。此路为中印间有史以来的第一条公路，抢通后，中外各界赞誉备至。① 中印公路修通后，盟国的援华物资又开始源源不断地运入我国。据统计，中印公路全线通车至抗战胜利约半年的时间里，有 368 支车队、1 万多辆汽车通过中印公路，为中国运送了约 8 万吨的各种战略物资，有力地支持了中国战场的全面反攻。

全面抗战期间，云南公路建设呈现前所未有的迅猛发展态势。除了滇

---

① 《续云南通志长编》（中册），1986 年，第 996、998 页。

缅公路等国际通道、通省公路及省内干道的建设外，还在干线间做了进一步完善省内公路网的工作，先后建成通车嵩明至宜良、师宗至弥勒、曲靖至陆良、鸡街至建水、罗平至贵州兴义、文山至研山、开远至文山、鸡街至个旧、昆明至富民、玉溪至峨山、安宁至易门等数段公路，使云南省内各干线之间的交通基本连贯了起来。

此外，昆明城中，于 1934 年筑成的环城马路，部分路段铺为柏油路面；环湖路碧鸡关至观音山段、观音山至海口段、海口至昆阳段也先后建成通车。为了游览昆明城周边名胜的方便，又先后修筑了穿金、金黑、交昙、龙泉、吴井、海屯、灵源、石林、安温、岔巫、碧太、黑海、大观等十四条马路。

中华人民共和国成立前，云南全省已建成公路里程近 7000 千米，实际可通车公路 4000 多千米，全省有三分之一的县城可通公路。这些已建成和可通车的公路绝大部分是在全面抗战期间修筑的。可以毫不夸张地说，也就是在此期间，云南公路从慢步伐的建设时期进入了一个跨越式的大发展时代。到抗战结束时，云南近代公路网已经形成：昆明是这张网的中心；滇缅公路、中印公路等国际通道和以滇黔、滇川公路为主的通省公路以及省内干道是这张网的骨架；通过连接着各干道的县与县之间、乡镇之间的公路，最终织成了近代云南公路这张大网。

如果说全面抗战爆发前的云南公路因通车里程短、运输能力低，对对外贸易的发展所起作用不明显的话，那么，全面抗战期间就各种运输方式比较而言，受各种因素的影响，云南对外贸易主要依靠传统的马帮驿运和公路运输。在云南对外贸易的发展上，公路发挥了不可忽视的作用。

二、近代的云南航空与对外贸易

人类航空史始于 1903 年莱特兄弟制造的第一架飞机“飞行者 1 号”在美国北卡罗来纳州的试飞成功，中国航空史则始于 1909 年冯如驾驶自己设计的飞机成功试飞，而云南航空的历史则大致开始于 20 世纪 20 年代初。和全国其他地方一样，云南航空首先发展起来的也是军用航空。

时值 1922 年，再掌滇政的唐继尧，响应孙中山先生“航空救国”的号召，延聘留美华侨刘沛泉等人，购买飞机，在昆明成立航空处。航空队设在陆军讲武堂内，巫家坝陆军操场为飞行场。巫家坝地处滇池东南岸，原是一片荒原，杂草丛生，有陆军炮兵部队在此驻扎，以军队草场为飞机场，其实主要只是修了一条十分简易的飞机跑道。这条跑道又短又窄，而且全是土路。尽管如此，巫家坝飞机场却是云南首个飞机场，是当时全国仅有的两个飞机场之一，也是亚洲大陆最早的航空训练机场。

为了配合云南航空业的发展，培养本土航空人才，建立航空学校很快就被提上了议事日程。唐继尧自任督办，任命刘沛泉为校长，设校址于讲武堂内，设飞行训练基地在巫家坝机场，开办云南航空学校，于 1922 年底举行了开学仪式。

1913 年 9 月，我国历史上第一所航空学校——南苑航空学校在北京成立。1922 年 9 月，东北航空学校在沈阳成立。云南航空学校是继这两所航空学校之后我国历史上的第三所航空学校。与这两所航空学校相比，云南航空学校最鲜明的特色之一，是在学员的招收上不限于招收男学员，也不限于招收本国学员。这一招生特点，使云南航空学校成为中国历史上第一所打破男女界限跨国招生的航空学校。

1925 年春，来自朝鲜的女学员权基玉顺利毕业，成为中国航空学校培养的第一位女性飞行员。在中国空军服役 20 年的权基玉，在 1945 年后回到朝鲜，参与创办了韩国空军，被称为“韩国空军祖母”。1932 年 12 月，云南籍女学员吴琼英毕业。吴琼英在航校学习期间，表现特别优异，教官准许她驾机单飞，吴琼英也就成为第一位驾机单飞的中国女学员。招收女学员，培养出优异的女飞行员，云南航空学校在中国航空史上留下了浓墨重彩的一页。

如果拥有中国历史上最早的机场之一、最早的航空学校之一，已经确立了云南航空在中国航空史上的重要地位，那么，云南人制造出首架国产飞机则进一步反映出云南航空在中国早期航空史上的地位是无出其右的。

“二六政变”之后，龙云于 1928 年任云南省政府主席，他认为云南航空已有一定的发展基础，在川、桂等地大肆购买飞机之时，作出云南自己制造飞机的大胆决定。为了稳妥起见，龙云命令航空队先行调查研究工作。航空队研究后认为，由于是初造飞机，没有经验，建议先从木质结构教练用飞机的研制开始。此建议得到了龙云的认可，并下拨了3000元新滇币作为研制经费。

飞机设计工程师毛克生，曾留学于比利时，专门学习飞机制造，又担任航空队的工程师，对飞机非常熟悉，所以，设计工作从1935年9月开始到10月，仅仅用了1个月的时间就完成了。经过航空队审订后认为可行，上报公署后，批准制造。

飞机的制造因陋就简，许多设备是将用过的旧部件重新修整后加以利用。发动机是美制的旧发动机，多次使用，是修理后加以利用的；螺旋桨不能自制，是对法国高德隆式飞机的螺旋桨加以改造利用的。机身、机翼皆用木质材料，使用的是国产的松木、椴木等；尾翼则以用钢管焊接作骨架；机身、机翼、尾翼悉用布加以包裹。

1935年12月，飞机组装工作完成。试飞工作在巫家坝机场进行，飞行过程中，由于飞机上升浮力不足，在飞到滇池草海时升高尚不足300米，且空中摇摇晃晃，为了安全就转向飞回机场着陆了。虽然如此，但总算是实现了安全起降，为下一步的研制和改进工作打下了基础。

但遗憾的是，龙云认为飞机的制造和航空大队是难以长期维持下去的，飞机的进一步研究和制造工作也就因而中止了。不过，云南依靠自己的力量研制出了飞机，却是开了国人制造飞机之先河，意义深远。

与军用航空相比，近代的云南民用航空的出现显然要晚得多，但与全国民用航空发展的步伐大体保持了一致，算不上落后。①

中国最早的民用航空是于1920年开辟的京沪航线北京—天津段，1921年北京—济南段开航。但在不久后，因机场设备差、经费困难便停航了。

---

① 以上详参张永帅：《云南人的飞机梦》，载《云南经济日报》2014年5月8日。

南京国民政府成立后即开始着手筹办民用航空，中国民用航空再次起步。

1929 年，国民政府交通部成立沪蓉航空管理处，并首先开辟上海—南京段航线，一年内飞行 15 万千米。1930 年，沪蓉航空管理处并入新成立的中国航空公司。

1935 年，中国航空公司在经过充分准备后，开辟了渝昆航线，成为云南历史上第一条民用航空线。所用机型为美国的大型福特机，航线为从重庆经贵阳而达昆明，航程为 3 小时，班期为星期二、星期四，主要运送邮件和少量游客。① 其后又发展成为昆沪、昆蓉、昆渝三条航线的航班。②

1936 年，云南民用航空有了进一步的发展。在这一年，由国民政府交通部与德国政府合资开办的欧亚航空公司在昆明设站，开通了昆明至成都、西安、南京、上海的航线，定期飞行。

全面抗战爆发后，中国航空公司、中央航空公司开办的航线随之西移，云南航线大为拓展。除全面抗战爆发前开通的航线外，又新增昆明—广州、宜宾—昆明—丁江—加尔各答、昆明—仰光、昆明—重庆—成都—兰州—哈密—迪化（乌鲁木齐）与欧洲联航、昆明—桂林—香港、昆明—河内与法国航空公司联航等数条航线。③ 新增航线之中有四条是国际航线，从此云南对外交通有了航空运输的历史，云南对外贸易的航空运输历史也由此发端。

1942 年 1 月 31 日，日军攻陷缅甸毛淡棉，滇缅公路面临被日军切断的危险。这引起了中、美两国政府的严重忧虑。对此，美国总统罗斯福提出要在中、印、缅之间“开辟一条空中运输线和另辟一条陆上补给线”。那么，这条空中运输线如何走呢？时任国民政府外交部长的宋子文认为，从印度东北部阿萨姆邦地势最高的萨地亚到中国昆明，能够满足紧急需要，是最为理想的一条航线。为了说服罗斯福，宋子文特别保证说：100

---

① 《续云南通志长编》（中册），1986 年，第 1061 页。

② 陆韧：《云南对外交通史》，云南民族出版社 1997 年版，第 411 页。

③ 孙代兴、吴宝璋主编：《云南抗日战争史》，云南大学出版社 1995 年版，第 234 页。

架 DC—3′S 运输机一个月在这条航线上就可以运送 12000 吨物资。经过一番讨论后，美国决定采纳宋子文的建议，开辟这条航线。

1942 年 5 月，日军占领缅甸后，又入侵云南西部，滇缅公路被完全切断。为了确保将盟国和海外华侨的抗日物资运送到中国，支持中国的抗日战争，中美正式开通中印航线。这条中印航线，从昆明等机场到印度萨姆邦汀江等机场，需要在喜马拉雅山系的群山间穿行，进入云贵高原后，还要飞越 20000～24000 英尺高的横断山脉。受当时飞机性能的限制，飞机只能在群峰山峦中穿行，这些绵延起伏的山峰，犹如骆驼的峰背，飞行员们形象地将这些群山称为“驼峰”，经新闻报道，流传开来，“驼峰”也就成了这条中印航线的代称。

承担“驼峰”航线飞行任务的是美国空运大队和中国航空公司。“驼峰”航线开辟后，中、美两国飞行员严格执行“飞越‘驼峰’，没有天气限制”的命令，不管是结冰还是雷雨，也不顾从缅甸起飞的日本零式歼击机的拦截，500 多架各型运输机夜以继日地飞行，源源不断地将抗战物资从印度运送到中国。

据记载，从 1943 年 9 月到 1945 年 8 月仅仅两年时间内，“驼峰”空运就执行了 150 万小时的航行，在我国云南的昆明、陆良、呈贡、云南驿、沾益和四川的宜宾、新津、彭山、广汉、泸州，以及重庆等机场最繁忙的时候，每 75 秒就有一架飞机从印度或我国的某机场起飞。“驼峰”航线开辟后，中国航空公司飞机共飞越“驼峰”约 80000 架次，从印度运到中国的物资 50089 吨，从中国运到印度的物资 20472 吨，运送人员 33477 人。①

据相关研究，从 1943 年 1 月到 1945 年 10 月，“驼峰”空运运输的物资占到了中国获取外援物资总量的 80%。这充分说明，在滇缅公路被日军切断后，“驼峰”航线成为一条名副其实的中国抗战空中生命线，有力地支持了中国人民的抗日战争，为抗战的胜利作出了非常重要的贡献。

---

① 古江：《飞越驼峰》，见《云南文史资料选辑》（第 37 辑），云南人民出版社 1989 年版，第 359～363 页。

第五节　交通运输对近代云南对外贸易发展的影响

一、落后的交通是制约云南对外贸易发展的重要原因

如果以非生命力资源与生命力资源的比率来界定现代化的程度[①]，那么，如前述，由于现代化的交通运输发展缓慢，近代云南对外贸易发展的交通条件依然处于以生命力资源即畜力为主的传统阶段。尽管对外贸易发展的需要使近代云南马帮运输获得前所未有的发展，但是，随着贸易快速发展对运输需求的不断增加，马帮逐渐难以满足这种需要，从而制约了贸易的进一步发展。这是因为，不论采取什么措施，骡马毕竟比不上现代化的铁路、公路等运输工具，受制于各种因素的影响，马帮运力的提高终究是有限的。首先，一匹骡马从孕育到成熟需要较长的时间，何况在传统的孕育和牧养条件下，要想在短时间内使骡马的数量有显著的增长显然是不可能的。其次，不论如何改良马种，其负重能力毕竟是有极限的，何况云南马主要是矮种马，其特点在于耐力强，而并不以负重能力见长。再次，加强马帮的管理可以提高其运输效率，但如果马匹的来源受限，其整体运输能力的提高自然也会受到限制。不唯如此，由于地方政局动荡，战争频发，常有大量马匹为军队征用，或直接用于战场，消耗不少，或运输军需，使货物转输用马不敷。如 1903 年，蒙自因“封运军装往西行”，而使“终年内由蛮耗运货来蒙驼马每不敷用”；[②] 思茅亦因“封马驮运军械实繁”，致使虽在“年初马脚即不敷运用，脚费高昂”。[③] 另外，疾疫造成的

---

① ［美］吉尔伯特·罗兹曼主编：《中国的现代化》，江苏人民出版社 2005 年版，第 3 页。

② 《光绪二十九年蒙自口华洋贸易情形论略》，见中国第二历史档案馆、中国海关总署办公厅编《中国旧海关史料（1859—1948）》（第 38 册），京华出版社 2001 年版，第 333 页。

③ 《光绪二十九年思茅口华洋贸易情形论略》，见中国第二历史档案馆、中国海关总署办公厅编《中国旧海关史料（1859—1948）》（第 38 册），京华出版社 2001 年版，第 341 页。

死亡也往往是骡马所用不足的原因之一，如玉溪后裕乡尹家马帮，经1931年一次瘟疫的侵袭，马帮的三十五六匹骡马“竟死去了大半，还能正常役使者，已寥寥无几”①。甚至因匪患严重，马匹经常被盗，也是造成骡马常患不足为用的一个原因。

骡马供应的不足、运力不济，必然制约货物的转输，使商品的进口和出口都大受影响。对此，1917年蒙自海关贸易报告即有描述：该年“川战发生，屡封马驼，货运内地困难异常”，使进口贸易大受阻碍；“出内地领有三联单运往外洋之土货，本年总数共估值关平银二万九千一百八十五两，比去年减退甚多，盖以会理白铅矿地，接近战区，市情不佳，购者甚少，且马驮缺乏，输运维艰，产额减少，职是之故也”，从而使此项贸易的范围大为缩小，“均归云南一省，四川无与焉”。② 由于骡马供应不足，一些地方不得不以牛代替作为长途运输工具，1917年东亚同文书院的调查，“牛，主要使用于普洱、镇远、顺宁、永昌、腾越等地”，“这些马较少的地方，一般都使用牛来运输货物”。③

运输除供不应求外，由于缅甸、越南都已基本建立其较为完善的现代化交通网络体系，还存在马帮运输与现代交通难以实现有效对接的问题，对此，海关贸易报告多有描述，1903年腾越海关贸易报告：“缅货转运滇境全仗骡马之力，势必于缅甸改装，始能便于驮运。”④ 1909年腾越海关贸易报告：“货物概用瘦小之骡马驮运，每驮净重约在百斤，以致洋货进

---

① 尹秉义：《后裕乡尹家马帮》，见《玉溪市文史资料》（第5辑），转引自王明达、张锡禄《马帮文化》，云南人民出版社2008年版，第92页。

② 《中华民国六年蒙自口华洋贸易情形论略》，见中国第二历史档案馆、中国海关总署办公厅编《中国旧海关史料（1859—1948）》（第78册），京华出版社2001年版，第222、230页。

③ 东亚同文书院第15期学生调查：《第11回支那调查报告》第3卷《云南省》，1917年，第72～73页。

④ 《光绪二十九年腾越口华洋贸易情形论略》，见中国第二历史档案馆、中国海关总署办公厅编《中国旧海关史料（1859—1948）》（第38册），京华出版社2001年版，第347页。

口原包必须拆改方能衬合骡马之力，其不为削足就履也，几希此种情形又焉望商务日渐进步?”① 很显然，内外交通的对接障碍也是贸易发展的一大不利因素。

总之，所谓“滇省道路崎岖倍于蜀道，内地转运货物维艰，费资亦重，是以贸易阻止进步”②，落后的交通严重制约着云南对外贸易的发展。

二、交通运输与近代云南三关贸易地位的形成

（一）近代云南三关的贸易地位

1902 年，随着腾越的开关设埠，近代云南的进出口贸易即被纳入由蒙自、腾越、思茅组成的彼此独立的海关贸易统计体系。根据海关历年贸易报告的相关统计，可以清楚地看出三关贸易分别占云南全省进出口贸易比重的变迁。

表 8. 8 是 1903—1930 年间蒙自、腾越、思茅进口贸易历年占全省进口贸易的比重情况，由此可以看出：在 1903—1930 年之间，在全省进口贸易中所占的比重最大的是蒙自口岸，平均为 78. 48%，即使是最小的 1915 年，也占有全省进口贸易份额的 69. 46%，最大的 1930 年一度达到 88. 13%；其次是腾越口岸，平均占全省进口贸易总额的 19. 64%；最小的则是思茅口岸，占全省对外贸易的份额可以说是微乎其微，平均仅为 1. 23%，即使是最大的 1911 年，也只有 3. 33%，最低的 1930 年，更是只有 0. 50%。蒙自是全省进口贸易总额最主要的构成部分，其次是腾越，最后才是思茅。

---

① 《宣统元年腾越口华洋贸易情形论略》，见中国第二历史档案馆、中国海关总署办公厅编《中国旧海关史料（1859—1948）》（第 50 册），京华出版社 2001 年版，第 472 页。

② 《宣统二年蒙自口华洋贸易情形论略》，见中国第二历史档案馆、中国海关总署办公厅编《中国旧海关史料（1859—1948）》（第 53 册），京华出版社 2001 年版，第 485 页。

表 8.8　1903—1930 年蒙自、腾越、思茅关进口占全省总进口比重表

年份	全省进口净总值（海关两）	蒙自进口净值（海关两）	比重（%）	腾越进口净值（海关两）	比重（%）	思茅进口净值（海关两）	比重（%）
1903	6294579	4435889	70. 47	1667362	26. 49	191327	3. 04
1904	9212557	6953873	75. 48	2004381	21. 76	254304	2. 76
1905	7942725	5912696	74. 44	1777360	22. 38	252670	3. 18
1906	9289237	7534296	81. 11	1495963	16. 10	258979	2. 79
1907	9052836	7257734	80. 17	1537417	16. 98	257685	2. 85
1908	6571243	5091401	77. 48	1334221	20. 30	145621	2. 22
1909	8371739	7041544	84. 11	1158636	13. 84	171559	2. 05
1910	6521267	4953483	75. 96	1411128	21. 64	156657	2. 40
1911	5937676	4531471	76. 32	1208206	20. 35	197999	3. 33
1912	9766326	7721840	79. 07	1824908	18. 69	219578	2. 25
1913	11199334	8612646	76. 90	2401798	21. 45	184890	1. 65
1914	9191319	7138601	77. 67	1845437	20. 08	207280	2. 26
1915	8968678	6229433	69. 46	2537525	28. 29	201720	2. 25
1916	7965362	5967267	74. 92	1828707	22. 96	169388	2. 13
1917	8926167	6318910	70. 79	2355521	26. 39	251736	2. 82
1918	11639970	9031673	77. 59	2409281	20. 70	199016	1. 71
1919	11909321	8462858	71. 06	3269842	27. 46	176620	1. 48
1920	11405229	7953796	69. 74	3223740	28. 27	227693	2. 00
1921	12002058	9342970	77. 84	2523141	21. 02	135947	1. 13
1922	15491078	12434757	80. 27	2843271	18. 35	213050	1. 38
1923	16064916	13630579	84. 85	2258545	14. 06	175792	1. 09
1924	17183161	14702696	85. 56	2335239	13. 59	145227	0. 85

（续表）

年份	全省进口净总值（海关两）	蒙自进口净值（海关两）	比重（%）	腾越进口净值（海关两）	比重（%）	思茅进口净值（海关两）	比重（%）
1925	19896617	16200070	81.42	3478566	17.48	217981	1.10
1926	21045146	18391284	87.39	2450940	11.65	202922	0.96
1927	17668104	14445058	81.76	3013427	17.06	209619	1.19
1928	17449022	14747555	84.52	2568704	14.72	132764	0.76
1929	15378966	12761802	82.98	2520579	16.39	96585	0.63
1930	16883794	14880519	88.13	1918908	11.37	84366	0.50
平均			78.48		19.64		1.88

资料来源：据《中国旧海关史料（1859—1948）》（京华出版社 2001 年版）历年数据整理。

说明：货物价值根据南开价格指数（中国进口物价指数）进行了修正。

图 8.3 反映了 1903—1930 年蒙自、腾越、思茅关进口分别占全省进口贸易比重的变化趋势，可以看出，蒙自与腾越在全省进口贸易中所占比重的此消彼长。根据蒙自和腾越占全省贸易总额比重的变化趋势，大致可以 1920 年为界划分为两个时段。

在前一时段，蒙自进口贸易占全省进口贸易的平均比重尽管高达 75.71%，但低于整个时期内平均比重近三个百分点；而在此期内，腾越所占平均比重 21.90%，却高于整个时期内平均比重 2.26 个百分点。

在后一时段，蒙自进口贸易占全省进口贸易的比重则日益上升，从 1920 年的 69.74% 上升到 1930 年的 88.13%，平均为 83.47%，高于整个时期内平均比重近五个百分点，与此相反，腾越则从 28.27% 下降到了 11.37%，平均为 15.57%，低于整个时期内平均比重 4.07 个百分点。

总体来看，1903—1930 年间，尽管各口岸进口贸易占全省进口贸易的比重不无变化，并在一定程度上形成蒙自与腾越的相互竞争关系，但蒙自在全省进口贸易中的地位十分突出，不是腾越、思茅所可以比拟的。即使以蒙自所占比重的最低值与腾越的最高值相比，也要高出41.17个百分点，蒙自进口贸易之地位由此可见一斑。

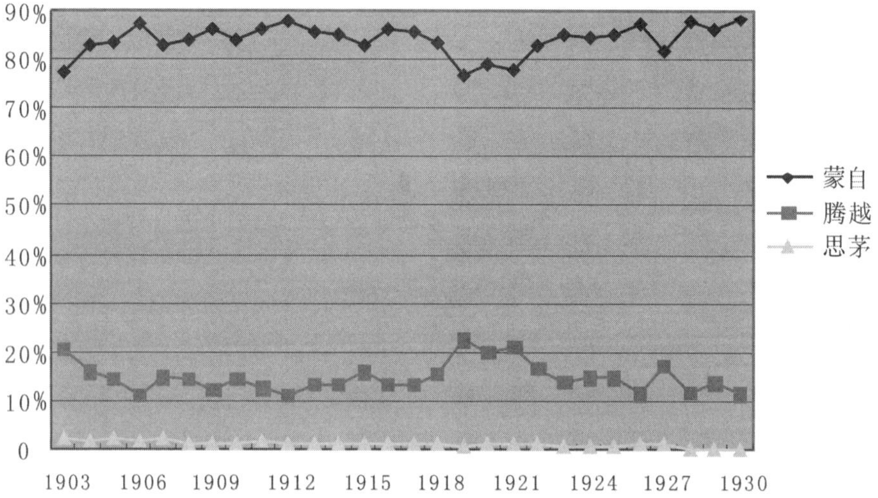

图8.3　1903—1930年蒙自、腾越、思茅关进口占三关总进口值比重图

资料来源：据表8.8绘制。

表8.9是1903—1930年间蒙自、腾越、思茅历年出口贸易占全省出口贸易的比重情况，由此可以看出：在1903—1930年之间，在全省出口贸易中所占的比重最大的依然是蒙自口岸，其次为腾越口岸，思茅口岸最小，平均分别为89.29%、10.17%、0.54%。蒙自是全省出口贸易总额最主要的构成部分，几乎占据了全省出口贸易九成的份额，其次是腾越，思茅则几乎可以忽略不计，腾越与思茅两口合计也只占全省出口贸易的一成多。

表8.9　1903—1930年蒙自、腾越、思茅关出口占全省总出口比重表

年份	全省出口总值（海关两）	蒙自出口值（海关两）	比重（%）	腾越出口值（海关两）	比重（%）	思茅出口值（海关两）	比重（%）
1903	3143691	2829987	90.02	273452	8.70	40253	1.28

（续表）

年份	全省出口总值（海关两）	蒙自出口值（海关两）	比重（%）	腾越出口值（海关两）	比重（%）	思茅出口值（海关两）	比重（%）
1904	5465411	5052343	92. 44	364276	6. 67	48792	0. 89
1905	5608738	5300704	94. 51	261928	4. 67	46106	0. 82
1906	6009645	5677710	94. 48	297926	4. 96	34009	0. 57
1907	4184056	3650952	87. 26	478400	11. 43	54705	1. 31
1908	6135816	5566330	90. 72	523933	8. 54	45553	0. 74
1909	5282709	4725680	89. 46	509943	9. 65	47087	0. 89
1910	7607503	6958180	91. 46	606623	7. 97	42700	0. 56
1911	7899852	7377381	93. 39	487215	6. 17	35256	0. 45
1912	14190823	13372290	94. 23	769748	5. 42	48784	0. 34
1913	11835907	11066270	93. 50	730277	6. 17	39360	0. 33
1914	8518562	7950510	93. 33	533984	6. 27	34067	0. 40
1915	9823010	9099377	92. 63	692961	7. 05	30673	0. 31
1916	8582835	8023857	93. 49	537074	6. 26	21904	0. 26
1917	12890585	12114565	93. 98	748115	5. 80	27905	0. 22
1918	11227759	9955300	88. 67	1245019	11. 09	27440	0. 24
1919	10668759	8827355	82. 74	1811942	16. 98	29462	0. 28
1920	12328438	10852155	88. 03	1421860	11. 53	54422	0. 44
1921	7760963	6085372	78. 41	1642543	21. 16	33048	0. 43
1922	8666690	7410561	85. 51	1221471	14. 09	34659	0. 40
1923	7793120	6634294	85. 13	1127374	14. 47	31451	0. 40
1924	8562405	7065413	82. 52	1467247	17. 14	29745	0. 35
1925	10560394	9337923	88. 42	1203059	11. 39	19413	0. 18
1926	7699683	6682535	86. 79	929139	12. 07	88009	1. 14
1927	8032551	6436439	80. 13	1485651	18. 50	110461	1. 38

（续表）

年份	全省出口总值（海关两）	蒙自出口值（海关两）	比重（%）	腾越出口值（海关两）	比重（%）	思茅出口值（海关两）	比重（%）
1928	7736203	7107109	91.87	614379	7.94	14715	0.19
1929	7204843	6436622	89.34	755523	10.49	12698	0.18
1930	7221625	6332518	87.69	875725	12.13	13382	0.19
平均			89.29		10.17		0.54

资料来源：据《中国旧海关史料（1859—1948）》（京华出版社 2001 年版）历年数据整理。

说明：货物价值根据南开价格指数（中国出口物价指数）进行了修正。

同样地，在出口贸易方面，蒙自与腾越占全省出口贸易的比重也略微呈现出一种此消彼长的态势。图 8.4 反映了 1903—1930 年蒙自、腾越、思茅关出口分别占全省进口贸易比重的变化趋势，据此，大致可以 1917 年为界，将各关在全省出口贸易中比重的变化划分为两个时段。

前一时段，蒙自出口贸易占全省出口贸易的平均比重高达 92.33%，高于整个时期内平均比重 3.04 个百分点；而在此期内，腾越所占平均比重为 7.05%，低于整个时期内平均比重 3.12 个百分点。

后一时段，蒙自出口贸易占全省出口贸易的比重则略有下降，从 1917 年的 93.98% 下降到 1930 年的 87.69%，平均为 85.79%，低于前一时段 6.64 个百分点，与此相反，腾越则从 5.80% 上升到了 12.13%，平均为 13.77%，高于前一时段 6.72 个百分点。当然，腾越出口贸易占全省出口贸易比重的上升并没有动摇蒙自在全省出口贸易中的绝对优势地位。

总体上，如果说腾越在进口方面对蒙自还具有一定的竞争力的话，那么在出口方面，腾越对蒙自的竞争简直可以说是微乎其微。1921 年是蒙自占全省出口贸易最低的一年，也是腾越占全省出口贸易最高的一年，其比重分别为 78.41%、21.16%，前者比后者高出 57.25 个百分点，而这一数字，比前述进口的 41.17 个百分点高出 16.08 个百分点。由此看来，与进口贸易相比，蒙自在全省出口贸易中的地位则显得更加突出。

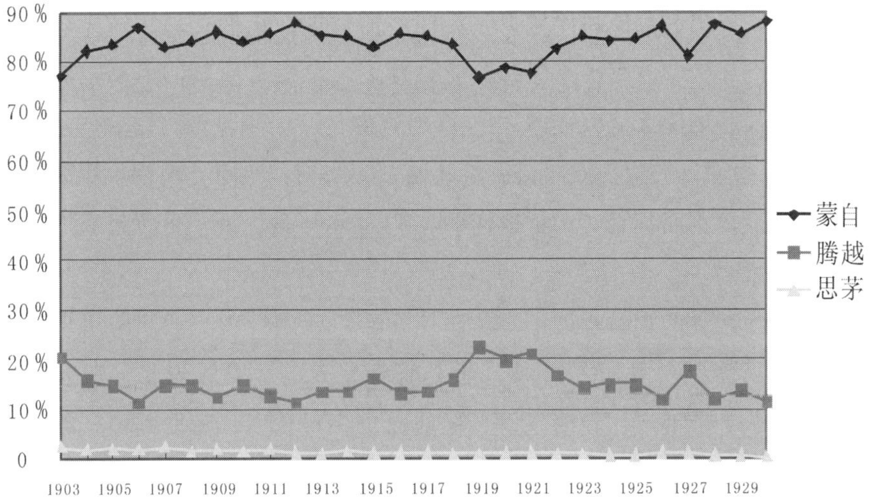

图8.4　1903—1930年蒙自、腾越、思茅关出口占三关总出口值比重图

资料来源：据表8.9绘制。

总之，无论是从进口贸易看，还是从出口贸易看，于近代云南三关的贸易地位而言，均以蒙自关的贸易地位最高，腾越关次之，思茅关最低，这是毫无疑义的。

（二）口岸—腹地交通运输条件与近代云南三关贸易地位的形成

近代云南三关贸易地位的形成是受多种因素影响的结果，口岸—腹地交通运输条件的差异当是其中重要的原因之一，其差异主要体现在以下几个方面。

首先是可资利用的交通方式的差异。滇越铁路修通以前，蒙自虽也主要依赖骡马运输，但除此之外，尚有红河水道可为之转运货物，而思茅、腾越所有贸易唯有依靠骡马驮运。早在蒙自开埠前，红河就已是通过越南贸易的重要通道，蒙自开埠后，红河的交通作用得到进一步的发挥，出口之“货物均由骡马驮至蛮耗，用篷船载赴河口”[①]，进口货物也主要经红河运抵蛮耗，再由骡马驮运至蒙自，进而转输各地。正如亚当·斯密指出的那样：“水运方式为各式各样的产业打开了一个更为广阔的市场，而这样的市场是陆路运输无法支撑的。”[②] 红河就像是“一条新的为商业而开的高速路”[③]，为蒙自的贸易发展提供了交通上的便利。所谓“滇南口岸洋货可通者惟蒙自，水路甚近，运货捷速”[④]，红河水运是保证蒙自贸易发展优势的重要因素。

其次为交通的艰险程度不一。总体而言，云南境内交通艰险可谓无处不有，但具体到三关贸易区域，还是略有差异的。大致说来，在云南境内，其迤东一带地形比较简单，平坦地面也相对较多；迤西地面，除腾冲至八莫一带相对平坦外，余皆处处高山深谷；迤南尤其是思茅及其周边无不为崇山峻岭包围。[⑤] 与之相应，西部和西南一带的交通也就显得尤为艰险了，1907 年腾越海关贸易报告：“云南迤西道路异常辛苦，上高山则疑若登天，下陡路则几同赴壑，羊肠鸟道，修之实难。”[⑥] 1928 年东亚同文书院调查，“云南府—元江之间的大道仅有一条，洋货杂货都通过这一条大道被搬入到思茅方向”，但这条“险峻的道路实在难走，使行者感到实

① 《光绪三十年蒙自口华洋贸易情形论略》，见中国第二历史档案馆、中国海关总署办公厅编《中国旧海关史料（1859—1948）》（第 40 册），京华出版社 2001 年版，第 363 页。

② ［英］G. L. 克拉克等主编，刘卫东等译：《牛津经济地理学手册》，商务印书馆 2005 年版，第 170 页。

③ “Mengtzu Trade Report , for the Year 1889”，见中国第二历史档案馆、中国海关总署办公厅编《中国旧海关史料（1859—1948）》（第 15 册），京华出版社 2001 年版，第 574 页。

④ 《光绪二十四年思茅口华洋贸易情形论略》，见中国第二历史档案馆、中国海关总署办公厅编《中国旧海关史料（1859—1948）》（第 28 册），京华出版社 2001 年版，第 285 页。

⑤ 详参万湘澂：《云南对外贸易概观》，新云南丛书社 1946 年版，第 31 ~ 45 页。

⑥ 《光绪三十三年腾越口华洋贸易情形论略》，见中国第二历史档案馆、中国海关总署办公厅编《中国旧海关史料（1859—1948）》（第 45 册），京华出版社 2001 年版，第 441 页。

在太困难了”。[1] 艰险的道路不仅制约运输效率，而且还会增加运输成本，如思茅一带驮马的运费就是大理—八莫间驮马运输费用的1.2～1.5倍。[2] 因此，在一定意义上可以说“决定云南各通商口岸对外贸易盛衰的因素，不在距离交换市场的远近，而在交通运输的难易”[3]，交通越艰险，贸易越难以发展，运输的难易程度是影响口岸贸易地位形成埠别差异的重要原因。

再次则是交通空间布局的不平衡。交通空间布局的不平衡，体现在两个方面，一是传统的驿路路网的布设的空间不平衡，二是现代交通发展的空间不平衡。

传统交通主要是驿路，为马帮运输交通干道。据《新纂云南通志》载，云南铁路、公路兴起之前的通省大道即清代云南出省驿道干线，大致可以概括为迤东、迤西、迤南三大干线。迤东线包括昆明—曲靖—平彝（今富源）—普安—安顺—贵阳、昆明—曲靖—宣威—毕节—叙永—泸县、昆明—会泽—昭通—盐津—宜宾三条线路，分别为云南向东进入四川、贵州的主要交通线路。迤西线包括昆明—下关—丽江—维西—阿墩子（今德钦）—巴安（今巴塘）、昆明—禄丰—楚雄—下关—保山—腾冲—八莫、昆明—武定—元谋—会理—西昌三条线路，分别为滇藏、滇缅及云南进入四川西南的主要交通路线。迤南线，除表中所列昆明—百色一线外，还包括由昆明东南而出，经呈贡、晋宁、江川、宁州、通海、蒙自、蛮耗，经红河水运而达海防一线和昆明—玉溪—元江—普洱—思茅—车里两条线路，分别为滇桂、滇越以及本省西南交通主要线路。由此可见，驿路的布设以蒙自腹地区域最为密集，其次是腾越，然后才是思茅，可以说，驿路利用的条件，对三关而言，腾越不如蒙自，思茅则不如腾越。

---

① 东亚同文书院第24期学生调查：《第21回支那经济调查报告书》第9卷《云南事情调查》，1928年，第20页。

② ［日］薄井由：《清末民初云南商业地理初探——以东亚同文书院大旅行调查报告为中心的研究》，复旦大学2003年博士学位论文。

③ 万湘澂：《云南对外贸易概观》，新云南丛书社1946年版，第45页。

两地之间的空间距离一般很难改变，但交通方式可以不同。现代化交通工具不仅比传统运输方式迅捷，而且运输成本也往往更低，“马驮运费，每吨每里约合印币二十一阿那，而汽车运费，估计仅须六阿那”①。云南三关各自腹地区域内，现代交通即铁路、公路布设与驿路一样也是很不平衡的。在云南东部地区，1910年滇越铁路全线通车，1912年又开始修筑云南历史上第一条独立的民营铁路——个碧石铁路。1918年，个碧石铁路蒙自到碧色寨段通车，1921年个碧全线通车，1933年延伸到石屏。与之相反的是，在云南西部地区，不仅铁路与之无缘，即便是公路，也是与东部相去甚远。

形成这一局面的原因固然是多方面的，但即以多次倡议修筑的滇缅铁路每每被搁置来看，地形的影响不可谓不大，对此，1906年腾越海关贸易报告就曾指出：“再就滇缅铁路相接而论，言之似属匪艰，行之实属维艰，若系认真考究，首先之难在于择路，曾经有人议及其路有二，一为新街路，即经过腾越者是也，一为潞江路，即经过昆仑渡者是也。谓宜于腾越一条者有之，谓宜于昆仑渡一条者亦有之，尚莫知其孰为至善。揆厥议主昆仑渡一条者，或取其易于建造，抑因别故称便，均不可定。而要之，两路均属不易措手，缘其地实非为建造铁路之所宜者，试观山路则如彼崎岖，经费应如何浩大，而其尤难者轨道之宽窄非与中国他处已有之铁路若合符节不可，而况无论何路均须经过浪沧江（即湄江），该江两岸均系石峡，峭同壁立，此又敷设轨道难而又难之处也。种种费事，即使委曲图成，孰能料将来于往来商务可以确收其利乎?”② 由此可见，地形更为复杂、需要更多投资、更多技术问题难以解决显然是影响西部地区现代交通

① 《中国海关十年报告（1922—1931）》，见中国第二历史档案馆、中国海关总署办公厅编《中国旧海关史料（1859—1948）》（第157册），京华出版社2001年版，第587页。

② 《光绪三十二年腾越口华洋贸易情形论略》，见中国第二历史档案馆、中国海关总署办公厅编《中国旧海关史料（1859—1948）》（第44册），京华出版社2001年版，第411～412页。

建设难有进展的重要原因。

正如海关贸易报告“铁路通达之便有三，一运费撙节，二载运稳妥，三投递迅速，斯三者适足以发达商务”① 所言，滇越铁路开通后，“凡由蒙狄运货物至云南府者将必经由铁道运去，较向时甚为便捷”②，从而极大地促进了蒙自贸易的进一步发展，“自铁路修复后，东京输入之货恐后争先”③，出口货物数额也大为增加，尤其是大锡，通车的当年即出口 6195 吨，比前一年增加 50%，并且因交通便利，“降低了成本，刺激了锡价，从而逐步增加了产量，提高了质量，在国际锡市场上一跃而居第五位”④。根据海关贸易统计，从 1910 年到 1930 年，蒙自贸易总值从 11911663 海关两增长到 21213037 海关两，二十年增长了 1.78 倍。不仅贸易量大为增长，而且开始出现多年连续的出超，而这在滇越铁路修通以前简直是不可想象的。而在同一时期，思茅的贸易不仅没有增长，反而出现连年下滑的局面；腾越贸易虽然不无增长，但显然无法与蒙自相比，1930 年相比 1910 年，二十年增长了 1.38 倍。可以说，1910 年以后，蒙自在三关中优势地位的进一步加强，显然是与现代便利的运输分不开的。

在一定程度上可以说，地形的差异造成了近代云南现代交通在空间上的不平衡发展，而现代交通的不平衡发展又进一步加剧了蒙自、思茅、腾越三口岸贸易地位的埠别差异。

总之，山高谷深，道路崎岖，运输困难，是影响云南三关贸易发展的

---

① 《宣统元年蒙自口华洋贸易情形论略》，见中国第二历史档案馆、中国海关总署办公厅编《中国旧海关史料（1859—1948）》（第 50 册），京华出版社 2001 年版，第 461 页。

② 《宣统二年蒙自口华洋贸易情形论略》，见中国第二历史档案馆、中国海关总署办公厅编《中国旧海关史料（1859—1948）》（第 53 册），京华出版社 2001 年版，第 486 页。

③ 《宣统三年蒙自口华洋贸易情形论略》，见中国第二历史档案馆、中国海关总署办公厅编《中国旧海关史料（1859—1948）》（第 56 册），京华出版社 2001 年版，第 449 页。

④ 龚自知：《法帝国主义利用滇越铁路侵略云南三十年》，见《云南文史资料选辑》（第 16 辑），云南人民出版社 1986 年版，第 8 页。

共同原因。但蒙自有红河航运和滇越铁路等现代交通，而云南东部地区海拔相对较低，又多平衍的坝区，从而形成蒙自对外贸易发展的优势；腾越和思茅，运输唯有依赖落后的骡马运输，以云南西部地区地形尤为复杂，交通也远比东部艰险，“腾越下关间的大峡谷区域切割很深，运输维艰，这便决定了腾越口对外贸易的劣势，思茅口在万山丛错中，途程险远，交通阻绝，对外贸易数额，更属微小”①。“实无怪迤东之商务兴也勃焉，驾乎迤西之上，夫迤东之地不特天时地利较胜迤西，而其天然之形势尤在与船路、车路相去不远”②，“滇南交通异常阻滞，所有建设铁轨俾与缅路衔接，及在元江、把边江、布固江行驶汽船之计划，亦均归之泡影”，“至于山道，多如羊肠，崎岖难行”,③ 可以说，是地形的差异造成了交通的不同，而交通的不同是近代云南口岸贸易地位埠别差异形成的重要原因。

---

① 万湘澂：《云南对外贸易概观》，新云南丛书社 1946 年版，第 45 页。

② 《光绪三十二年腾越口华洋贸易情形论略》，见中国第二历史档案馆、中国海关总署办公厅编《中国旧海关史料（1859—1948）》（第 43 册），京华出版社 2001 年版，第 412 页。

③ 《中国海关十年报告》（1922—1931），中国第二历史档案馆、中国海关总署办公厅编《中国旧海关史料（1859—1948）》（第 157 册），京华出版社 2001 年版，第 570 页。

第九章　对外贸易与近代云南城乡市场的变化

第一节　对外贸易与近代云南乡村集市的发展

集市是乡村市场的基本形态，可能所有的市场皆从集市而来。“昔黄帝日中为市，令百姓交易而退，各得其所，而市之名以起。降及后世，商贾愈繁，设市愈盛，于是舟车捆载遍天下。中域省分，或名曰集，或名曰墟，或名曰场，或名曰庙会，惟云南则称以为街，总之皆市也。”① 在以自给自足为特征的自然经济社会里，乡村集市起着调剂余缺的作用，是自然经济得以存在和延续的重要条件。近代以后，随着自然经济的逐渐解体，乡村集市除其原有作用外，还起着将农村与城市联结起来的作用。也正是通过集市，才使得城市与农村的互动与联系日趋紧密，而乡村集市的这一职能转变，则反过来又进一步对自然经济起着侵蚀、瓦解的作用。

近代之前，云南的集市从市场的孕育和发育程度上看，可分为集会集市、常市和定期市三种类型。所谓集会集市，一种为庙会，如大理的“三月街”；一种为一年一度的大型商品交易会，如丽江的“骡马会”。常市即常年开市，每日有集。这种集市只有在云南少数州县城市或较大城市才有。在云南，定期市有以十二地支属相命名者，如马街、狗街、猪街等，街名即表明了开市的日期，其交易周期为12天；有以旬为交易周期的，这其中又包括旬一日、旬二日、旬三日等不同周期形式；当然，还有隔日逢

---

① 〔清〕刘毓珂等纂修：《永昌府志》卷一七《建制志》，清光绪十一年（1885）刊本。

集的，但这种隔日集并不是很多见。这几种集市类型在近代都延续了下来，其不同只在于交易的商品发生了些许的变化罢了，最为明显的一点是，随着对外贸易的发展，以及国内和云南本地工业的发展，越来越多的外国商品和机制工业品在乡村集市上出现。如在1876年，为调查“马嘉理案”而曾到大理三月街的达文波尔就曾说：“当我们光顾街市时，唯一的外族人是来自维西和巴塘的‘古宗仔’……他们带来自织的毛布求售，而换回食盐。我们看到的唯一外国商品是洋红布，据说来自长江和广东，还有来自八莫的洋纱和欧洲制造的火柴。在市场上，有大量的当地药材和大批手织棉布，据说大黄产自该省北边的丽江府。其他的则为普通的日常用品。”① 而随着蒙自、思茅、腾越的开埠，无疑会有越来越多的外国商品出现在各地的乡村集市上。如在昭通各市集之上“滇货以洋纱、匹头为最盛”，保山市集“花纱、洋布、洋杂则来自缅甸”等。② 不难想象，洋货在各地农村市场的种类、数量和占有率尽管差异很大，但各地市场的洋货无不经过了一个从无到有并随对外贸易的发展而种类增多、数量增加、占有率提高的过程，也就是说，对外贸易对近代云南农村集市商品结构的影响不是个别的而是普遍的。如有关方志对洋货在大理地区的发展的描述就说明了这一点：“吾邑风气夙崇俭朴，非庆典宴会罕有衣帛者。泰西虽通商已久，惟吾邑自咸同以前，初无所谓洋货。光绪初，洋货始渐输入，洎越亡于法，缅沦于英，于是洋货充斥。近则商所售，售洋货；人所市，市洋货。数千年来之变迁，未有甚于今日者。”③ 换句话说，对外贸易的发展给近代云南农村市场带来的一个最基本的影响是市场上商品结构的变化。

对外贸易的发展与各地商品经济的发育程度是相表里的，对外贸易的发展往往促进与之联系地区的商品经济的发展，反过来，这些地区商品经

① 彭泽益主编：《中国社会经济变迁》，中国财政经济出版社1990年版，第426~427页。

② 《新纂云南通志》卷一四三《商业考一》。

③ 张培爵等修，周宗麟等纂：《大理县志稿》卷六《社交部·附论商务之变迁》，民国五年（1916）铅字重印本。

济越发达，则越有利于对外贸易的发展。集市是农村商品交易的场所，集市数量的增加一定程度上反映出商品经济的发展。对外贸易发展的主要影响之一便是在一些地区出现了集市数量增加的现象。以大理地区为例，如表9.1，明代后期共有集市27个，随着商品经济的发展，以及清初为恢复经济所采取的一系列政策为商品经济的发展创造了良好的条件，集市数量随之得到较大增加，为81个；而到了清代后期，“尤其是1840年鸦片战争后，由于中国的商品经济获得很大发展，大理地区的市场在光绪年间也被卷入了世界资本主义市场体系，近代化经济因素增多，集市也扩至103个”①。近代的大理是云南商品经济发展基础较好的地区之一，在对外贸易发展的带动下，集市数量获得较大增长，由此不难想象那些商品经济发展基础薄弱的地区集市数量的变化必然更为明显和剧烈。以怒江地区为例，其集市最初是民间自行设置的贸易站，在腾越关开发后，外国商品涌入腾越关，各地的土特产品源源不断地从腾越关出口到国外，一时间商人奔走往来，与腾越关毗邻的怒江地区成为商人频繁活跃之地，于是在怒江地区开设集市，满足当地民族更进一步的交换需要和商人们集散货物的需要，已成为大势所趋，随之而来的则是泸水县第一个商业集市六库街于1909年的开设，以及各县、局（设治局）集市的纷纷开设。②

表9.1　明清时期大理地区集市数量变化表

单位：个

时间	太和县	赵州	邓川州	云南县	宾川州	云龙州	浪穹县	剑川州	鹤庆州	蒙化县	定边县	总计
明代后期	3	8	16									27
清代前期	6	15	13	8	7	1	3	1	12	14	1	81
清代后期	9	15	8	10		1	5	3	13	38	1	103

资料来源：赵铨《云南大理地区的近代集市》，载《中国经济史研究》1998年第4期。

① 赵铨：《云南大理地区的近代集市》，载《中国经济史研究》1998年第4期。
② 肖迎：《近代怒江地区的集市与贸易》，载《云南社会科学》1994年第4期。

要说近代云南集市发生的最大的变化，则是更多的专业集市的出现。以上所说的“骡马会”当然属于专业集市的范畴，但在近代以前，像这样的专业集市毕竟是非常少的。近代以后，除了原有的专业集市，又有不少的专业集市出现，如普洱、思茅的茶市，春季各地的烟市、花市，而在设市不久的绥江集市专业分工就非常明确：“猪市集于河街、沙坝，竹木设草河坝，木板集于神仙街。”① 大理城南 15 里的草帽街“六日一集，附近村民编草帽集市销售，因名”②。巧家县蒙姑“主要营业为内地砂糖，凡沿江附近数百里多运往销售，东川、寻甸、嵩明、曲靖、平彝各地之糖商均有来此购运者，计年销数目常以千万闻”，大寨“市面户口只百余家，而城中商号、分庄则在十家以上，缘此地出产丰富，农家多养肥猪，各商号即于此专买猪油运省销售”，茂租“四山虫树成林，每至三四月间，滇川虫商会集于此，多至数千余人，曰赶虫会”。③ 像这样的一些专业集市，因商而兴，已经朝着专业市镇的方向发展。专业集市的出现与发展是市场繁荣的表现，是商品种类增加和市场规模化经营的结果，而这又是与对外贸易的发展不无关系的。如地处鹤庆州城南 50 里处的松桂会，“旧有会场，每岁七月二十四集，然不甚热闹”，到 19 世纪 80 年代，英国占领缅甸，“逼处滇外，市马于滇……于是滇之大贾皆改他项买卖而专贩马匹”，鹤庆因地处进入丽藏马匹出产地门户，遂成为马匹买卖集散地，松桂会也成为骡马交易的“巨埠”。④

第二节　对外贸易与近代云南地区中转市场格局

传统社会的城市，虽然首先是一定地区范围内的政治中心，但也因其往往地处平原或盆地及交通要道，人口较多，物产丰富，经济活动频繁而成为商业中心。作为城市市场，它与乡村集市的区别主要在于：有固定的

① 《新纂云南通志》卷一四三《商业考一》。

② 张培爵修，周宗麟纂：《大理县志稿》卷三《建设部》，1916 年铅印本。

③ 汤祚：《巧家县志》卷七，1942 年铅印本。

④ 赵铨：《云南大理地区的近代集市》，载《中国经济史研究》1998 年第 4 期。

店铺，随时可以买卖商品；有手工业作坊和各种服务设施。在这里，有了专业的商人，他们或为坐贾，就地开店；或为行商，贸迁于各城市之间以及城市与乡村之间。在这里，一般有这样一些商业机构：钱庄、当铺，除向农民、城市居民放高利贷外，也向商人提供银钱兑换或个人信用贷款；货栈、客店，为来往客商提供方便，甚至替客商代销、代购货物；牙行，这是较大的城市才拥有的经纪商机构，一般作为大宗交易的中介人。①

一般而言，一个城市的商业地位大致与其在行政层级中所处的地位相当，县级城市的商业地位低于府级城市，府级城市则又低于省会城市。但是，由于各个城市所处地理位置、经济发展状况的不同，以及人口的多寡和消费能力的大小，又不完全如此。有的城市只是其行政所辖下的商业中心，有的则是更大地区范围内的商业中心即地区中转市场。有的城市很早就成为地区中转市场并延续下来，有的地区中转市场因经济环境的变化而衰落，或为新起的地区中转市场替代。

近代云南的地区中转市场，在1889年以前，有昆明、大理、思茅、昭通、通海、广西州等，这基本上是对近代以前云南地区中转市场的延续。但是，随着蒙自、思茅、腾越等口岸的开放，其中的一些中转市场失去了其原有的地位。如大理，因其地处滇缅要路和茶马古道交汇地，凡川货西出缅甸，茶叶北上藏区，藏区药材杂货南下，缅甸棉花、宝石、珠玉等都必经此地，并以此为集散市场，曾一度成为滇西地区最为重要的商业中心。仅距大理30里的下关，原非商业重地，在清雍正之前，尚无商号出现，但因其地控扼滇西和大理的交通，元明以来官府着力经营，下关逐渐成为滇西的商业交通要道，陆续有商人定居于此并开设堆店和商号，专门从事商业活动，然而，下关尚不能与大理并驾齐驱。在云南本省口岸特别是腾越开埠后，下关的区位优势进一步凸显，“自来川、康土产货物运缅销售者，均由西昌、会理，经永仁、宾川而抵下关，再转运至八莫；由缅

① 彭泽益主编：《中国社会经济变迁》，中国财政经济出版社1990年版，第428～429页。

甸或滇西运入川、康货物，亦取道于此，由下关至会理、西昌”①，使得下关市场成为“大理一带分派之中枢”②，“为腾越洋货分派之一大中枢”③。下关由此替代大理成为滇西的商业中心。再如广西州，“蒙自未开关前，滇桂交通以此为必经之地，广商之集此者甚众，迨蒙自开关后，逐渐衰落矣”④。与此同时，随着对法越贸易的发展，蒙自市场在滇南地区的地位越来越重要，特别是在其开埠后，作为海关所在地，云南进出口货物的80%左右均在此集散，不仅成为滇南地区的商业中心，而且成为辐射大半个云南的商业中心。此外，昭通作为滇东北地区商业中心的地位延续了下来。昭通为滇东北之门户，向为滇东北地区商业中心，对此，《新纂云南通志》就说：“商货来往，昭通地通川、滇、黔三省，滇货以洋纱、匹头为最盛，川货以盐为最盛。”⑤ 当然，无需赘述的是，昆明作为云南省会，以其政治优势和地处滇池盆地、经济相对发达的区位优势，毫无疑问是滇中地区的商业中心。而需要说明的是，蒙自开埠前，滇缅贸易是云南对外贸易最为重要的组成部分，而腾冲以其“为出缅门户”⑥ 的地理优势，成为云南对缅贸易最为重要的商品集散中心。对此，《腾越乡土志·商务篇》记载道：“海禁未开，凡闽粤各商，贩运珠宝、玉石、琥珀、象牙、燕窝、犀角、鹿茸、麝香、熊胆，一切缅货，皆由陆路而行，必须过腾境，其时商务称繁盛。”⑦ 蒙自开埠后，云南对外贸易中滇港贸易开始居于滇缅贸易之上，

---

① 《新纂云南通志》卷五六《交通考一》。

② 《中华民国二年腾越口华洋贸易情形论略》，见中国第二历史档案馆、中国海关总署办公厅编《中国旧海关史料（1859—1948）》（第62册），京华出版社2001年版，第815页。

③ 《中华民国三年腾越口华洋贸易情形论略》，见中国第二历史档案馆、中国海关总署办公厅编《中国旧海关史料（1859—1948）》（第66册），京华出版社2001年版，第169页。

④ 《新纂云南通志》卷一四三《商业考一》。

⑤ 《新纂云南通志》卷一四三《商业考一》。

⑥ 赵端礼：《腾越厅志》卷二《形势》，清光绪十三年（1887）刊本。

⑦ 〔清〕寸开泰纂：《腾越乡土志》卷五《商务篇》，清光绪三十一年（1905）稿本。

腾冲的地位由此有所下降，但是，对缅贸易仍以腾冲为主要门户，所以腾冲依然是滇西地区重要的商业中心之一。还有，思茅开关后，其贸易长期徘徊不前，但以其在茶叶生产与销售中的特殊地位，依然是滇南重要的商品集散中心之一；个旧市场因锡业开发而在清末获得较大发展，与锡业有关的大小店铺日渐凑集，店铺经营的商品主要有粮食、木炭、木材、麻布、铁器件及皮杂等。①

如此一来，随着云南本省口岸的开放和长途贸易的发展，在昆明没有开埠和滇越铁路开通之前，云南形成了这样的中转市场格局：滇西以下关、腾冲为商业中心，滇中以昆明为商业中心，滇南以思茅为商业中心，滇东南以蒙自、个旧为商业中心，滇东北则以昭通为商业中心。在这一中转市场格局中，各个口岸自因其为对外贸易之枢纽而显得重要，而像昭通、下关等区域中心城市，以其区位优势成为近代云南重要的中转市场，对此，《新纂云南通志》曾说：此外，三迤各地虽未开商埠，而以交通发达、商旅荟萃之区，亦形成较大之商场者。迤东则有昭通，地当滇、川、黔三省之交，邻属商品大抵以此为集散市场外，对四川贸易亦颇繁盛；迤西则有下关，为迤西各县贸易之适中点，各种土产、茶叶、药材贸易颇盛；迤南则有个旧，因锡之销售，贸易亦繁。②

这些中转市场彼此联系，又都主要指向口岸市场，从而使云南成为世界市场体系的组成部分，通过对外贸易改变着云南经济的基本面貌。尽管如此，但仍需指出的是，以上各地区商业中心之间虽彼此联系，但联系不是很紧密，这也诚如施坚雅所说“在这个高原上，一个较完善的一体化城市体系的出现是帝国时代结束后的事情”③ 的那样，云南全省统一市场的形成应该是进入 20 世纪以后的事。

---

① 刘云明：《清代云南市场研究》，云南大学出版社 1996 年版，第 57 ~ 58 页。

② 《新纂云南通志》卷一四三《商业考一》。

③ ［美］施坚雅著，王旭等译：《中国封建社会晚期城市研究——施坚雅模式》，吉林教育出版社 1991 年版，第 85 页。

第三节 对外贸易与近代云南全省统一市场的形成

《新纂云南通志》在论及云南省际贸易时说："云南省际贸易之途径，迤东一带与川、黔交往频繁，而以昭通、曲靖为货物聚散之中心；迤南一带则与两广、上海交易，而以蒙自、个旧为货物聚散之中心；迤西一带与康、藏发生交易，而以下关、丽江为货物聚散之中心。全省复以昆明为出纳之总枢纽。"①《新纂云南通志》记载的时间下限是1911年，这说明在此之前昆明已成为全省的商业中心，全省统一市场已经形成了。以昆明为中心的全省统一市场的形成是各地区相对封闭的市场圈被打破的结果，也是昆明经济实力和经济辐射力增强的结果。前者主要源于蒙自、思茅、腾越等口岸开放后，对外贸易的发展促使云南各地区间经济往来的日趋紧密，后者则主要受益于昆明作为自开口岸的开放和滇越铁路的通车。

"云南毗邻缅、越，为西南边防重镇，亦为西南国际贸易要冲，故川、黔、桂等省货物，皆以云南为转运之枢纽"②，蒙自、思茅、腾越等口岸开放后，云南的这一区位优势得到充分发挥，"云南自开关以后，对外贸易为划时代之转变，贸易日趋发达，而国际贸易亦于此后日趋繁荣"③，来自云南以及周边地区的大量土货经云南口岸出口，大量进口货物经云南口岸输入到云南内地及周边地区。对外贸易的发展大大推动了各地之间的经济往来，使各个相对封闭的地区市场趋向瓦解。以进口而言，1890—1896年间，领子口税单经蒙自运入内地货物的销地已包括云南绝大多数的地区，像距离蒙自较为遥远的滇西北的丽江府、滇西的大理府、永昌府等均消纳不少来自蒙自的洋货，滇东北的昭通府每年也均有洋货从蒙自运入；思茅开埠后，虽然其贸易辐射范围比较有限，但也有一些杂货运入离蒙自较近的广西州；腾越开埠后，几乎每年都有相当数量的货物运入向为蒙自进口

① 《新纂云南通志》卷一四四《商业考二》。
② 《新纂云南通志》卷一四四《商业考二》。
③ 《新纂云南通志》卷一四四《商业考二》。

货物主要消纳地之一的云南府。[1] 这说明，口岸开放后，各口岸与云南内地的贸易联系已经在一定程度上突破了距离的限制，各地区之间的商品流动与物资交流变得越来越频繁，各地之间的经济联系日趋紧密，全省统一市场趋于形成。

昆明自行开埠与滇越铁路通车在改变云南的口岸格局与交通布局的同时，最为主要的一点则是极大地促进了昆明城市的成长。“自滇越铁路通车以来，四方云集，人烟辐辏，昔日街市，大都阻碍，于是筹设市政，整饬街容。塞者通之，狭者宽之，坑陷予以平夷，交通遂称便利。”[2] “自铁路开通以来，凡骡马驮运洋纱、煤油、杂货等件销于本处（昆明）者迄今绝少，但运货行人甚为便益，省城两广街不久必将筑阔，藉通东洋车。南门街系一干路，所有旧坏房屋已有拆毁，为建立大清银行之地。各处建筑美大房屋，开设店铺以壮观瞻。”[3] 昆明开埠前和滇越铁路通车前，昆明市场上的商品除一部分来自省外和本省其他地方外，更多的是自给，洋货所占比例较小，在一定程度上反映出昆明市场的封闭性较强。昆明开埠后和滇越铁路通车后，昆明市场上商品来源大为改变，“欧美世界之舶来品，无不纷至还（沓）来，炫耀夺目，陈列于市”，中外客商纷纷涌至昆明，开商号、设货栈，昆明商业快速成长。[4] 与此同时，昆明开埠“促进了云南近代工商业、金融业的兴起，加快了昆明的城市发展……1910 年滇越铁路通车以后，逐步形成了以昆明为中心，沿滇越铁路两侧辐射的对外开放基本格局”[5]，昆明市场的开放性大为增强，昆明市场的辐射面远远超出了

---

① 参见张永帅《空间视角下的近代云南口岸贸易研究（1889—1937）》，中国社会科学出版社 2017 年版，第二章第一节。

② 《续云南通志长编》（中册），1986 年，第 928 页。

③ 《宣统二年蒙自口华洋贸易情形论略》，见中国第二历史档案馆、中国海关总署办公厅编《中国旧海关史料（1859—1948）》（第 53 册），京华出版社 2001 年版，第 485 页。

④ 谢本书、李江主编：《近代昆明城市史》，云南大学出版社 1997 年版，第 105 页。

⑤ 云南省档案馆编：《清末民初的云南社会》，云南人民出版社 2005 年版，第 36 页。

其原有的空间范围，以昆明为中心的全省统一市场开始形成。

作为全省的中心市场，必须是这样一个地方：交通便利，为各条道路的交汇点；位置适中，贸易腹地较大，为全省商品集散的中心；金融机构相对健全，为区域内的金融中心；生产与消费能力居全省之首。① 而这些条件，在清朝结束时昆明基本上都已经具备了。此时，昆明作为全省商业中心的地位可以说已经得到了确立，全省统一市场由此形成了。

《续云南通志长编》在述及云南市场时说："云南区域广袤，在交通不便之地，仍保持以前赶场之习惯。县城较大者有商号二三十家，或少至五六家。除圩期外，并不若何繁盛。在抗战以前，省内较大商场唯昆明、蒙自、腾冲、思茅、下关、昭通、个旧等处。军兴而后，沿滇缅路一带均顿增繁荣，唯仍以昆明为货物集散之中心区域。"② 这说明昆明作为全省商业中心的地位形成之后，不仅没有改变，而且得到了进一步的加强。有论者指出："1937 年至 1945 年是昆明近代史上商业最为繁盛的时期，无论在其内涵和意义上，都给昆明的城市化以显著的影响，使昆明在云南全省和西南地区的经济作用进一步强化和加强。"③ 此论甚确。1945—1949 年间，云南经济衰退，昆明亦然，但以其原有的基础和积累，昆明作为全省商业中心的地位得到保持，并一直持续到现在。

第四节　“双核”：对外贸易与云南全省统一市场的空间结构

双核结构指的是由中心城市和港口城市及其连线组成的空间结构现象，是区域发展中一种高效的空间形态。区域中心城市与港口城市的组合

① 王福明：《近代云南区域市场初探（1875—1911）》，载《中国经济史研究》1990 年第 2 期。

② 《续云南通志长编》（下册），1986 年，第 542 页。

③ 谢本书、李江主编：《近代昆明城市史》，云南大学出版社 1997 年版，第 221 页。

是该模式的原生形态，在此基础上拓展至区域中心城市与边缘城市的组合。[①] 区域中心城市的趋中性和港口城市的边缘性是形成双核型空间结构的基本原因和内在机理，“港口城市大多位居区域边缘，虽然对所在区域经济发展的带动作用不大，但由于边缘效应的作用，具有特殊的区位优势，从而拥有较高的产出效率和发展潜力，并与区域中心城市构成功能上极强的互补关系”[②]。因此，在一个区域内是否形成双核关系则在一定程度上直接影响区域经济的发展。笔者认为，近代云南全省统一市场的空间格局可以借用“双核结构”理论分析，并说明对外贸易在区域双核结构形成中所起的作用，以及双核结构在促进区域经济变迁中扮演的角色。

笔者的基本观点是，以蒙自—昆明、腾越—大理（下关）双核结构将近代云南划分成了东部和西部两大区域市场，口岸的开放与对外贸易的发展是此双核型空间结构形成的驱动力量，双核型空间结构又反过来塑造了蒙自、思茅、腾越三关的贸易特征。

昆明自元代以来就是云南的行政中心，经过封建王朝和云南地方政府的长期建设，经济实力日渐增强，在清代已经成为云南人口密度最大[③]、商贸最为繁荣[④]的城市。并且，省内交通干线俱以昆明为中心展开[⑤]；对外交通，如前述，蒙自海关1889年的第一次贸易报告指出，进入云南的交通除八莫和大理之间的道路外，线路有五条，均以云南府（昆明）为终点。可以说，至迟在蒙自开埠时昆明已经成长为云南东部经济中心，辐射

---

① 陆玉麒：《区域双核结构模式的形成机理》，载《地理学报》2002年第1期；陆玉麒：《区域发展中的空间结构研究》，南京师范大学出版社1998年版，第74页。

② 陆玉麒：《区域发展中的空间结构研究》，南京师范大学出版社1998年版，第83、90页。

③ 李中清的研究表明1815年云南府人口密度为133人/平方千米，1825年则为152人/平方千米，是云南省人口密度最大的地区，参见［美］李中清：《明清时期中国西南的经济发展和人口增长》，见《清史论丛》（第5辑），中华书局1984年版，第50～102页。

④ 黄建平：《清代云南商业研究》，云南师范大学2004年硕士学位论文。

⑤ 具体可参阅刘云明《清代云南市场研究》，云南大学出版社1996年版，第75～77页。

全省、连接内外的枢纽城市。

相对而言，开埠前的蒙自只是一个县级行政区，经济发展水平有限，虽处传统上对越贸易的前沿地区，但滇越贸易不仅本身规模较小，而且路出多端，蒙自并没有成为对越贸易的中心。1885 年的《中法会订越南条约》规定：中越陆路交界开放贸易，指定两处地方设关通商，“一在保胜以上，一在谅山以北”。但是，具体将何处辟为通商口岸并没有在条约中得到确定，可见蒙自此时尚未被发现有特别的区位优势。

要言之，作为区域中心的昆明并非对外贸易的前沿，而作为开放门户的蒙自以其自身和周边地区有限的经济能量未必能拥有较为广阔的贸易范围。若能将二者有机结合，形成双核结构，优势互补，则必然促进区域对外贸易的发展。事实上，蒙自贸易的发展恰恰得益于二者的结合。1910 年前，蒙自与内地之间贸易几乎全系畜运。古人常云蜀道难于上青天，而“滇省道路崎岖，倍于蜀道”，以致“内地转运货物维艰”,① 因而，尽管每年都有大量驮马来往于蒙自与内地之间，但相距较远的内地府州往往与蒙自贸易往来有限。昭通府和东川府便是如此，但随着昆明的开埠和滇越铁路的全线通车，昭通开始成为蒙自的腹地，蒙自出入东川之货也见增多；大理府、永昌府与蒙自之间的距离远比昭通、东川为远，却在开埠之初一度为蒙自的腹地，皆因昭通、东川、大理为昆明最大发货之处,② 即昭通、东川、大理等处货物进出蒙自是经昆明的中转而实现的，而永昌又经大理转运而往来。倘若没有这层中转关系的存在，蒙自的贸易范围或许大受限制则是可想而知的。

元代以前，大理长期是云南的政治、经济中心，元代以后也长期是滇

① 《宣统二年蒙自口华洋贸易情形论略》，见中国第二历史档案馆、中国海关总署办公厅编《中国旧海关史料（1859—1948）》（第 50 册），京华出版社 2001 年版，第 485 页。

② 《宣统二年蒙自口华洋贸易情形论略》，见中国第二历史档案馆、中国海关总署办公厅编《中国旧海关史料（1859—1948）》（第 50 册），京华出版社 2001 年版，第 485 页。

西的经济中心，如前述，清雍正后，下关逐渐代替大理成为滇西商业中心，但有时人们仍习惯上以“大理”称之。腾越“为全滇门户”①、“为出缅门户”②，乃极边之地，以此地理优势，成为云南对缅贸易的必经之地，故其商业向为发达。《永昌府志》载：腾越“蛮夷错杂，商贾丛集”，又说永昌府内“经商者少，俱不善作贾……惟腾越较善经营（商业），故民户亦较裕”。③ 但在蒙自开埠后，滇港贸易代替滇缅贸易成为云南对外贸易的主要走向，腾冲在云南对外贸易中的地位有所下降。而腾越关的腹地之所以可以延伸到滇西北各地和川西南地区，其腹地范围仅次于蒙自关，如果没有大理（下关）的中转作用简直是不可想象的。换句话说，腾越关对外贸易的发展，从空间作用机理看，是腾越—大理双核结构作用的结果。

云南的两大区域中心城市昆明和大理（下关），前者与蒙自形成双核结构，后者与腾越形成双核结构，唯有思茅虽与昆明、大理（下关）均有联系，但联系并不紧密，没有形成双核结构。经济地理学的研究表明，双核结构模式是区域对外经济贸易联系发展到某个临界阶段的伴生物：“在对外贸易联系较小时，以区域中心城市为核心的单中心经济体是均衡状态；随着对外贸易联系逐渐深化，在国外市场规模扩大到中等程度时，区域中心城市和港口城市同时出现，区域经济呈现出双核结构模式。”④ 这也就是说，思茅对外贸易量不大，对外贸易联系较小，国外市场有限是思茅在其腹地内没有与其他城市形成双核结构的重要原因。因为双核结构的两核有极强的互补关系，可以发挥规模聚集效应，往往被认为是区域发展中

---

①〔清〕屠述濂纂修：《腾越州志》卷二《疆域》，清光绪二十三年（1897）重刊本。

②〔清〕陈宗海修，赵端礼纂：《腾越厅志》卷二《形势》，清光绪十三年（1887）刊本。

③〔清〕刘毓珂等纂修：《永昌府志》卷八《风俗》，清光绪十一年（1885）刊本。

④ 盛科荣：《对外贸易与区域双核结构模式》，载《山东理工大学学报（自然科学版）》2012 年第 2 期。

一种高效的空间形态，如果以蒙自、思茅、腾越三关的腹地将云南分为三大块的话，近代云南经济发展的区域差异，总体上以蒙自关腹地经济最为发达，其次为腾越的腹地，最为落后的则为思茅的腹地，除了自然环境和历史积淀的原因，或许正可以从各自市场的空间结构特征方面得到一定的解释。

结 语

一、近代云南经济变迁的时空特征

（一）近代云南经济变迁的阶段性特征

近代时期虽然仅仅 100 余年的时间，但将这 100 多年历史的发展无论置于全国任何一个地区，或许都会体现出明显的阶段性特征，而据此则可以将这 100 多年划分为几个不同的时段，每一个时段都具有其鲜明的时代特征。当然，不同地区的这种阶段性应该是不同的。这也就是说，近代经济发展的阶段性特征是各个地区所共有的，但究其具体内容，又是各不相同的。如果说现代化的艰难进程是中国近代史的主线索的话①，那么，一个地区真正意义上的市场化和工业化发端于何时即意味着这个地区的近代经济史开始于何时②。据此，笔者以为，在本书的研究时段内，云南经济的变迁大致经过了三个阶段：第一个阶段为 1840—1889 年，第二个阶段为 1889—1937 年，第三个阶段为 1937—1945 年。

在第一个阶段内，一方面，受沿海、沿江口岸开放的影响和英、法对云南周边国家殖民的冲击，市场化在云南初现端倪，如昭通等地在蒙自开埠前市场上就已有洋货销售，红河已成为对越贸易之通衢，等等，但是，这种市场化的发展仅仅局限于极少数的地方，且影响比较有限；另一方面，在推行洋务运动，各地兴办企业的大潮中，云南也诞生了最早的工业

① 吴松弟：《中国近代史的主线索和经济变迁的特点》，见吴松弟、樊如森主编《近代中国北方经济地理格局的演变》，人民出版社 2013 年版，第 2 ~ 19 页。

② 吴承明：《中国的现代化：市场与社会》，生活·读书·新知三联书店 2001 年版。

企业——由云贵总督岑毓英于1884年创设的云南机器局，但是机器局属于军工业，为政府生产武器为主，与市场的联系并不紧密。即使以此作为云南工业化开始的标志，与全国工业化的发端相比，也还是晚了数十年。一般认为洋务运动开启了中国工业化的进程，“19世纪60年代初期中国真正感受到了西方的军事优势，以军士为内容的洋务运动被当成解决国内问题和对外问题的办法”①，而中国近代工业正是从武器的近代化开始的②。“洋务运动，正是这样使中国工业化的经济过程同封建自救的政治内容结下了不解之缘，成为同一过程两个并行不悖的侧面。”③ 洋务运动的30余年间，以创办于1861年的安庆内军械所为发端，清政府先后兴办了19家军工企业，其中包括率先于1867年在天津创办然后相继在各省兴办的机器局④，由此观之，云南工业化的开始比全国整整晚了23年，云南机器局也比我国第一家机器局的创办晚了17年。除了机器局外，直至19世纪80年代末，云南几乎没有其他近代工业企业创立，何况就连机器局也是到了1908年才具备了一定的规模，“自是器具略具，厂房宏阔，月出笔码十二三万件，并能搭造军刀、军械等件”⑤。因此，我们认为云南机器局的产生虽具有标志性意义，但因其几乎没有触动任何市场化的变化，并不能以此作为云南近代经济史的发端。换句话说，机器局的产生并没有真正开启云南经济从传统向现代转变的过程，这个时候的云南经济还是属于“近代云南经济史”的范畴，而不能当作“云南近代经济史”来理解。⑥ 由此，笔

---

① ［美］费正清、肖赖尔著，陈仲丹等译：《中国：传统与变革》，江苏人民出版社1992年版，第315页。

② ［美］费维凯著，虞和平译：《中国早期工业化——盛宣怀（1844—1916）和官督商办企业》，中国社会科学出版社2002年版，第1～2页。

③ 陈庆德：《洋务运动的再认识》，载《中国经济史研究》1995年第4期。

④ 孙毓棠编：《中国近代工业史资料》（第一辑1840—1895，上册），中华书局1962年版，第565～566页。

⑤ 《新纂云南通志》卷一三〇《军制考四》。

⑥ “近代云南经济史”与“云南近代经济史”的区别主要在于前者的“近代”指的是时间，即近代时期，后者的“近代”与“现代”的意思相同，意为“近代性”或“现代性”。

者认为，在第一个阶段内，虽不能说云南全然没有现代化发展的印迹，但从其影响的力度和影响的范围看，云南经济的各个方面和大多数地区都还徘徊于“近代”前夕，没有体现出较多的“近代”属性，因此，它基本上还不属于云南近代经济史的范畴，而是近代云南经济史的内容。

云南现代化的真正起步是与蒙自等口岸的开放相伴随的。对云南而言，1840 年的鸦片战争实际并未引起云南社会经济的大变动，此后很长一段时间云南经济依然还是“传统的”。我们认为，1889 年云南第一个通商口岸——蒙自的开放是云南经济发展进入“近代”时期的标志，云南经济真正开始了由传统向现代的转变，此后的云南经济史可以以“云南近代经济史”来理解。这是因为：首先，近代中国经济的变迁及现代经济的产生是在外力推动下产生的，而外来先进生产力首先登陆的地方就是通商口岸，一个地区通商口岸的开放是该地区经济变迁和现代经济产生的重要条件；其次，在口岸开放这一前提下，进出口贸易是促使传统经济变迁的主导因素，受进出口贸易的推动作用，区域内经济的市场化与外向化产生或增强，对其传统的经济结构产生强烈的冲击，区域经济开始了由传统向现代转变的历程。与市场化相伴随的是，近代企业在各界人士的纷纷投资下数量大增，机械化生产程度虽然普遍不高，但越来越多的企业都在一定程度上采用机械生产，并无不努力提高生产的机械化程度，从这个意义上说，云南的工业化大幕才真正由此拉开。持续到 1937 年的这一市场化和工业化的过程，总体看来，是遵循着经济发展自身规律逐渐推进的。

1937 年全面抗战的爆发，云南经济随之进入“战时”阶段。全面抗战爆发后，云南成为抗战大后方，成为政府投资建设的重点区域。为了支持抗战，将云南建成抗战物资运输的大通道，国民政府与云南地方非常重视云南的经济建设，动用大批的人力、物力与财力开发与建设云南经济。八年间，云南交通建设突飞猛进，蓬勃发展。很显然，与之前不同的是，全面抗战期间云南经济的变迁与发展更多的是由政府主导下的特殊政策的产物，可视为近代云南经济史当中一个完整的阶段，也就是近代云南经济变迁的第三个阶段。

（二）近代云南经济变迁的区域特征

近代云南的经济变迁，既是时代的产物，又是特定的地理环境作用的结果。如果说近代云南经济变迁的阶段性特征主要是时代变化的产物的话，那么，近代云南经济变迁的区域特征则主要是特定地理环境作用的结果。在特定地理环境作用下，近代云南的经济变迁主要有以下两大区域特性。

第一，云南是近代“沿边型”现代化模式的典型区域。“沿边型”现代化模式是由潘先林提出，从区域史的角度对沿边省区现代化所作的界定，“研究沿边各省、区的政治、经济、社会、文化的近代化，或者研究其社会转型的过程”①。笔者以为，所谓“沿边型”即因沿边这一地理因素而使沿边省、区的现代化与沿海、内地等省、区形成了不同的内涵。首先，与内地省份不同，近代的沿边各省、区基本上也都处于对外开放的前沿，沿边省、区大量的通商口岸开放成为其经济变迁的主要辐射源和推动力。正如业师吴松弟总结的那样，“中国近代经济变迁的空间进程为‘自东向西、由边向内’”②，外国先进生产力进入中国，沿边开放口岸是其重要登陆点，并由边向内扩展，从而与从沿海口岸发端“自东向西”方向上的渐次扩展一道促成了近代中国经济的一系列变迁。中国的各个地方，或受“自东向西”方向上的影响，或受“由边向内”方向上的推动，或兼而有之，或早或晚，程度不同，开始了经济“现代化”的变迁历程。尽管不可否认的是，从全国尺度看，无论受到影响的空间范围的大小还是区域人口的多少，“自东向西”都是主要的方向，“由边向内”则是次要的方向，但是，从区域的尺度看则未必如此，对于西部各沿边省、区而言，由于其与沿海口岸的距离的遥远，受其影响较小，因此，在本省、区内口岸开放

---

① 潘先林：《“沿边型”近代化模式与“近代化”视野下的少数民族社会变迁——对“边疆民族型”近代化模式的再讨论》，载《贵州民族研究》2008 年第 1 期。

② 吴松弟：《“自东向西、由边向内”：中国近代经济变迁的空间进程》，见复旦大学历史地理研究中心、韩国仁荷大学韩国学研究所编《海洋·港口城市·腹地——19 世纪以来的东亚交通与社会变迁》，上海人民出版社 2014 年版，第 1～15 页。

之前，其经济变化不仅不明显，而且仅涉及少数行业和部门，涉及的地方也非常有限。而随着本省、区内口岸的开放，其经济变迁的内容大为扩展、速度明显加快，从这一意义上讲，就西部沿边省、区而言，“由边而内”显然才是其经济变迁更主要的方向，这应该说是“沿边型”经济现代化模式的主要内涵。本书的研究清楚地表明，近代的云南经济变迁走的就是这样的典型的“沿边型”现代化模式：在蒙自开埠前，其经济虽受沿海、沿江口岸开放和周边国家被殖民的影响产生了一定的“近代性”的变化，但从口岸—腹地互动的视角看，这时的云南基本上还没有被纳入这一空间作用机制之中，而随着蒙自、思茅、腾越等口岸的开放，受口岸—腹地互动的强烈影响，云南经济变迁开始了真正的“现代化”之路。总之，云南虽然地处内陆边疆，但是随着蒙自、思茅、腾越等口岸的开放，从而作为近代中国沿边经济开放的重要组成部分，显著地区别于那些经济变迁因没有通商口岸而主要地依赖于沿海、沿江口岸辐射的贵州、山西、陕西等内地省区，近代云南经济变迁主要是本省口岸推动的结果。

其次，所谓“沿边”即意味着在远离国家“中心”的同时，又与外国接壤或邻近，从而使其往往在客观上长期呈现出对国内封闭、对国外开放的特征，受此影响，到了近代，沿边省、区不得不同时面对内地化、区域化与全球化的任务。云南当然也是如此，并且表现得更为明显。受地理位置、地形及交通的影响，长期以来，云南的经济发展相对地呈现出对国内封闭、对国外开放的特征。[①] 但在蒙自、思茅、腾越等口岸开放后，伴随着对外贸易的发展，云南不仅与西南地区其他省份的经济往来变得日益密切，而且通过香港的纽带作用建立起了与上海、江浙、两广等地区的经济联系，[②] 从而使得近代的云南与内地的经济往来开始密切起来。一般认为，区域化是全球化的组成部分，跨国性区域的构筑是全球化的结果之一，那

① 张永帅：《空间视角下的近代云南口岸贸易研究（1889—1937）》，中国社会科学出版社 2017 年版，第 20 ~ 21 页。

② 详参郑友揆、韩启桐编：《中国埠际贸易统计（1936—1940）》，中国科学院 1951 年版。

么，近代的云南不仅与中国其他地区的经济联系越来越密切，而且，以对外贸易为纽带，成为仰光经济圈的重要组成部分，① 日益深入地成为全球市场的重要组成部分。如果将此概括为对国外开放与对国内开放并举、对国外开放推动了对国内开放的话，那么，云南显然是与全国绝大多数省、区所不同的。

第二，近代云南的经济变迁走的是一条资源主导型的现代经济成长之路。云南矿产资源不仅丰富，而且多样，“云南境内矿产，种类之多，产额之盛，可称为国内本部各省中之最丰伟者焉”②，“本省矿藏之富，在国内各省中可谓首屈一指……有十二万余亩，居全国第十位，但矿产价值居全国第三位，抗战后则跃居第一位”③。丰富的矿产资源为云南经济的发展创造了得天独厚的条件，云南矿业开发的历史不仅悠久，而且矿业开发在经济发展中向来居于重要地位，而在近代，以锡矿为主的矿业开发对云南经济的发展起到了空前重要的作用，以矿业在一省经济中所居之地位而言，在全国，恐怕是无出其右的。从市场化和外向化看，近代云南最重要的出口商品非大锡莫属；从工业化看，近代云南机械化生产程度最高的企业也是以大锡为代表的工矿企业。正是从这个意义上说，近代云南现代经济的成长是由矿业引领和主导的，资源主导型下的现代经济成长之路是近代云南经济变迁的主要内涵之一。

二、影响近代云南经济变迁的主要因素及对外贸易所起的作用

（一）影响近代云南经济变迁的主要因素

1. 地理环境与历史基础

地理环境的差异是造成各地经济生活差异、经济发展水平差异的重要

---

① 张永帅：《空间视角下的近代云南口岸贸易研究（1889—1937）》，中国社会科学出版社 2017 年版，第 80 ~ 94 页。

② 朱熙人、袁见齐、郭令智：《云南矿产志略》，1940 年，第 1 页。

③ 云南工业复兴计划委员会编：《云南工业化刍议》，1946 年，第 8 页。

原因，而历史基础作为经济变迁与现代经济生成、发展的前提与条件，又影响着各地经济发展的速度和程度。

近代云南经济发展相对较好的地区，首先是滇池区域和洱海区域，其次是各个面积大小不等的坝区，原因就在于这些地区地理环境优越，有着较为良好的历史开发基础。滇池和洱海流域地区，不仅土地平坦、水利发达、交通便利、人口集中，而且开发的历史悠久，长期为云南经济最为发达的地区，优越的地理环境和良好的开发基础使其成为近代经济行业较多、发展较快的地区。与山区相比，各个坝区便于农业开发，工商业发展基础也较好，在新经济因素的促动下，也易于得到发展。同时，部分的山区、半山区因矿产资源丰富，到近代时，或已有较好的开发基础，或因矿而兴。

经过长时间的历史积累，各地因地理环境的差异而形成的带有地域特征的社会观念与社会风尚，也在影响和制约着各地经济的发展。如腾冲，以其地理优势早在近代之前就已成为云南对缅贸易的必经之地，从而使当地人民形成了相对浓厚的经商氛围，“（永昌府内）经商者少，俱不善作贾……惟腾越较善经营（商业），故民户亦较裕”①。开埠后的腾冲，经济发展较快，市容改变不少，与腾冲拥有的这一商业氛围是不无关系的。据光绪《云南通志》记载，那些位置偏僻、“地瘠民贫”的地区，几乎无一不是一派“民风尚朴俭，勤稼穑，市无奇巧之货，人鲜奢靡之行”的景象；那些位置适中、交通便利的地方则往往显现出一种“多习贸易，而少事耕织，服食交际不无奢靡耳”的面貌。与此相联系的是，在近代，属于前者的各个地方大都经济发展缓慢，属于后者的各个地方大都经济发展较快，经济发展水平也较高。

近代以来，由于云南原有的经济基础较差，难以吸引较多和较大规模的国内外投资，而仅有的投资特别是来自国外的投资又长期集中在资源的

① 〔清〕刘毓珂等纂修：《永昌府志》卷八《风俗》，清光绪十一年（1885）刊本。

开发上，对一般商业与工业的重视不够，从而限制了近代云南经济的发展。与此同时，正如况浩林所指出的那样，外国列强对少数民族地区的经济活动的关注程度，远不如对领土和政治控制的关心，而之所以如此，除了列强对中国领土和自然资源的野心外，少数民族地区经济落后、人口稀少、商品经济很不发达、工业投资难以取得较高的经济收益也是原因之一。[①] 云南的情形也是如此，少数民族与边疆地区原有的经济基础是造成对其投资不足的重要原因，而投资的不足又反过来限制了边疆与民族地区的经济发展。

2. 交通条件

交通是影响区域经济发展的重要因素。按照区位理论，区域的绝对地理位置是固定不变的，但是随着交通条件的变化，其相对地理位置会发生变化，交通便利性的提高意味着对外交往可能性的提高；随着交通条件的改善，各地之间的经济往来趋于便利，必然促进各地经济的一体化发展和区域经济整体发展水平的提高。“滇处岩疆，山谷险阻，行路之难，视蜀道且过之”[②]，而在现代交通兴起之前，运输方式以马驮人背为主，极大地限制了云南省内各地之间以及云南与省外、国外经济的往来，严重制约着云南各地经济的发展。交通落后制约经济发展，交通的改善与现代交通的兴起则促进和推动经济的发展，如“阿迷水利称便，民多务农，在昔铁路未兴，工商业均不发达，自滇越铁路修通后，路当要冲，一切舶来品日新月异，工乃渐知改良，商则渐事远贩”[③]。富源以公路修通而使“近来交通比较便利，风气稍变，对于工、商等业也就开始注意了”，县境经济面貌开始发生变化。[④]

① 况浩林：《中国近代少数民族经济史稿》，民族出版社 1992 年版。

② 《续云南通志长编》（中册），1986 年，第 947 页。

③ 阿迷劝学所：《征集地志编辑书》，转引自李珪《云南近代经济史》，云南民族出版社 1995 年版，第 125 页。

④ 田曙岚：《滇东旅行记》（续），载《云南日报》1936 年 10 月 3 日，转引自盛美真《近代云南社会风尚变迁研究》，中国社会科学出版社 2011 年版，第 175 页。

各地交通基础的相异、现代交通布设与兴建的不同，是近代云南经济发展空间不平衡性形成的重要原因。交通基础好、有现代交通或为现代交通沿线地方，经济往往得到更快发展，否则，经济的发展大受制约，如滇越铁路通车后，铁路沿线的城镇昆明、呈贡、宜良、开远、碧色寨、河口等地商业开始迅速繁荣起来①，而远离滇越铁路、公路建设滞后的鹤庆到20世纪20年代末到处还“都是山路，宽的去处，山也就是路，路也就是山，狭的去处，将只容一马，一到雨天便难走死了”，“此路的难走，又无车可通，真是一言难尽了。商业因之不发达，文化也因此奚落”。②

也正因为交通的落后是制约云南经济发展的一大障碍，所以，但凡倡言云南经济建设者无不主张重视交通建设，“交通之于经济建设事业，犹如血液之于人体，经济建设各方面之成功，无一不惟交通是赖”③，“要发展实业，第一步必须发达交通，必须交通发达才能增加出口，输入机器”④。而近代以来，云南交通确实发展不少，“近十几年来，云南的交通建设有长足的进展，抗战以后，中央和地方当局为国防军事上的关系，对于旧路的延展，新路的修筑更为努力”，但远未改变其落后的总体面貌，“云南现在虽然也有铁路，而公路的里程也并不少。但和云南整个面积相比较，那还是太少了”⑤，依然严重制约着云南经济的发展。

3. 时局与政策

如前所述，近代云南口岸的开放首先是不平等条约的产物，而近代云南经济的真正变迁也正是在本省口岸开放后发生的。1937—1945年，云南经济得到空前的发展，主要原因是全面抗战爆发后，国内外形势发生巨大变化，云南由此成为抗战的大后方，成为中国对外交通的重要枢纽，中央

---

① 田洪：《鸦片战争到辛亥革命时期云南境内商业述略》，见云南经济研究所编《云南近代经济史文集》，1988年。

② 《如此的云南》，载《新云南月刊》1929年第1期，转引自盛美真《近代云南社会风尚变迁研究》，中国社会科学出版社2011年版，第169页。

③ 卫挺生：《西南经济建设之我见》，载《西南实业通讯》1939年第6期。

④ 胡秋原：《谈西南经济建设》，载《西南实业通讯》1940年第3期。

⑤ 郭垣：《云南省经济问题》，正中书局1940年版，第247、262页。

与地方出于抗战的需要，加快、加大了对云南的投资与建设的步伐。但是，这种基于战时需要而进行的一系列建设，因为很少注意到地方长远的发展，因而在战争结束后云南经济一时之间陷入停顿。

近代100余年间，云南社会长期动荡、治安不良，窒碍经济发展。政权更迭、军阀混战、盗匪横行，经济发展难以正常进行，造成经济发展的波动无常，仅以对外贸易受政局与治安的影响而增速放慢，甚至出现倒退的情形，即不难看出时局对近代云南经济发展的影响。① 军阀政府出于满足其统治的需要制定的经济政策往往变动较大，进行的经济建设很少考虑到地方经济的长远发展，是近代云南经济在某些方面呈畸形发展的重要原因。

总之，地理环境复杂、发展基础薄弱的云南，其经济发展对政策的依赖性更强，受时局变化的影响更大，而要使云南经济获得长远发展，则必须具备稳定的社会环境、因地制宜的政策安排，并因地方经济实力有限，尤需中央财政多倾斜、多投资。

4. 劳动力与人口素质

"人口是立国三要素之一。它数量的多寡，质性的优劣，和国家的强弱关系很大。"② 经济发展的速度与质量，往往与劳动力的多寡和劳动者的素质密切相关。但是近代的云南，其人口数量虽有变化，但从总体上看，一直没有脱掉"地广人稀"的这顶帽子。据1935年《内政年鉴》所载数据，"云南省的人口仅占全国总人口数的2.6%，至于人口密度，则每一平方公里得37人"，由此，则劳动力必然供应不足，劳动力供应不足又必然制约经济发展。制约近代云南经济发展的人口因素，不仅在于人口数量的不足，更在于人口素质不高，一方面，云南人口民族复杂，"云南住民种族复杂，冠于全国。拢总算来，除汉、回、蒙等外，还有苗、夷等四十八种"，而除汉、回、白等民族外，其他少数民族的经济发展水平普遍较为

① 参见张永帅：《近代云南的开埠与口岸贸易研究（1889—1937）》，复旦大学2011年博士学位论文。

② 郭垣：《云南省经济问题》，正中书局1940年版，第1页。

落后，有的民族甚至还处于原始社会阶段；另一方面，人民的受教育程度普遍低下，“就全省各级年龄混合讲来，识字人数仅占全人口数的11.12%，而不识字人数则占88.88%”；此外，在人口的职业构成方面，据云南省民政厅1932年的调查，“农业人数占成年有业人数48.17%，它所占的百分比为各业中最高，而工、商所占的百分数较小。从这一点可以看出，滇省还是个农业社会”。[①] 这样的人口素质和人口构成不利于工业化与市场化的发展当是可以想象的。

（二）对外贸易促进了近代云南经济的发展

近代云南经济变迁及其特征的形成是多种因素共同作用的结果，尽管各种因素在其中所起的作用不同，但不可否认的是，对外贸易的发展既是近代云南经济变迁的重要内容之一，又是影响近代云南经济发展的主要因素之一，而且，从总体上看，在促进近代云南经济的发展方面，对外贸易发挥了不容忽视的作用。

第一，对外贸易促进了近代云南农业的外向化和市场化发展。对外贸易的发展使大量的农产品作为出口商品进入国内、国际市场，并随对外贸易的发展农产品出口呈日渐增长的趋势。据对全省出口商品的分类统计，1912年后云南三关输出的农产品货物种类多达295种，而在近代以前，有据可寻的出口农产品不过十数种而已。由于大量农产品进入国际市场，其货值增长极其迅速，1912年农产品出口值28813两，占全省总出口值的2.29%，1923年出口值966409两，是1912年的34倍，占全省总出口值的9.1%。[②]

第二，对外贸易为近代云南工业的发展提供了条件。首先，云南矿业的开发重点由铜转移到锡主要是世界市场需求所导致的结果，由于世界市场促进了大锡出口贸易的发展，并使大锡开发成为近代云南工业当中机械化率最高的部门；其次，近代云南出口的商品，手工业品是其重要组成部

① 郭垣：《云南省经济问题》，正中书局1940年版，第6、2、13、11页。

② 吴兴南：《云南对外贸易——从传统到近代化的历程》，云南民族出版社1997年版，第412~413页。

分，对外贸易的发展促进了手工业品产量的增加和生产工艺的改进，乃至于新的行业门类的产生；再次，近代云南机器工业的产生虽不是对外贸易发展的直接产物，但机器工业的发展则与对外贸易的发展关系密切。

第三，近代云南交通的改善与对外贸易的发展关系密切。尤其是就滇越铁路和个碧石铁路来看，简直可以说，如果没有对外贸易发展的需要，中国第一条跨国铁路和民营铁路就不会在云南产生。而此后公路、航空、水路的建设均与对外贸易的发展有一定的联系，甚至就是马帮运输因对外贸易的发展也曾在近代一度繁荣。

第四，近代云南城乡市场格局的确立和全省统一市场的形成在很大程度上是对外贸易发展的结果，是对外贸易的发展将原来以“坝子”为中心构筑起的一个个相对封闭的空间连接成了一个整体。

第五，对外贸易的发展改变了云南城市发展的基本格局，促进了近代云南城市体系的形成和城市空间的变革。也正是在这一过程中，经济中心主导型的城市体系代替了行政中心主导型的城市体系，各个城市的内部空间也发生不同程度的变化，城市经济获得了长足的发展。①

需要指出的是，对外贸易与近代云南经济变迁是互动的关系。对外贸易影响和促进了近代云南经济的发展，对外贸易的商品结构变化和增长趋势等往往从一个侧面反映着近代云南经济变迁的主要方面。云南地处内陆边疆，虽然拥有蒙自、思茅、腾越等口岸，但其对外贸易的规模和影响力显然是无法与东、中部地区绝大多数的沿海、沿江口岸相比的，因此，当我们在试图说明对外贸易对近代云南经济发展的促进作用时，应当考虑到这一促进作用的有限性。我们这里所谓的“有限性”指的是：一方面，对外贸易作为云南经济变迁的推动力量之一，近代云南经济发展相对缓慢、深层次变革有限部分原因即在于对外贸易的规模有限，在全球市场网络中的地位较低；另一方面，近代云南经济变迁与发展是多种因素综合作用的

---

① 李艳林：《重构与变迁：近代云南城市发展研究（1856—1945）》，厦门大学2008年博士学位论文。

结果，有些与对外贸易相关，有些未必与对外贸易直接关联，没有必要事事都认为是对外贸易推动的结果。

（三）口岸—腹地：影响对外贸易与近代云南经济变迁的空间机制

近代中国经济变迁的最初因素是由西方传入的，这就使得通商口岸在近代中国经济变迁与现代经济发展的早期扮演了十分重要的角色。这是因为，一方面中国所产土货需借助于通商口岸运销到国际市场上，外国输入的洋货亦需通过通商口岸转销于各地，进而使中国的广大地区逐步地纳入世界资本主义市场体系；另一方面，近代中国的工业化进程也往往首先是由通商口岸城市开始，然后逐步展开，通商口岸不仅起了先导和带动的作用，而且往往是工业化的重心地所在。在这一过程中，各个口岸在相互竞争中实现了对中国广大地区的"分割"，从而使相应的地区成为自己的腹地，近代中国经济的一系列变迁和现代经济的成长，以及区域差异的形成，无不与口岸—腹地的互动作用密切相关。

蒙自开埠之前，随着第一次鸦片战争和第二次鸦片战争及与此相关的一系列不平等条约的签订，中国已经对外开放除香港之外的约30个通商口岸。除位于新疆的伊犁（1852年开埠）、塔尔巴哈台（1852年开埠）、喀什噶尔（1860年开埠）等少数内陆和边疆口岸外，这些口岸大都地处东部，基本上形成了以东部沿海、沿江口岸为主的口岸体系。中国的对外贸易也形成以上海、天津（包括香港）等少数东部沿海口岸为龙头，以其他沿海、沿江口岸为主要节点，以相关交通运输线为连接，以埠际贸易为主要展开形式的口岸贸易网络。① 在这一口岸贸易网络中，广大的内陆地区要么被基本排除在这一口岸贸易体系之外，依然以传统的民间贸易为对外贸易的主要形式，要么将本地所产土货通过层层转运，进入埠际贸易网络，从而或多或少地被纳入口岸贸易网络之中。当然，绝大多数的内陆地

① 吴松弟：《中国近代经济地理格局形成的机制与表现》，载《史学月刊》2009年第8期。

区实际上这两种情况是兼而有之的，这其中尤以未开埠的边疆地区为甚。蒙自开埠之前，英国和法国势力已开始深入与云南接壤的缅甸、老挝、越南等地，云南不可避免地与英法产生贸易，已开始与世界市场产生联系。但是，由于云南本省没有开埠，不难想象，以上贸易必然受到很大限制，贸易规模应该相当有限。因此，云南的对外贸易一方面仍然以与邻近各国的直接贸易为主，另一方面云南土货进入世界市场和洋货进入云南也还需要借助于其他开放口岸的层层转运。而在这一转运过程中，云南不仅距离东部沿海、沿江口岸非常遥远，而且交通条件很差，因此，现代经济到达云南的时间远比东、中部地区晚，现代经济的规模与经济变迁的幅度也远落后于东、中部地区。

随着蒙自、思茅、腾越等口岸的相继开放，现代经济首先直接从这几个口岸城市登陆，然后向内地推移，从而在很大程度上改变了以上不利局面。受进出口贸易快速发展的推动，云南各地区的经济发生了不同程度的变化，传统经济受到冲击，现代经济出现并日益发展。云南近代经济的发展及近代云南经济之所以在全国特别是在西南地区能占有一定的地位，是与其拥有自己的通商口岸这一有利条件分不开的。云南内部各地经济发展水平的不平衡性的形成，是与各地距离蒙自等通商口岸的远近以及受这些口岸辐射力度的大小分不开的。蒙自关的腹地，其经济相对发达，既是清代以来云南经济重心东移的结果，更是在蒙自贸易带动下经济快速发展的产物；腾越关的腹地，其经济发展水平总体落后于蒙自关的腹地，在很大程度上与腾越贸易落后于蒙自贸易，对腹地经济发展的拉力不足所致；思茅关腹地经济发展水平最为落后，更是与思茅贸易地位的低下完全一致的。

但是，近代中国绝大部分的进出口贸易都是通过沿海海关发生的，内地海关在全国贸易总额中占一定的份额，而沿边海关所占份额极其微小。①

① 吴松弟主编：《中国百年经济拼图——港口城市及其腹地与中国现代化》，山东画报出版社2006年版，第10～13页。

这就使得沿边口岸对周围地区的社会经济也就难有如东部口岸那般较明显的促进和带动效应。① 近代云南经济虽不无发展，但总体依然落后，原因之一就是蒙自、思茅、腾越等作为沿边口岸，对云南经济发展的促进与推动不足。

口岸与腹地的互动，包含两个相反方向上的内容，一是口岸对腹地的作用，二是腹地对口岸和口岸贸易的作用。以上乃属第一个方向上的内容。

在第二个方向上，不同口岸贸易的地位和贸易特征的形成既是对其腹地经济状况的反映，也是其腹地特征和腹地经济发展情形作用于口岸贸易的结果。近代云南三关贸易地位的形成，是与其各自的腹地特征密切相关的。蒙自关腹地内，地形相对平缓，瘴疠影响较轻，交通优势明显，人口数量多，经济相对发达，从而对蒙自关贸易形成强有力的支撑，这是蒙自关在三关中地位最为突出的重要原因。在这些方面，思茅关又逊于腾越关，所以，思茅关的贸易地位也就不及腾越关了。② 近代云南口岸贸易的波动与以雨水、瘴疠为代表的腹地自然生态特征密切相关。③ 而蒙自、思茅、腾越三关贸易变动趋势的差异，同样是与其各自的腹地特征和腹地经济情形密切相关的。作为蒙自贸易范围的东部地区“人烟稠密，交通便利”④，使得贸易不仅相对易于进行，而且对进口商品的需求相对畅旺、稳定；再加上产出相对丰饶，能够为蒙自的出口提供较多的出口货物，仅大宗商品而言，就有锡、皮革、猪鬃、茶叶、药材、火腿以及铅、锌等⑤，特别是其中的锡，产地个旧地近蒙自，产量大、国际市场需求旺盛，从而

---

① 戴鞍钢：《近代中国西部内陆边疆通商口岸论析》，载《复旦学报（社会科学版）》2005 年第 4 期。

② 张永帅：《腹地特征与近代云南三关的贸易地位》，载《西南边疆民族研究》2016 年第 2 期。

③ 张永帅：《雨水、瘴疠：腹地自然生态与近代云南口岸贸易的波动》，载《中国历史地理论丛》2016 年第 1 期。

④ 万湘澂：《云南对外贸易概观》，新云南丛书社 1946 年版，第 31 页。

⑤ 《新纂云南通志》卷一四四《商业考二》。

成为支撑蒙自出口贸易的最大宗商品，常居蒙自出口总货值的80%以上。作为腾越贸易范围的滇西北地区，“有许多地方非原系火山即中含矿质，不适耕种，亦有可以耕种之地，而又苦于人口太稀”①，对进口商品的需求难以旺盛，出产寡，则较难支撑腾越出口贸易的快速发展。主要作为思茅贸易范围的滇西南地区，作为口岸城市的思茅地区都是“人烟稀疏，购买力弱，山地贫瘠，荒芜居多，纵使开垦，生产亦薄”②，何况其他地方，市场需求不大，出口贸易不旺也就可想而知了。由此可见，近代云南三关，蒙自贸易范围内物产相对丰饶，经济相对发达，从而保证了其进出口贸易的较快增长，且波动较小；腾越和思茅贸易范围内土地普遍贫瘠，出产匮乏，而且人口稀少，从而使得此二关的贸易增长速度远不及蒙自，且波动相对剧烈。但是，腾越毕竟还有来自四川西南的黄丝等大宗出口商品，且黄丝在缅甸市场有较大需求，再加上大理等地经济尚且比较发达，可以支撑腾越贸易以一定的速度发展。思茅出口之最大宗的货物来自滇南所产普洱茶，但其“口味与外国稍有不宜”③，“本味又未洽西人之口”④，基本上限于在缅甸、柬埔寨等国销售，出口数量并不是很多，无力支撑思茅出口贸易的增长；又因思茅进口之大宗商品棉花不仅要受到降水变化的极大制约，而且思茅等地进口棉花基本上是用来纺纱以织成土布，而土布市场却是日渐萎缩，从而造成思茅进出口贸易增长缓慢甚至下降的局面。

---

① 《光绪三十四年腾越口华洋贸易情形论略》，见中国第二历史档案馆、中国海关总署办公厅编《中国旧海关史料（1859—1948）》（第47册），京华出版社2001年版，第447页。

② 《海关十年报告1922—1931》“思茅”，见中国第二历史档案馆、中国海关总署办公厅编《中国旧海关史料（1859—1948）》（第157册），京华出版社2001年版，第561页。

③ 《光绪二十三年思茅口华洋贸易情形论略》，见中国第二历史档案馆、中国海关总署办公厅编《中国旧海关史料（1859—1948）》（第26册），京华出版社2001年版，第267页。

④ 《光绪二十五年思茅口华洋贸易情形论略》，见中国第二历史档案馆、中国海关总署办公厅编《中国旧海关史料（1859—1948）》（第30册），京华出版社2001年版，第299页。

参考文献

一、史料

（一）档案、调查/考察资料

［英］H. R. 戴维斯著，李安泰等译：《云南：联结印度和扬子江的链环——19世纪一个英国人眼中的云南社会状况及民族风情》，云南教育出版社2000年版。

法国里昂商会编著，徐枫、张伟译注：《晚清余晖下的西南一隅——法国里昂商会中国西南考察纪实（1895～1897）》，云南美术出版社2008年版。

［法］亨利·奥尔良著，龙云译：《云南游记——从东京湾到印度》，云南人民出版社2001年版。

经济部资源委员会经济研究室编：《云南个旧之锡矿》，1940年。

马子华：《滇南散记》，云南人民出版社2002年版。

蒙自关监督署辑：《蒙自海关志料》，1932年。

《民族问题五种丛书》云南省编辑委员会编：《白族社会历史调查》，云南人民出版社1983年版。

《中国少数民族社会历史调查资料丛刊》修订编辑委员会编：《云南回族社会历史调查》，民族出版社2009年版。

苏汝江：《云南个旧锡业调查》，清华大学国情普查研究所，1942年。

王铁崖编：《中外旧约章汇编》，生活·读书·新知三联书店1957年版。

王钟麒：《全国商埠考察记》，世界书局1926年版。

行政院农村复兴委员会：《云南省农村调查》，商务印书馆1935年版。

云南省档案馆、云南省经济研究所编：《云南近代矿业档案史料选编（1890—1949）》，1990年。

云南省档案馆编：《清末民初的云南社会》，云南人民出版社2005年版。

云南省档案馆编：《抗战时期的云南社会》，云南人民出版社2005年版。

云南省档案馆编：《昆明开设商埠》之一，载《云南档案史料》第11期，1985年12月。

云南省档案馆编：《昆明开设商埠》之二，载《云南档案史料》第12期，1986年5月。

云南省档案局（馆）编：《抗战时期的云南——档案史料汇编》，重庆出版社2015年版。

云南省公署枢要处第四课编：《云南对外贸易近况》，1926年。

张印堂：《滇西经济地理》，张研、孙燕京主编：《民国史料丛刊》第863册，大象出版社2009年版。

张肖梅：《云南经济》，中国国民经济研究所，1942年。

郑子健：《滇游一月记》，张研、孙燕京主编：《民国史料丛刊》第862册，大象出版社2009年版。

中国第二历史档案馆、中国海关总署办公厅编：《中国旧海关史料（1859—1948）》，京华出版社2001年版。

（二）资料汇编

蔡谦、郑友揆：《中国各通商口岸对各国进出口贸易统计》，商务印书馆1936年版。

陈真、姚洛：《中国近代工业史资料》，生活·读书·新知三联书店1957—1961年版。

方国瑜主编：《云南史料丛刊》（第11卷），云南大学出版社1999年版。

方国瑜主编：《云南史料丛刊》（第12卷），云南大学出版社2001年版。

李文治：《中国近代农业史资料1840—1911》（第一辑），生活·读书·新知三联书店1957年版。

宓汝成：《中国近代铁路史资料：1863—1911》，中华书局1963年版。

宓汝成：《中华民国铁路史资料：1912—1949》，社会科学文献出版社2002年版。

聂宝璋：《中国近代航运史资料1840—1895》（第1辑），上海人民出版社1983年版。

聂宝璋、朱荫贵：《中国近代航运史资料1895—1927》（第2辑），中国社会科学出版社2002年版。

彭泽益：《中国近代手工业史资料（1840—1949）》，生活·读书·新知三联书店1957—1962年版。

唐润明主编：《抗战时期大后方经济开发文献资料选编》，重庆出版社2012年版。

姚贤镐：《中国近代对外贸易史资料（1840—1895）》，中华书局1962年版。

云南省历史研究所编：《〈清实录〉越南缅甸泰国老挝史料摘抄》，云南人民出版社1986年版。

中国科学院历史研究所第三所编：《云南杂志选辑》，科学出版社1958年版。

（三）地方志、文史资料

〔清〕陈宗海修，赵端礼纂：《腾越厅志》，清光绪十三年（1887）刊本。

崇谦等修：《楚雄县志》，清宣统二年（1910）抄本。

建水县志编纂委员会编：《建水县志》，中华书局1994年版。

昆明市志编纂委员会：《昆明市志长编》卷七，1984年。

〔清〕林则徐等修，李熙龄纂：《广南府志》，清光绪三十一年

(1905）重抄本。

〔清〕刘毓珂等纂修：《永昌府志》，清光绪十一年（1885）刊本。

《龙陵县文史资料选辑》（第11辑），云南民族出版社2013年版。

龙云、卢汉修，周钟岳纂，牛鸿斌、文明元、李春龙、刘景毛点校：《新纂云南通志》，云南人民出版社2007年版。

陆崇仁修，汤祚纂：《巧家县志》，1942年铅印本。

〔清〕檀萃辑，宋文熙、李东平校注：《滇海虞衡志校注》，云南人民出版社1990年版。

〔清〕屠述濂纂修：乾隆《腾越州志》，清光绪二十三年（1897）重刊本。

王钧图、陈其栋修，缪果章纂：《宣威县志稿》，1934年铅印本。

云南省志编纂委员会办公室：《续云南通志长编》，1986年。

云南省地方志编纂委员会：《云南省志》卷三二《海关志》，云南人民出版社1996年版。

云南省地方志编纂委员会：《云南省志》卷一《地理志》，云南人民出版社1998年版。

《云南文史资料选辑》（第9辑），1965年。

《云南文史资料选辑》（第16辑），云南人民出版社1980年版。

《云南文史资料选辑》（第29辑），云南人民出版社1986年版。

《云南文史资料选辑》（第37辑），云南人民出版社1989年版。

《云南文史资料选辑》（第42辑），云南人民出版社1993年版。

《云南文史资料选辑》（第49辑），云南人民出版社1996年版。

《云南文史资料选辑》（第52辑），云南人民出版社1998年版。

张鉴安修，寸晓亭等纂：《龙陵县志》，1917年刊本。

张培爵等修，周宗麟等纂：《大理县志稿》，1916年铅字重印本。

张维翰修，童振藻纂：《昆明市志》，1924年铅印本。

二、著作和学位论文

〔英〕阿兰·R. H. 贝克著，阙维民译：《地理学与历史学——跨越楚河汉界》，商务印书馆2008年版。

［美］埃德加·M. 胡佛著，王翼龙译：《区域经济学导论》，商务印书馆1990年版。

［美］埃里克·谢泼德、［加］特雷弗·J. 巴恩斯主编，汤茂林等译：《经济地理学指南》，商务印书馆2009年版。

［俄］Б. Н. 米罗诺夫、З. В. 斯捷潘诺夫著，黄立茀、夏安平、苏戎安译：《历史学家与数学——历史研究中的数学方法》，华夏出版社1990年版。

［日］滨下武志著，朱荫贵、欧阳菲译：《近代中国的国际契机——朝贡贸易体系与近代亚洲经济圈》，中国社会科学出版社1999年版。

［日］滨下武志著，高淑娟、孙彬译：《中国近代经济史研究——清末海关财政与通商口岸市场圈》，江苏人民出版社2006年版。

［日］滨下武志著，王玉茹等译：《中国、东亚与全球经济——区域和历史的视角》，社会科学文献出版社2009年版。

［日］薄井由：《东亚同文书院大旅行研究》，上海书店出版社2001年版。

［日］薄井由：《清末民初云南商业地理初探——以东亚同文书院大旅行调查报告为中心的研究》，复旦大学2003年博士学位论文。

陈旭麓：《近代中国社会的新陈代谢》，上海社会科学院出版社2006年版。

陈征平：《云南早期工业化进程研究（1840年—1949年）》，民族出版社2002年版。

陈征平：《云南工业史》，云南大学出版社2007年版。

成崇德主编：《清代西部开发》，山西古籍出版社2002年版。

程厚恩主编：《云南外向型经济发展问题研究》，云南大学出版社1995年版。

戴鞍钢：《港口·城市·腹地——上海与长江流域经济关系的历史考察（1843—1913）》，复旦大学出版社1998年版。

戴鞍钢：《发展与落差——近代中国东西部经济发展进程比较研究（1840—1949）》，复旦大学出版社2006年版。

戴逸、张世明主编：《中国西部开发与近代化》，广东教育出版社2006年版。

丁文江：《丁文江文集》，湖南教育出版社2008年版。

董孟雄：《云南近代地方经济史研究》，云南人民出版社1991年版。

董孟雄、郭亚非：《云南地区对外贸易史》，云南人民出版社1998年版。

董晓京：《腾冲商帮》，云南人民出版社2013年版。

樊如森：《天津与北方经济现代化》，东方出版中心2007年版。

方书生：《近代经济区的形成与运作——长三角与珠三角的口岸与腹地（1842—1937）》，复旦大学2007年博士学位论文。

复旦大学历史地理研究中心主编：《港口—腹地和中国现代化进程》，齐鲁书社2005年版。

傅林祥、郑宝恒：《中国行政区划通史·中华民国卷》，复旦大学出版社2007年版。

［英］G. L. 克拉克、［美］M. P. 费尔德曼、［加］M. S. 格特勒主编，刘卫东等译：《牛津经济地理学手册》，商务印书馆2005年版。

［美］葛勒石（G. B. Gressey）著，谌亚达译：《中国区域地理》，正中书局1947年版。

郭垣：《云南省经济问题》，正中书局1940年版。

［英］戈·埃·哈威著，姚梓良译：《缅甸史》，商务印书馆1973年版。

贺圣达：《缅甸史》，人民出版社1992年版。

胡阳全：《云南马帮》，福建人民出版社1999年版。

黄恒蛟主编：《云南公路运输史》，人民交通出版社1995年版。

Fairbank, John King. *Trade and Diplomacy on the China Coast: The Opening of the Treaty Ports*. Stanford: Stanford University Press, 1953.

［美］吉尔伯特·罗兹曼主编，国家社会科学基金“比较现代化”课题组译：《中国的现代化》，江苏人民出版社2005年版。

佳宏伟：《区域分析与口岸贸易——以天津为中心（1867～1931）》，厦门大学2007年博士学位论文。

蒋君章：《西南经济地理纲要》，正中书局1943年版。

姜修宪：《环境·制度·政府——晚清福州开埠与闽江流域经济变迁（1844—1911）》，复旦大学2006年博士学位论文。

李珪主编：《云南近代经济史》，云南民族出版社1995年版。

李小建主编：《经济地理学》（第二版），高等教育出版社2006年版。

［美］李中清著，林文勋、秦树才译：《中国西南边疆的社会经济：1250—1850》，人民出版社2012年版。

梁双陆：《边疆经济学：国际区域经济一体化与中国边疆经济发展》，人民出版社2009年版。

李占才、张劲：《超载：抗战与交通》，广西师范大学出版社1996年版。

林满红：《茶、糖、樟脑与晚清台湾之经济社会变迁》，台湾大学1976年硕士学位论文。

刘强：《重庆港口贸易与腹地经济关系研究（1891—1937）》，复旦大学2006年硕士学位论文。

刘云明：《清代云南市场研究》，云南大学出版社1996年版。

龙登高：《中国传统市场发展史》，人民出版社1997年版。

陆韧：《云南对外交通史》，云南民族出版社1997年版。

陆韧主编：《现代西方学术视野中的中国西南边疆史》，云南大学出版社2007年版。

陆玉麒：《区域发展中的空间结构研究》，南京师范大学出版社1998年版。

罗群：《近代云南商人与商人资本》，云南大学出版社2004年版。

罗群、罗敏：《话说滇商》，中华工商联合出版社2008年版。

罗荣渠：《现代化新论——世界与中国的现代化进程》（增订本），商务印书馆2004年版。

马曜：《云南简史》（新增订本），云南人民出版社2009年版。

宓汝成：《帝国主义与中国铁路1847—1949》，经济管理出版社2007年版。

［美］彭慕兰著，马俊亚译：《腹地的构建：华北内地的国家、社会和经济（1853—1937）》，社会科学文献出版社2005年版。

彭南生：《半工业化：近代中国乡村手工业的发展与社会变迁》，中华书局2007年版。

彭泽益主编：《中国社会经济变迁》，中国财政经济出版社1990年版。

秦和平：《云南鸦片问题与禁烟运动》，四川民族出版社1998年版。

［英］R.J. 约翰斯顿主编，柴彦威等译：《人文地理学词典》，商务印书馆2005年版。

任美锷、杨纫章、包浩生：《中国自然地理纲要》，商务印书馆1979年版。

邵循正：《中法越南关系始末》，河南教育出版社2000年版。

盛美真：《近代云南社会风尚变迁研究》，中国社会科学出版社2011年版。

［美］施坚雅著，史建云、徐秀丽译：《中国农村的市场和社会结构》，中国社会科学出版社1998年版。

［美］施坚雅著，王旭等译：《中国封建社会晚期城市研究——施坚雅模式》，吉林教育出版社1991年版。

石俊杰：《近代云南红河区域经济地理研究（1889—1949）》，云南大学2010年硕士学位论文。

束世澂：《中法外交史》，商务印书馆1929年版。

孙代兴、吴宝璋主编：《云南抗日战争史》，云南大学出版社1995年版。

孙代兴、吴宝璋编著：《团结抗战：抗日战争中的云南》，云南人民出版社 1995 年版。

孙健：《中国经济史——近代部分（1840—1949 年）》，中国人民大学出版社 1989 年版。

孙敬之：《西南地区经济地理》，科学出版社 1960 年版。

谭刚：《抗战时期大后方交通与西部经济开发》，中国社会科学出版社 2013 年版。

谭其骧主编：《中国历史地图集》（第八册），中国地图出版社 1987 年版。

唐力行：《商人与中国近世社会》，商务印书馆 2003 年版。

唐凌：《自开商埠与中国近代经济变迁》，广西人民出版社 2002 年版。

唐巧天：《上海外贸埠际转运研究（1864—1930）》，复旦大学 2006 年博士学位论文。

［美］托马斯·莱昂斯著，毛立坤等译：《中国海关与贸易统计（1859—1948）》，浙江大学出版社 2009 年版。

万湘澂：《云南对外贸易概观》，新云南丛书社 1946 年版。

王川：《滇川贸易百年》，云南人民出版社 2013 年版。

王列辉：《驶向枢纽港：上海、宁波两港空间关系研究（1843—1941）》，浙江大学出版社 2009 年版。

王明达、张锡禄：《马帮文化》，云南人民出版社 2008 年版。

王声跃主编：《云南地理》，云南民族出版社 2002 年版。

王哲：《晚清民国对外和埠际贸易网络的空间分析：基于旧海关史料等的研究（1873—1942）》，复旦大学 2010 年博士学位论文。

吴松弟主编：《中国百年经济拼图——港口城市及其腹地与中国现代化》，山东画报出版社 2006 年版。

吴兴南：《云南对外贸易——从传统到近代化的历程》，云南民族出版社 1997 年版。

吴兴南：《近代西南对外贸易》，云南民族出版社 1998 年版。

吴兴南：《云南对外贸易史》，云南大学出版社 2002 年版。

武堉干：《中国国际贸易概论》，商务印书馆1932年版。

肖良武：《云贵区域市场研究1889～1945》，中国时代经济出版社2007年版。

谢本书、李江主编：《近代昆明城市史》，云南大学出版社1997年版。

谢本书、温贤美主编：《抗战时期的西南大后方》，北京出版社1997年版。

谢本书主编：《云南近代史》，云南人民出版社1993年版。

［英］亚当·斯密著，郭大力、王亚南译：《国民财富的性质和原因的研究》，商务印书馆2004年版。

熊清华：《百年滇商》，云南人民出版社2013年版。

薛祖军：《喜洲商帮》，云南人民出版社2013年版。

严中平：《清代云南铜政考》，中华书局1948年版。

杨斌：《近代云南个旧锡矿地理研究（1884—1949年）》，复旦大学2009年硕士学位论文。

杨聪：《大理经济发展史稿》，云南民族出版社1986年版。

杨寿川：《云南经济史研究》，云南民族出版社1999年版。

杨寿川：《云南矿业开发史》，社会科学文献出版社2014年版。

杨天宏：《口岸开放与社会变革——近代中国自开商埠研究》，中华书局2002年版。

杨伟兵：《云贵高原的土地利用与生态变迁（1659—1912）》，上海人民出版社2008年版。

杨伟兵、张永帅、马琦：《西南近代经济地理》，华东师范大学出版社2015年版。

杨毓才：《云南各民族经济发展史》，云南民族出版社1989年版。

杨志玲：《近代云南茶业经济研究》，人民出版社2009年版。

以沛：《缅甸》，生活·读书·新知上海联合发行所1949年版。

袁国友：《近代滇港贸易问题研究》，云南大学2002年博士学位论文。

云南经济研究所编：《云南近代经济史文集》，《经济问题探索》杂志社，1988 年。

张洪祥：《近代中国通商口岸与租界》，天津人民出版社 1993 年版。

张怀渝主编：《云南省经济地理》，新华出版社 1988 年版。

张萍：《地域环境与市场空间——明清陕西区域市场的历史地理学研究》，商务印书馆 2006 年版。

张其昀：《中国地理大纲》，商务印书馆 1930 年版。

张其昀：《中国经济地理》，商务印书馆 1930 年版。

张珊珊：《近代汉口港与其腹地经济关系变迁（1862—1936）——以主要出口商品为中心》，复旦大学 2007 年博士学位论文。

张淑芳：《近代四川盆地对外贸易与工商业的变迁》，台湾师范大学历史研究所 1982 年硕士学位论文。

张永帅：《空间视角下的近代云南口岸贸易研究（1889—1937）》，中国社会科学出版社 2017 年版。

赵济主编：《中国自然地理》，高等教育出版社 2005 年版。

赵启燕：《鹤庆商帮》，云南人民出版社 2013 年版。

赵松乔：《缅甸地理概述》，中国青年出版社 1958 年版。

郑起东、史建云主编：《晚清以降的经济与社会》，社会科学文献出版社 2008 年版。

郑友揆：《1840—1948 中国的对外贸易和工业发展》，上海社会科学院出版社 1984 年版。

郑友揆、程麟荪、张传洪：《旧中国的资源委员会（1932 ~ 1949）——史实与评价》，上海社会科学院出版社 1991 年版。

钟崇敏：《云南之贸易》，中华民国资源委员会经济研究所，1939 年。

周天豹、凌承学主编：《抗日战争时期西南经济发展概述》，西南师范大学出版社 1988 年版。

周智生：《商人与近代中国西南边疆社会：以滇西北为中心》，中国社会科学出版社 2006 年版。

邹逸麟主编：《中国历史人文地理》，科学出版社 2001 年版。

三、论文

［日］滨下武志、朱荫贵：《中国近代经济史研究中一些问题的再思考》，载《中国经济史研究》1991年第4期。

蔡泽军：《云南近代工业特点述论》，载《云南教育学院学报》1990年第1期。

车辚：《近代云南地缘战略地位形成的基本要素》，载《曲靖师范学院学报》2007年第4期。

车辚：《滇越铁路与近代云南社会观念变迁》，载《云南师范大学学报（哲学社会科学版）》2007年第3期。

车辚：《近代云南经济史中的若干计量经济模型——以滇越铁路经济走廊为例》，载《云南财经大学学报》2007年第2期。

车辚：《晚清昆明自开商埠的地缘政治经济意义》，载《红河学院学报》2007年第1期。

陈春声：《历史的内在脉络与区域社会经济史研究》，载《史学月刊》2004年第8期。

陈岗：《近代四川猪鬃产业开发史述略》，载《重庆师范大学学报（哲学社会科学版）》2007年第3期。

陈继东：《近代西藏经亚东口岸与印度的贸易结构》，载《南亚研究季刊》2004年第1期。

陈联、蔡小峰：《城市腹地理论及腹地划分方法研究》，载《经济地理》2005年第5期。

陈茜：《试论近现代云南的外资利用和技术引进》，载《云南社会科学》1989年第5期。

陈茜：《云南对外贸易的历史概述》，载《思想战线》1980年第3期。

陈炜、杨辉：《近代珠江流域上下游地区之间的经济交往》，载《学术论坛》2007年第11期。

陈一石：《清末印茶与边茶在西藏市场的竞争》，载《思想战线》1985

年第4期。

陈一石、陈泛舟:《滇茶藏销考略》,载《西藏研究》1989年第3期。

陈征平:《滇越铁路与云南早期工业化的起步》,载《云南财贸学院学报》2000年第5期。

陈征平:《二战时期云南近代工业的发展水平及特点》,载《思想战线》2001年第2期。

陈征平:《近代云南的矿业工业化与社会扩散效应》,载《云南社会科学》2002年第2期。

戴鞍钢:《近代中国西部内陆边疆通商口岸论析》,载《复旦学报(社会科学版)》2005年第4期。

戴鞍钢:《清末新政与新疆、西藏、川边地区经济的演变——兼与东部地区的比较》,载《云南大学学报(社会科学版)》2008年第6期。

戴鞍钢:《晚清至民国云贵鸦片的产销路径》,载《史林》2010年第5期。

范金民:《明代地域商帮兴起的社会背景》,载《清华大学学报(哲学社会科学版)》2006年第5期。

樊如森:《西北近代经济外向化中的天津因素》,载《复旦学报(社会科学版)》2001年第6期。

樊如森:《近代天津外向型经济体系的架构》,载《历史地理》第18辑,上海人民出版社2002年版。

樊如森:《论近代中国北方外向型经济的兴起》,载《史学月刊》2003年第6期。

樊如森:《开埠通商与西北畜牧业的外向化》,载《云南大学学报(社会科学版)》2006年第6期。

樊卫国:《近代中国口岸中心市场与统一市场》,载《社会科学》2001年第10期。

范同寿:《清末贵州交通的发展》,载《贵州文史丛刊》1997年第3期。

方书生：《近代岭南商埠格局的变迁（1843—1939）》，载《中国历史地理论丛》2004 年第 2 期。

方书生：《口岸开放与晚清经济区的形成——岭南经验以及全国尺度》，载《云南大学学报（社会科学版）》2006 年第 4 期。

方素梅：《抗日战争时期沿海沿江经济向西部民族地区的迁移及其影响》，载《广西民族研究》2000 年第 4 期。

方行：《清代前期农村市场的发展》，载《历史研究》1987 年第 6 期。

傅建成：《近代中国鸦片种植与农村经济的危机》，载《西北大学学报（哲学社会科学版）》1995 年第 4 期。

高言弘：《西南军阀与鸦片贸易》，载《学术论坛》1982 年第 2 期。

龚荫：《清代滇西南边区的银矿业》，载《思想战线》1982 年第 2 期。

顾继国、杨金江：《滇越铁路与云南近代进出口贸易》，载《云南民族学院学报（哲学社会科学版）》2001 年第 5 期。

郭亚非：《近代云南开放与少数民族经济》，载《云南师范大学学报（哲学社会科学版）》1998 年第 3 期。

郭亚非：《近代云南三关贸易地位分析》，载《云南师范大学学报（哲学社会科学版）》1996 年第 5 期。

郭亚非：《云南近代转口贸易分析》，载《云南师范大学学报（哲学社会科学版）》1998 年第 6 期。

郭亚非、张敏：《试论云南近代海关》，载《云南师范大学学报（哲学社会科学版）》1995 年第 2 期。

郭亚非：《再论云南近代海关》，载《云南师范大学学报（哲学社会科学版）》1996 年第 2 期。

郭亚非、王菊映：《近代云南对外贸易经营中的特点》，载《云南师范大学学报（哲学社会科学版）》1997 年第 6 期。

郭亚非：《近代云南与周边国家区域性贸易圈》，载《云南师范大学学报（哲学社会科学版）》2001 年第 2 期。

何廉：《中国进出口物量指数物价指数及物物交易率指数编制之说明

(1867—1930)》，载《经济统计季刊》1932年第1期。

何一民：《开埠通商与中国近代城市发展及早期现代化的启动》，载《四川大学学报（哲学社会科学版)》2006年第5期。

贺圣达：《近代云南与中南半岛地区经济交往研究三题》，载《思想战线》1990年第1期。

胡秋原：《谈西南经济建设》，载《西南实业通讯》1940年第3期。

黄国信：《清代滇粤“铜盐互易”略论》，载《盐业史研究》1996年第3期。

黄娟：《“崇奢黜俭”思想与近代消费观的重构》，载《西南大学学报(社会科学版)》2007年第5期。

黄立人、周天豹：《抗战时期国民党政府开发西南的历史评考》，载《历史档案》1986年第2期。

佳宏伟：《近20年来近代中国海关史研究述评》，载《近代史研究》2005年第6期。

佳宏伟：《大灾荒与贸易（1867—1931年）——以天津口岸为中心》，载《近代史研究》2008年第4期。

贾学政：《鸦片贸易在华泛滥的经济视角思考》，载《理论月刊》2005年第7期。

姜修宪、张忠福：《开埠通商与腹地商业——以闽江流域墟市的考察为例》，载《历史教学（高校版)》2008年第7期。

蒋枝偶：《论近代变革中的昆明城市居民婚嫁消费》，载《保山师专学报》2005年第6期。

况浩林：《鸦片战争前云南铜矿生产性质再探》，载《中央民族学院学报》1989年第4期。

蓝勇：《明清时期西南地区城镇分布的地理演变》，载《中国历史地理论丛》1995年第1期。

李伯重：《回顾与展望：中国社会经济史学百年沧桑》，载《文史哲》2008年第1期。

李珪、李培林：《云南陆系地方官僚资本的原始积累》，载《昆明师院学报》1982 年第 2 期。

李培林：《近代西藏茶叶市场之争与云南茶叶的地位》，载《云南社会科学》1981 年第 4 期。

李培林：《云南近代小城镇发展述略》，载《云南民族学院学报》1985 年第 2 期。

李硕：《抗战时期开辟金沙江航道的查勘试航纪实》，载《档案与建设》2014 年第 8 期。

李埏：《重视云南经济史的研究》，载《云南日报》1979 年 7 月 27 日。

李英铨、严鹏：《论近代中国对外贸易地理方向的变动及其原因》，载《安徽史学》2007 年第 4 期。

［美］李中清：《明清时期中国西南的经济发展与人口增长》，载《清史论丛》（第 5 辑），中华书局 1984 年版。

连心豪：《近代中国通商口岸与内地——厦门、泉州常关内地税个案研究》，载《民国档案》2005 年第 4 期。

梁宏志：《蒙自开关与近代云南市场结构变迁》，载《云南师范大学学报（哲学社会科学版）》2005 年第 4 期。

梁家贵：《抗战时期西南地区民营工业起落原因探析》，载《贵州社会科学》2000 年第 6 期。

梁民愫：《试论三都澳主动开埠后闽东北区域社会经济发展的动力因素——兼论近代中国自开商埠体系的历史地位与历史效用》，载《中国社会经济史研究》2002 年第 3 期。

林刚：《中国国情与早期现代化》，载《中国经济史研究》1999 年第 4 期。

林文勋：《从历史发展看云南国际大市场的构建》，载《云南社会科学》2001 年第 1 期。

林文勋：《再论云南国际大市场的构建》，载《思想战线》2010 年第 4 期。

刘方健：《抗日战争时期我国沿海厂矿的大规模内迁》，载《重庆社会科学》1985 年第 4 期。

刘卫东：《论抗战前期法国关于中国借道越南运输的政策》，载《近代史研究》2001 年第 2 期。

鲁克亮、陈炜：《略论近代中国区域城市发展不平衡的原因》，载《西南民族大学学报》2005 年第 6 期。

陆韧：《抗日战争中的云南马帮运输》，载《抗日战争研究》1995 年第 1 期。

罗群：《略论近代云南旧式金融业的发展状况及趋向》，载《学术探索》2007 年第 1 期。

罗守贵：《中心地—腹地系统研究中的若干问题》，载《地域研究与开发》2009 年第 6 期。

马丽娟：《近代云南回民对外贸易活动研究》，载《思想战线》2000 年第 2 期。

马世雯：《清末以来云南蒙自与蔓耗口岸的兴衰》，载《云南民族学院学报（哲学社会科学版）》1998 年第 2 期。

马小军：《云南近代工业经济发展概述》，载《经济问题探索》1981 年第 6 期。

马学强：《近代上海成长中的“江南因素”》，载《史林》2003 年第 3 期。

毛磊、项晨光：《抗战时期西南农村经济的矛盾发展》，载《档案史料与研究》1998 年第 1 期。

毛立坤：《香港与内地的贸易关系（1869—1904）》，载《安徽史学》2005 年第 5 期。

毛立坤：《晚清时期香港与两广的贸易关系》，载《安徽史学》2006 年第 4 期。

毛立坤：《晚清时期中外贸易的个案分析——以香港转口贸易为例》，载《中国历史地理论丛》2006 年第 1 期。

牛鸿宾、彭晓星：《1884—1949 年的云南近代工业》，载云南省社会科学院历史研究所《研究集刊》，1981 年。

牛鸿斌：《中国云南与印度经济关系的历史》，载《东南亚南亚研究》2009 年第 2 期。

潘先林：《“沿边型”近代化模式与“近代化”视野下的少数民族社会变迁——对“边疆民族型”近代化模式的再讨论》，载《贵州民族研究》2008 年第 1 期。

潘先林：《“近代化”历程中的滇川黔边彝族社会——对中国近代民族史研究理论问题的思考》，载《民族研究》1998 年第 3 期。

潘洵、杨光彦：《近代西南地区经济开发述论》，载《西南师范大学学报》1998 年第 1 期。

彭南生：《关于新世纪中国近代史研究如何深入的思考》，载《史学月刊》2004 年第 6 期。

彭南生：《中国早期工业化进程中的二元模式——以近代民族棉纺织业为例》，载《史学月刊》2001 年第 1 期。

秦和平：《鸦片在西南地区的传播及其种植面积考订》，载《中国农史》2002 年第 3 期。

任放：《论印度茶的崛起对晚清汉口茶叶市场的冲击》，载《武汉大学学报（人文科学版）》2001 年第 4 期。

任放：《施坚雅模式与中国近代史研究》，载《近代史研究》2004 年第 4 期。

申旭：《回族商帮与历史上的云南对外贸易》，载《民族研究》1997 年第 3 期。

申旭：《云南回族商帮及其对外贸易的发展》，载《回族研究》1996 年第 2 期。

［日］石岛纪之：《近代云南的地域史》，载《读书》2006 年第 4 期。

石崧、宁越敏：《人文地理学“空间”内涵的演进》，载《地理科学》2005 年第 3 期。

苏月秋：《丝棉之路：清代至民国年间滇缅跨国互补区域经济初探》，载《思想战线》2010年第5期。

孙大江：《试论近代昆明的城市化》，载云南省历史研究所《研究集刊》第36辑，1995年。

孙来臣：《明清时期中缅贸易关系及其特点》，载《东南亚研究》1989年第4期。

谭刚：《个旧锡业开发与生态环境变迁（1890—1949）》，载《中国历史地理论丛》2010年第1期。

谭刚：《滇越铁路与云南矿业开发（1910—1940）》，载《中国边疆史地研究》2010年第1期。

唐巧天：《近代北方口岸与上海间外贸埠际转运变迁》，载《史学月刊》2008年第10期。

唐巧天：《上海与宁波的外贸埠际转运变迁（1866—1930）》，载《史林》2008年第4期。

唐巧天：《上海与汉口的外贸埠际转运》，载《社会科学》2008年第9期。

田东林：《关于云南建设桥头堡认识误区的思考》，载《中国集体经济》2011年第4期。

汪良平：《滇越铁路对近代云南社会和经济的影响》，载《大理学院学报》2007年第1期。

汪戎：《近代云南对外经济关系》，载《思想战线》1987年第5期。

王福明：《近代云南区域市场初探（1875—1911）》，载《中国经济史研究》1990年第2期。

王文成：《约开商埠与清末云南对外经贸关系的变迁》，载《云南社会科学》2008年第3期。

王玉芝、王红晓：《滇越铁路与云南边疆少数民族地区的发展与进步》，载《红河学院学报》2007年第6期。

王志芬：《普洱茶的兴盛与近代云南马帮》，载《农业考古》2003年第4期。

韦福安：《近代法国的“环北部湾”战略布局探析》，载《学术论坛》2008年第1期。

韦国友、陈炜：《近代南部边疆地区省际间的经贸交往——以珠江流域为考察中心》，载《中央民族大学学报（哲学社会科学版）》2008年第5期。

卫挺生：《西南经济建设之我见》，载《西南实业通讯》1939年第6期。

吴松弟、樊如森：《天津开埠对腹地经济变迁的影响》，载《史学月刊》2004年第1期。

吴松弟、方书生：《起源与趋向：中国近代经济地理研究论略》，载《天津社会科学》2011年第1期。

吴松弟、方书生：《中国旧海关统计的认知与利用》，载《史学月刊》2007年第7期。

吴松弟、方书生：《一座尚未充分利用的近代史资料宝库——中国旧海关系列出版物评述》，载《史学月刊》2005年第3期。

吴松弟：《港口—腹地与东部和中西部经济差异的形成和发展》，见陕西师范大学西北历史环境与经济社会发展研究中心编《历史环境与文明演进——2004年历史地理国际学术研讨会论文集》，商务印书馆2005年版。

吴松弟：《港口—腹地与中国现代化的空间进程》，载《河北学刊》2004年第3期。

吴松弟：《市的兴起与近代中国区域经济的不平衡发展》，载《云南大学学报（社会科学版）》2006年第5期。

吴松弟：《“自东向西、由边向内”：中国近代经济变迁的空间进程》，见复旦大学历史地理研究中心、韩国仁荷大学韩国学研究所编《海洋·港口城市·腹地——19世纪以来的东亚交通与社会变迁》，上海人民出版社2014年版。

吴松弟：《中国近代经济地理格局形成的机制与表现》，载《史学月刊》2009 年第 8 期。

武晓芬:《清代及民国云南盐政变化与地方经济的关系》，载《中国经济史研究》2004 年第 3 期。

夏光辅:《近代云南经济概述》，载云南省历史研究所《研究集刊》，1986 年第 2 期。

肖良武:《近代云贵区域棉纱市场分析》，载《贵阳学院学报（社会科学版)》2007 年第 2 期。

肖艳:《近代化进程中的云南地方财团企业经营活动与地区发展研究》，载《学术探索》2002 年第 4 期。

肖艳:《云南经济近代化进程中地方财团实业投资分析》，载《云南民族学院学报（哲学社会科学版)》2001 年第 5 期。

谢本书:《近代时期西南地区近代化问题的历史考察》，载《云南学术探索》1997 年第 1 期。

杨家文、周一星:《虚拟腹地: 中国大陆口岸地位的度量与解释》，载《人文地理》2001 年第 6 期。

杨寿川:《近代云南商品经济述论》，载《经济问题探索》1989 年第 3 期。

杨寿川:《近代滇锡出口述略》，载《思想战线》1990 年第 4 期。

杨寿川:《抗战时期的云南矿业》，载《云南社会科学》1995 年第 6 期。

杨永明:《民国时期的滇缅印边境贸易》，载《云南档案》2002 年第 4 期。

杨煜达:《滇西民族商业资本的转化与近代云南社会》，载《云南社会科学》2001 年第 4 期。

杨煜达:《试析腾越海关与近代滇缅贸易》，载《云南地理环境研究》1990 年第 2 期。

杨煜达:《试析近代滇西商品经济的发展和影响》，载《保山师专学报》2000 年第 2 期。

杨煜达：《清代中期（公元1726—1855年）滇东北的铜业开发与环境变迁》，载《中国史研究》2004年第3期。

姚永超：《开港贸易、腹地纵深与新“东北”区域的塑造（1861—1931）》，载《浙江学刊》2006年第5期。

袁国友：《论近代前期的滇港经贸关系》，载《云南社会科学》2002年第4期。

张锦鹏、韦永宣：《对云南区位的再认识与实施走向大海战略的思考》，载《西南边疆民族研究》（第4辑），云南大学出版社2006年版。

张利民：《市场发展与中国经济的现代化——以近代城市为例》，载《理论与现代化》2006年第2期。

张文：《地域偏见和族群歧视：中国古代瘴气与瘴病的文化学解读》，载《民族研究》2005年第3期。

张笑川：《本土环境与西方冲击互动中的中国通商口岸——〈局外人：西方在印度和中国的经历〉述评》，载《史林》2006年第1期。

张笑春：《抗日战争时期云南交通的开发》，载《云南文史丛刊》1992年第1期。

张笑春：《试论滇越铁路在近代云南经济中的地位》，载《经济问题探索》1987年第7期。

张笑春：《云南的近代纺织工业》，载《云南日报》1987年6月26日。

张旭东：《试论英国在缅甸的早期殖民政策》，载《南洋问题研究》2003年第2期。

张永帅：《腹地特征与近代云南三关的贸易地位》，载《西南边疆民族研究》2016年第2期。

张永帅：《近代的通商口岸与东西部经济现代化》，载《兰州学刊》2010年第8期。

张永帅：《雨水、瘴疠：腹地自然生态与近代云南口岸贸易的波动》，载《中国历史地理论丛》2016年第1期。

张振利：《蒲德利与金沙江查勘试航》，载《云南档案》2012年第

9 期。

张竹邦：《腾冲对外贸易今昔》，载云南省历史研究所《研究集刊》1985 年第 1 期。

赵德馨：《市场化与工业化：经济现代化的两个主要层次》，载《中国经济史研究》2001 年第 1 期。

赵铨：《外国资本在近代云南的投资》，载《云南财贸学院学报》1998 年第 4 期。

赵仁平：《近代云南外资的输入及其对产业结构的影响》，载《云南财贸学院学报》2002 年第 1 期。

赵仁平：《论近代云南金融业的变迁与产业结构》，载《学术探索》1999 年第 2 期。

赵世林：《东方汇理银行对云南的经济侵略》，载《云南民族学院学报》1984 年第 2 期。

赵旭峰：《滇越铁路与滇东南民族地区的近代化进程》，载《云南农业大学学报（社会科学版）》2009 年第 3 期。

赵小平：《明清云南边疆对外贸易与国际区域市场的拓展》，载《历史教学（高校版）》2009 年第 2 期。

赵育红：《论近代云南地区的城市化发展》，载《现代商贸工业》2008 年第 12 期。

郑忠：《长江下游非条约口岸城市近代化动力分析》，载《南京师大学报（社会科学版）》2001 年第 1 期。

郑正伟：《中法越南问题交涉与英国“中国通”的居间作用研究》，载《天水师范学院学报》2006 年第 1 期。

周琼、李梅：《清代中后期云南山区农业生态探析》，载《学术研究》2009 年第 10 期。

周一星、张莉：《中国大陆口岸城市外向型腹地研究》，载《地理科学》2001 年第 6 期。

周智生：《云南商人与近代滇藏商贸交流》，载《西藏研究》2003 年第1期。

周智生：《族际商贸交流与近代西南边疆民族的经济生活》，载《中南民族大学学报（人文社会科学版）》2007年第3期。

周子峰：《二十世纪中西学界的中国近代通商口岸研究述评》，载《岭南学报》2006年新第3期。

朱英：《网络结构：探讨中国经济史的新视野——第三届中国商业史国际学术研讨会述评》，载《历史研究》2000年第5期。

庄维民：《贸易依存度与间接腹地：近代上海与华北腹地市场》，载《中国经济史研究》2008年第1期。

后 记

严格来讲，本书不是一部全新的学术著作。

首先，它是以我的博士学位论文为基础，扩展和延伸的产物。2011年6月，由业师吴松弟教授指导我完成的博士学位论文《近代云南的开埠与口岸贸易研究（1889—1937）》顺利通过答辩，此文后经修改以《空间视角下的近代云南口岸贸易（1889—1937）》为书名，于2017年在中国社会科学出版社出版。松弟师最初想让我以近代云南口岸开放及其对外贸易的发展引起的腹地经济变迁作为博士学位论文的选题，但考虑到这一选题研究基础薄弱，而我个人能力又有所不逮，故只是着意于从各自的外部市场和内部区域如何塑造了近代云南三关贸易的特征而完成我的学位论文，心想以后若有机会再就对外贸易与近代云南经济变迁问题做专门的探讨。幸运的是，毕业后来到了云南工作，既可以搜集更多的地方资料，又因生活和工作之便多一些实地的考察，几年下来，略有收获，于是着手写作本书。近代的云南对外贸易，经历了一个由传统贸易到口岸贸易的演变过程，这是研究近代云南对外贸易首先要明晰的一个问题，对此，我在博士论文中作了一番比较详细的论述；而从“口岸—腹地”这一视角研究对外贸易与近代云南经济变迁，就少不了要交代三关开放后其各自腹地的范围及其演变，对此，我在博士论文中也作了专门的论述。除了因研究主题有所不同而作了必要的修改外，这些内容自然也就吸收到本书中了，书中其他内容则是在此基础上分门别类地具体论述对外贸易引起的云南经济方方面面的变迁的。

其次，它与我负责撰写的九卷本《中国近代经济地理》第四卷《西南近代经济地理》之“云南篇”有一定的交叉。由松弟师主编的九卷本《中国近代经济地理》的第四卷《西南近代经济地理》采用分省区写作的方式，分别呈现了四川、云南、贵州、西藏农业、工业、矿业、商业、贸易、交通、金融、邮电等在近代的分布和变化情况，我负责撰写的“云南篇”则对近代云南经济发展与变迁进行了较为详细的描述，而这些内容大多收入了本书中，但是，一方面，由于本书的落脚点在于探讨对外贸易与近代云南经济变迁的关系问题，因此，那些与对外贸易关系不是很紧密的经济变迁的内容，或有些经济变迁，因资料不足以支撑较为深入地探讨它们与对外贸易的关系者，便未纳入本书之中；另一方面，由于本书探讨的问题更为集中，需要对相关经济变迁内容的描述更为详尽，也需要对“云南篇”忽略乃至缺少的内容进行必要的增补。这就使得本书在描述近代云南经济变迁内容，尽管从总量上看是少于“云南篇”的，但在农业、工业、交通、市场等几个与对外贸易关系密切的经济变迁方面，本书的描述显然更为详细、深入，也对“云南篇”中的一些笔误进行了修改。此外，在本书中，我对近代云南地域商人群体的形成、滇粤经济关系的变迁等问题的探讨则是“云南篇”完全没有涉及的。

再次，本书中的部分章节曾以单篇论文在几个刊物上发表。其中，第二章第一节的主要内容以《蒙自开埠前的云南对外贸易（1644—1889）》为题发表于《中国边疆学》第五辑（社会科学出版社2016年版），第三章第二节则以《腹地变迁：近代云南三关贸易地位形成的空间过程》发表于《西南边疆民族研究》第18辑（云南大学出版社2015年版），第四章的主要内容题为《沿边开放与近代云南对外贸易变迁——以空间视角为主的考察》发表于《昆明学院学报》2018年第5期，第五章以《香港贸易网络与近代滇粤经济关系研究》为题发表于《历史地理》第36辑（复旦大学出版社2018年版）。

但是，并不能因此就说本书只是炒炒冷饭而已。第一，尽管研究近代云南经济的论著不在少数，甚至早在20年前《云南近代经济史》这样的系统性著作就已经出版，研究云南对外贸易的书也前后出版了几本，但将二者结合，专门探讨近代云南口岸开放后对外贸易的发展及其由此带来的经济变迁，以及对外贸易与经济变迁的互动关系的著作，一直付诸阙如，本书则有填补这一学术空白的价值。第二，从研究范式看，本书的写作还在方法论上具有一定的价值。我曾撰一短文——《近代中国口岸贸易研究的“空间”视角》（载《中国社会科学报》2017年7月5日）指出，从空间的视角研究近代中国的口岸贸易，主要有“点⟷点”（口岸与口岸之间的贸易关系）、“点→面”（口岸对腹地的经济辐射）、“面→点”（腹地对口岸贸易特征的塑造）、“面→点←面”（外部市场、腹地区域对口岸贸易特征的塑造）等几种不同的范式。“口岸—腹地”互动这一“空间”视角基本上属于“点→面”研究范式，在几种研究范式中，“点→面”这一范式最为成熟，成果最多，影响也最大，但是，以往的研究主要集中于对沿海、沿江口岸及其腹地关系的考察，本书则以云南为具体的研究区域，较为深入地探讨沿边口岸及其与腹地的关系，不仅为“口岸—腹地”的研究补充了“边疆型”这一重要类型，而且还可在一定程度上检视以往基于沿海、沿江的研究得出的相关结论的有效性，从而有助于修正和完善“口岸—腹地”理论。

总之，探讨对外贸易与近代云南经济变迁关系的著作长期付诸阙如，而从空间视角对这一问题进行系统论述者更是长期处于空白状态，由此，就学术史来看，本书的研究主题是较为独特的，研究视角是较为新颖的，在研究的深度和广度上，也做出了一定的努力。我以为，这也正是本书的主要价值所在。

对于一个从事学术研究的人来说，一篇文章，一本书，无论有无价值，有多大价值，都是一次又一次熬到深夜，上床之后还总是失眠才有的产品。他们的付出，如果没有感同身受的经历，自然很难理解和认同。所以，他们总是孤独的，于是，他们对待自己的作品，就像对待自己的孩子一样，总让人觉得有点敝帚自珍。因而，我才啰啰嗦嗦地写下了以上的话。

走上学术之路并走到现在，如果没有师友的帮助、家人的支持，简直不可想象。在此，最想说的话就是对陪伴我一路走来的师友和家人由衷地说声“谢谢”。

感谢陕西师范大学唐亦工教授和复旦大学吴松弟教授多年来对我在学术上的指导和生活上的帮助。正是他们的不弃，我才有机会先后在由史念海先生创立的陕西师范大学历史地理研究所和谭其骧先生创立的复旦大学历史地理研究所这两个全国实力最强的历史地理研究机构求学，从而改变了我此后的人生轨迹，他们的教诲让我受益终生。“一日为师，终身为父”，我惟有努力求索方可不负师恩。

“学无常师”，在求学和学术研究之路上，还有更多的学者在经意与不经意间给了我很多的帮助，陕西师范大学求学7年，历史系（历史文化学院）的李亚平、王晖、常金仓、徐兴海、胡戟、王双怀、萧正洪、梁志胜、商国君、焦杰、周晓薇、王大伟、王国杰、曹学恩、杜海斌、张文安、阎东凯等老师，历史地理研究所的朱士光、侯甬坚、王社教、吴宏岐、李令福、张萍、肖爱玲、史红帅、张力仁、张莉等老师都对我产生了不可很大的影响；复旦大学求学3年，历史地理研究所的葛剑雄、周振鹤、姚大力、满志敏、张伟然、安介生、张晓虹、侯杨方、王建革、杨伟兵、杨煜达、樊如森、段伟、路伟东、王大学等老师，历史系的朱荫贵、戴鞍钢、吴景平、葛兆光，经济学院的徐培华、李丹等老师的教诲同样让我终生难忘。在此，向以上列名和因我的疏漏而未列名的老师致以诚挚的谢意。此外，这些年来，或曾请教，或在学术活动中使我得到教益的学者还有荣新江教授、辛德勇教授、韩茂莉教授、蓝勇教授、郭声波教授、陆韧教授、陈庆江教授、成一农教授、李大龙教授、孙宏年教授、马勇教授、王玉茹教授、秦和平教授、林玉茹教授、周子峰教授、滨下武志教授、松浦章教授……在此一并表示感谢。

感谢张炜、杭聪、段金生、刘炳涛、单丽、李碧妍、马孟龙、杨蕾、张黎波、马亚辉、张轲风等学友多年来的砥砺与帮助；感谢同门刘伟国、卞建宁、王列辉、方书生、姚永超、王哲、马燕峰、董枫、武强、刘雅媛等人的关心与关注；感谢单位领导与同事的理解、支持和帮助。

父爱如山，父爱无言，感谢父亲一直以来的默默支持；在这个物欲横流的社会，如果没有爱人李碧艳始终如一的理解与支持，我又如何做到甘坐冷板凳而处之泰然，因此，此时此刻，她才是我最应该感谢的人；女儿张曦月、张曦文，一个聪慧、上进，一个乖巧、可爱，她们未必真正理解我的工作，但总会在我读书、写作时悄悄地帮我关上书房的门，感谢她俩，她们是我作为一名父亲最大的财富。

感谢责任编辑孔帅细致、高效的工作。顺便要说明的是，书中提到的前贤与同侪都是直呼其名的，并非不敬；书中直接引用的史料，有些对相关民族、相关人物和事件的记述有侮辱性语言，我们是持批判态度的，但为了史料的完整性与客观性，对于类似史料不作改动，亦不加“笔者注”。此两条说明也是责任编辑孔帅特意提醒的，再次对他表示感谢！

张永帅

2018 年 5 月 16 日于昆明